本书的出版获得清华大学自主科研计划资助

利益衡量论

第三版

梁上上 著

北京大学出版社
PEKING UNIVERSITY PRESS

第三版序

这次修订主要增加了"公共利益(社会公共利益、社会利益)的衡量"的内容。写完"制度利益"后,我就深入地思考"公共利益"问题。公共利益在法律中的表达方式,一直是以基本原则的方式存在的。但是,将社会公共利益纳入利益层次结构中进行衡量时,有许多问题值得进一步厘清。公共利益是一个模糊性概念,但具有很强的适应性,可以解决因社会变迁而产生的疑难案件。在法律适用过程中,法院需要针对具体案件对其内涵进行充分阐述,灵活看待公共利益在评价对象与评价标准、抽象利益与具体利益、未来利益与现实利益之间的关系,妥当处理它与国家利益、共同利益等不同利益之间的互相转换。此外,本次修订也对个别文字做了修改。

本书的利益衡量论,是利益法学在新时期的新进展。利益衡量是一种主观判断,可能会带来法律适用的不确定性。为解决这一问题,本书提供的是一种利益衡量的"思维方法"。

本人主张，疑难案件中的利益应该解析为当事人利益、群体利益、制度利益与社会公共利益等不同层次的利益。这种层次结构要求法官在判案过程中遵循这样的一种衡量过程：以当事人的具体利益为起点，在社会公共利益的基础上，联系群体利益和制度利益，特别是对制度利益进行综合衡量后，从而得出妥当的结论，即对当事人的利益是否需要加以保护。这种分析方法，有的学者称之为利益衡量的结构论，有的学者称之为利益衡量的制度论。确实，本书主张的利益衡量论不同于以前学说的根本特征在于，是以利益的层次结构为基础而展开的利益衡量。为此，以结构论来描述它是合适的。同时，这一理论中，居于核心地位的是制度利益，是沿着当事人利益、群体利益、制度利益与公共利益的路径，对这些不同利益进行匹配性衡量的。所以，以制度论来概括它也是恰当的。

本人很幸运，在自己的学术生涯中能够与利益衡量理论相伴而行。从最初发表的《利益的层次结构与利益衡量的展开》一文开始，关于利益衡量的一系列论著，不仅为法理学、民商法、经济法等学科的学者大量引用，还被行政法、刑法、刑事诉讼法、民事诉讼法、环境法、知识产权法等学科的学者广泛引用，也多次获得省部级以上的奖励。对于大家的认可与褒奖，本人深受鼓舞，深表感谢。

最后，我特别感谢刘文科博士的大力支持与细心编辑。

梁上上

清华大学法学院

2020 年 6 月

第二版序

本书第一版于2013年出版。在重版之际，结合最新研究，做了修订。

在利益衡量的理论建构中，异质利益（不同性质的利益）之间如何衡量？似乎存在公度性（通约性）难题。它涉及不同利益之间衡量的可能性，是建构利益衡量理论必须面对的基础性问题。但我认为，异质利益衡量的实质是相符性（匹配性）问题，而不是公度性（通约性）问题。我将这一问题的详细研究增为本书第四章，使利益衡量理论的基础更为扎实、体系更为完善。同时，我对本书的结构做了整理，使其脉络更加清晰。此外，删除了第一版"附录一：利益衡量的典型案例研究"，并修订了第一版中的个别文字。

梁上上
清华大学法学院
2016年6月

第一版序

《利益衡量论》总算写完了,好像走过漫漫长路终于可以坐下休息了,我感到轻松了许多。对于利益衡量,我已经花费了很多时间与精力,边写边思考,边思考边写,她已经陪伴我度过了近20个春夏秋冬。

最早接触到利益衡量理论是在中国社会科学院研究生院的课堂上。那时,梁慧星老师利用在党校学习的间隙,给我们讲民法解释学的一些问题。利益衡量是其中之一,它深深吸引了我,成为我持续研究的课题。在这期间,我认真阅读了梁老师的专著《民法解释学》,以及他关于利益衡量的一些文章,还阅读了他翻译的日本东京大学加藤一郎教授的论文《民法的解释与利益衡量》。就加藤教授的论文而言,我读后颇受启发,获益良多,认为该方法可以在我国的司法实践中加以应用,能够解决许多法律上的难题。但是,该利益衡量方法并不完美,因其过于讲究实质的价值判断,同时也存在一些问题,特别是缺少约束机制,容易导致利益衡量的恣意。当时,我很快就写出了8000字左右的初稿,但是这一稿子还不够成熟,就搁置了下来。然而我一直没有停止对这一问题的思考。

1997年7月研究生毕业后,我回到了母校杭州大学法律系(现为浙江大学法学院)任教,继续思考这一问题,对已经搁置很久的初稿进行不断的修改、补充与完善,到2000年年底终于定稿,最后以《利益的层次结构与利益衡量的展开——兼评加藤一郎的利益衡量论》为题发表于《法学研究》2002年第1期。该文两万多字,提出了我自己的利益衡量思想——利益衡量的层次结构的理论。这也是本书的核心思想。该文发表后,获得了较高的评价,法学理论界的许多学者(特别是法学方法论学者)对该文展开了详细研究,例如浙江大学陈林林博士、山东大学郑金虎博士都把它作为博士论文的一部分加以研究。同样,在民商法学界也获得了较为广泛的影响与较高的评价。这给我很大的信心与鼓励。

但我很快发现,随着利益衡量在实践中的流行,也逐渐暴露出一些滥用该方法的问题。于是,我收集资料做进一步思考,写成了《利益衡量的界碑》一文,并发表于《政法论坛》2006年第5期。该文提出了利益衡量的六大具体界碑,试图防止人们滥用利益衡量方法。制度利益是利益衡量的层次结构理论中的核心问题,随着时间的推移,我体会到2002年的论文对此表达得不够详细、充分,有进一步深入研究的必要,并把它更清晰地展现出来。但是,由于我国这方面的判例较少,研究进展缓慢。2008年9月—2010年6月,我在美国哥伦比亚大学(Columbia University)做访问学者,惊喜地发现美国这方面的案例很多,已经积累了较为丰富的经验。回国后,我一边思考一边写作,完成了《制度利益衡量的逻辑》一文,并发表于《中国法学》2012年第4期。这样,我自己的关于利益衡量的观点基本完整了。

其实,早在2007年,法律出版社的编辑高山先生曾经来到杭州,在办公室与我做了深入的交流,他希望我在法律出版社出一本书。当时，我就与高老师提到，想以"利益衡量"为主题出一本论文集。高老师认为，这一主题很好，但不能是论文集，应该有自己的理论体系。我对此深表认同，但也成为我的情结。然后，我一直思考如何架构出该书的理论框架。随着这3篇论文的陆续发表，研究工作的不断进展，著作的基本架构也慢慢地浮出水面了。

说实话，到2011年9月之前，我对利益衡量的知识主要还是来源于日本学者加藤一郎的学说，以及访美期间所收集的一些判例。可能恰恰是自己知识储备的不足，脑海中有更多的留白或者说更少的条条框框，再加上"初生牛犊不怕虎"，才使我有机会得以提出属于自己的利益衡量理论。于2011年9月决定开始写书后，我才开始认真研究德国耶林、赫克与美国庞德等学者的论述。通过对他们的研究，我进一步认识到：利益衡量理论源远流长，它是从反对概念法学的基础上兴起的，需要经由概念法学，才能超越概念法学。只有经由概念法学，才能发展利益法学。为此，我需要把时间维度拉长，从概念法学开始写起，对德国、美国、日本等国的利益法学代表人物的法学思想进行研究，最后汇集到我自己的利益衡量理论中来。这样，就形成了本书的完整体系了。当然，本书的核心思想依然是我在2002年发表在《法学研究》的论文。我虽然在本书中对利益衡量的基本理论问题都做了回答，但是可能还有一些问题值得进一步思考，不过这已经属于以后的工作内容了。

我在"附录一"中收入了三则典型案例分析，借此可以说明利益衡量在法律适用中的重要性，也试图展示如何进行利益衡量的具体步骤与方法。此外，我在"附录二"全文收录了最高人民法院孔祥俊法官与陈现杰法官的两例经典裁判文书，原原本本地呈现出法院裁判中的有关利益衡量的精彩裁判思路，具有示范意义。

本想在附录中加入我与贝金欣合作的论文《抵押物转让中的利益衡量与制度设计》（发表于《法学研究》2005年第4期），以体现"利益衡量与制度设计"这一立法论上的主题。这是因为,虽然利益衡量理论主要应用于"法律适用"之中,但是该理论在"法律制度设计"之中同样重要,或者说利益衡量在立法论上也同样重要。"立法"与"法律适用"本来就是首尾相连、紧密相关的。我早在2002年的论文中也已经分析过这一问题。而且,该文观点与附录中收录的最高人民法院2009年的一则经典判决的结论是一致的,可以互为呼应。这种理论与实践的互动也是具有重要意义的。但考虑到本书主题的统一性与单纯性,以及陈现杰法官的判决书已经把裁判思路分析得极为出色,没有必要再多说什么,最后决定放弃收录该文。读者如果把该文与陈现杰法官的判决书对比阅读,相信会取得更好效果。

祝愿阅读愉快。

梁上上

浙江大学法学院

2013年3月

在所有的改变中,方法的改变才是最大的进步。

——鲁麦林(Rümelin)

今日在法学及法律事务中所使用的法律适用的方法,都是由利益法学所形塑而成的。

——诺伯特·霍恩(Norbert Horn)

目录

上篇 源 流

第一章 概念法学 / 003
　一、法国的概念法学 / 004
　二、德国的概念法学 / 010
　三、概念法学的主要特征 / 016

第二章 利益衡量的兴起 / 019
　一、德国的利益法学派：对概念法学的批判 / 019
　　（一）耶林的目的法学对概念法学的批判 / 020
　　（二）赫克为代表的利益法学对概念法学的批判 / 023
　二、美国庞德的利益法学 / 030
　　（一）社会工程与法律利益 / 031
　　（二）利益学说与利益纲目 / 032
　　（三）利益衡量与价值判断 / 034
　　（四）法律漏洞与非依法裁判 / 035
　三、日本的利益衡量论 / 038

（一）加藤一郎的利益衡量论 / 039
　　（二）星野英一的利益考量论 / 042
　四、对利益衡量的简要评论 / 045

中篇　重　构

第三章　利益衡量的必然 / 049
　一、法律存在漏洞 / 050
　　（一）法律漏洞的原因 / 050
　　（二）法律漏洞的类型 / 053
　二、司法性立法 / 055
　　（一）立法机构：由单一走向多元 / 056
　　（二）法官职权变异：司法性立法 / 056
　三、法律适用：从三段论到三角论 / 059
　四、利益衡量的意义 / 063
　　（一）赫克的侄女继承案 / 063
　　（二）加藤一郎的飞机事故案 / 066
　　（三）利益衡量与法律漏洞填补方法的关系 / 067
　五、结语 / 069

第四章　异质利益衡量的可能 / 071
　一、问题的缘起：异质利益衡量的公度性难题 / 072
　二、异质利益衡量的求解路径：从抽象命题到具体情境 / 076
　　（一）异质利益衡量需要澄清的误解 / 076
　　（二）求解难题的两种路径 / 077
　　（三）求解难题的路径转换：从抽象命题到具体案件 / 080
　　（四）小结：异质利益衡量的公度性难题存在求解路径 / 082
　三、异质利益衡量的价值基础：存在基本的社会共识 / 083
　　（一）基本价值的社会共识 / 083

（二）利益位阶的社会共识 / 085

（三）行为规范的社会共识 / 089

（四）小结：利益衡量需要的是社会共识，不是公度性 / 094

四、异质利益衡量的规则基础：存在具体的制度共识 / 095

（一）法律制度允许以公度性为基础的利益衡量 / 095

（二）法律制度不允许以公度性为基础的利益衡量 / 096

（三）小结：利益衡量需要的是制度共识，不是公度性 / 100

五、异质利益衡量的程序：优势利益的制度性选择机制 / 101

（一）诉讼程序是异质利益的选择机制 / 101

（二）当事人之间的利益表达与利益竞争机制 / 102

（三）法官的利益选择机制 / 103

（四）裁判文书中的利益衡量披露机制 / 106

（五）小结：程序为利益衡量提供制度理性 / 107

六、结语：异质利益衡量的公度性难题是可解的 / 108

第五章 利益衡量的重构：基于利益的层次结构 / 111

一、利益衡量可能导致恣意：以加藤一郎的"姘居妻"为例 / 112

二、利益的层次结构 / 116

（一）利益及其层次结构 / 117

（二）利益层次结构的术语解释 / 121

（三）利益层次结构的法理再解析 / 129

三、利益层次结构的生成 / 134

（一）利益层次结构的生成 / 134

（二）当事人利益与制度利益的关系 / 138

（三）制度利益与社会变迁 / 141

四、利益衡量的展开：法律适用中的利益衡量 / 142

（一）制度利益无缺陷时的衡量：以"姘居妻"案为例 / 144

（二）制度利益存在缺陷时的衡量：以"玻璃幕墙"事件为例 / 148

（三）制度利益违背社会公共利益时的衡量：以医疗事故为例 / 151

五、结语 / 158

下篇 阐　　释

第六章　制度利益的衡量 / 161

一、制度利益的解构与铺陈 / 162

（一）制度利益的性格 / 163

（二）制度利益的解构：类型化与利益细分 / 164

（三）制度利益的铺陈 / 168

（四）小结：制度利益可分两个步骤剖析 / 171

二、制度利益衡量的规则 / 172

（一）制度利益衡量的基准：应当与社会公共利益相协调 / 172

（二）制度利益衡量的三大支撑 / 176

三、制度利益衡量的动态性功能：牵引法律制度演进的内在动力 / 186

（一）制度利益衡量推动现存法律制度向前进化 / 186

（二）制度利益衡量与法律制度创设的关系 / 189

四、制度利益衡量的静态性功能：判断法律制度效力的实质准据 / 194

（一）违宪审查的实质是制度利益衡量 / 194

（二）比例原则是制度利益衡量的另一种表达 / 199

五、结语 / 202

第七章　社会公共利益的衡量 / 203

一、公共利益的概念与特质 / 204

（一）公共利益概念的厘清 / 204

（二）公共利益概念的特质 / 206

二、公共利益的法律表达：作为基本原则而存在 / 208

（一）公共利益的产生：权利与网状社会 / 208

（二）公共利益的地位：是原则而非例外 / 210

（三）公共利益的规范类型 / 210

（四）增进公共利益不是私权的积极义务 / 211

三、公共利益为独立的法律原则 / 212

（一）公共利益与公序良俗的关系 / 213

（二）不得损害公共利益与禁止权利滥用的关系 / 217

四、公共利益原则的适用 / 219

（一）适用公益原则案例的分布领域 / 219

（二）公共利益原则的适用样态 / 220

（三）不同原则之间的选择适用与并列适用 / 223

（四）适用公共利益原则的法律效果 / 225

五、公共利益在利益衡量中的展开 / 226

（一）公共利益需要充分铺陈 / 227

（二）公共利益在利益衡量中的辩证关系 / 229

（三）公共利益与类似利益的差异与转化 / 236

（四）公共利益衡量应紧密结合具体的法律制度 / 239

六、结语 / 240

第八章　利益衡量的界碑 / 243

一、利益衡量的滥用及其原因 / 243

二、利益衡量滥用的主要样态 / 245

（一）因缺少对利益结构的整体衡量而导致的滥用 / 245

（二）因超越利益衡量的边界而导致的滥用 / 247

三、利益衡量的界碑与法律制度的选择 / 250

（一）利益衡量的基础：权利存在于法律制度中 / 250

（二）利益衡量的界碑与法律制度的选择 / 252

（三）小结 / 255

四、利益衡量的具体界碑 / 256

（一）"法外空间"不应进行利益衡量 / 256

（二）应在妥当的法律制度中进行利益衡量 / 258

（三）应在同一法律关系中进行利益衡量 / 262

（四）妥当的文义存在于法律制度中 / 265

　　（五）选择妥当的法律规范作为衡量的依据 / 267

　　（六）法律救济不能的案件不应进行利益衡量 / 269

　五、结论：利益衡量存在界碑 / 272

结　论 / 275

附录　利益衡量的经典裁判文书 / 283

　判决书一　北大方正公司案 / 283

　判决书二　重庆索特盐化公司案 / 299

参考文献 / 315

后　记 / 323

索　引 / 327

上篇
源 流

我们今天的利益法学(利益衡量)可以追溯到耶林的目的法学。在德国,以赫克为代表的学者把它推向成熟,并建立了利益法学理论,20世纪60年代后更发展成为评价法学。在美国,以庞德为代表的法学家深受耶林的影响,创建了社会学法学派(利益法学)。在日本,受本土法学理论与美国现实主义法学的影响,利益衡量理论20世纪60年代由学者加藤一郎和星野英一提出后,在民法解释学理论界长期占据主导地位,影响着民法解释理论的发展和民事审判实务的开展。20世纪90年代,我国民法学家梁慧星等教授把日本利益衡量理论介绍了进来,在我国民法理论界和实务界引起了很大的反响。德国著名法学家诺伯特·霍恩(Norbert Horn)认为,"今日在法学及法律事务中所使用的法律适用的方法,都是由利益法学所形塑而成的"。

利益衡量理论是符合社会发展需求的,是符合法学进步方向的,是可取的。但仔细分析,也会发现:一方面,利益衡量理论本身存在问题,容易导致恣意;另一方面,我国对利益衡量理论还有一些误解。为此,基于中国本土的法律理论与司法实践,借鉴世界各国的理论发展与实践经验,需要提出属于自己的全新的理论框架——利益衡量的层次结构理论。但是,利益法学在其发展脉络上,都是从批判僵硬的概念法学开始的。为此,深入地认识与理解利益法学存在的问题,恰当地提出这些问题的解决方法,进而创新利益衡量的理论框架,都需要我们追溯到概念法学。我们只有经由概念法学,才能超越概念法学;我们只有经由概念法学,才能理解利益法学。

第一章 概念法学

> 经由罗马法,超越罗马法。
>
> ——耶林

　　1804年《法国民法典》的颁布是世界法制史上的重大事件,不但影响了许多国家的立法进展,也对民法学理论研究产生了重大影响。同样,1896年《德国民法典》的颁布也具有世界性影响,支撑其立法体系的潘德克顿法学同样居功至伟。在这样的历史背景下,起源于法国注释法学派与德国潘德克顿法学的概念法学产生了①,但到19世纪后期,概念法学已经成为大陆法系国家的共同现象,而且对普通法系国家如英美等国也有相当影响。到了20世纪初,

---

① 概念法学一词在历史上第一次出现于1884年。当时,鲁道夫·冯·耶林把它作为他反对同时代潘德克顿法学家的关键词。参见〔德〕汉斯-彼得·哈佛坎普:《概念法学》,纪海龙译,载《比较法研究》2012年第5期。

概念法学占据了支配地位。①

一、法国的概念法学

法国的概念法学(注释法学派)②主要是围绕著名的《法国民法典》的制定、解释与适用而出现、发展的。

在法国大革命以前,法国在政治上已经统一,但在法律上却是不统一的。法律从纪隆德河口向东为界限分为南北两部分,南部是成文法地区,施行罗马的《优士丁尼法典》,北部是习惯法地区。所以,1791年的《宪法》明文规定,应制定一部共同适用于整个王国的民法典。《法国民法典》的草拟和制定,主要是在1799年执政官制度确立以后。1800年,由4位法律家组成的委员会负责起草《法国民法典》,包括来自成文法地区的包塔里斯(Portalis),来自习惯法地区的特朗舍(Tronchet),以及比戈-普勒阿默纳(Bigot-Préameneu)与马勒维尔(Maleville)。他们经过4个月的努力完成了全部民法典的初稿。第一执政拿破仑与第二执政冈巴塞莱斯(Cambacérès)③均亲自参加了该法典的制定。特别需要指出的是,法国民法典在参政院(枢密院)全体大会讨论时,拿破仑不但积极参与,还亲任主席。该会议共召开102次,

---

① 参见梁慧星:《民法解释学》,中国政法大学出版社1995年版,第62页。
② 通常,19世纪的法国法哲学称为注释法学派。但是,日本学者碧海纯一把注释法学派等同于法国概念法学。我国台湾地区学者杨日然、杨仁寿等从之。[参见〔日〕碧海纯一:《法哲学概论》(全订第1版),第192页;杨日然:《法理学》,三民书局2005年版,第171页;杨仁寿:《法学方法论》(第2版),三民书局2010年版,第91页]鉴于注释法学派具有与概念法学派注重概念分析、讲求体系、排斥利益衡量等相同特点,本书也从之。另外,注释法学派也有称为实证主义法学的。(参见〔爱尔兰〕J. M. 凯利:《西方法律思想简史》,王笑红译,法律出版社2002年版,第298页)
③ 冈巴塞莱斯原为《国民会议法典》的起草人,对法典编撰很有经验,对民法典的制定也有不少贡献。参见李浩培:《译者序》,载《拿破仑民法典(法国民法典)》,李浩培、吴传颐、孙鸣刚译,商务印书馆1979年版,第ⅲ页。

而拿破仑亲任主席竟达 97 次之多。① 拿破仑的参与立法,对该法典的制定起到了决定性作用。他在法国枢密院中对草案讨论的参与,大大影响了很多条文的形成。② 该草案分为 36 个单行法并获得国会通过,在帝国建立后被综合成为《法国民法典》,于法国革命纪元 12 年的风月 30 日,即 1804 年 3 月 21 日最终以法律通过。正是《法国民法典》统一了该国的民法,该法典的主要组成部分是罗马法与习惯法。

基于当时的历史与社会背景,《法国民法典》的制定,主要有以下因素的影响:

第一,受法国启蒙思想的影响,特别是受到孟德斯鸠(Charles de Secondat Montesquieu, 1689 – 1755)与贝卡利亚(Cesare Beccaria, 1738 – 1794)等启蒙时期法学思想家的影响。孟德斯鸠基于三权分立的理论,严格反对法官创造法律。他认为创造法律是立法者的职权,法官的职权只是在确认或者查找所谓的"法律",并且将之适用到具体的案件之中。国家的法官不过是法律的代言人,不过是一些呆板的人物,既不能缓和法律的威力,也不能缓和法律的严峻。③ 法院要做到裁判只能是根据法律条文的准确解释。④ 法官在裁判时,只需用眼睛来仔细观察,用耳朵听双方的意见,不可带有感情,甚至认为其只是一张宣告、说明"何者是法律"的嘴巴,法官并不具有任何能力或者以个人意思来改变、左右法律的效力,法官是严格受法律约束的动物。⑤

---

① 参见梅汝璈:《拿破仑法典及其影响》,载《清华法律评论》(第 8 卷第 2 辑),2015 年,第 45 页。

② 为此,1807 年与 1852 年,该民法典曾先后被命名为《拿破仑民法典》,以纪念他的贡献。拿破仑也曾自夸地说:"我的光荣不在于打胜了四十多个战役,滑铁卢会摧毁这么多胜利……但不会被任何东西摧毁的,会永远存在的,是我的民法典。"参见李浩培:《译者序》,载《拿破仑民法典(法国民法典)》,李浩培、吴传颐、孙鸣刚译,商务印书馆 1979 年版,第 i—iii 页。

③ 参见〔法〕孟德斯鸠:《论法的精神》(上册),张雁深译,商务印书馆 1963 年版,第 163 页。

④ 同上书,第 157 页。

⑤ 参见〔日〕碧海纯一:《法哲学概论》(全订第 1 版),第 192 页。转引自杨仁寿:《法学方法论》(第 2 版),三民书局 2010 年版,第 92 页。

这种思想对法国大革命后的法学与法典编撰产生了深远影响。法国大革命成功后,成文法优越主义盛行,立法活动非常活跃。1790年,古法时代的最高法院(parlement)被废止,代之以新的统一的裁判制度。制定一般的规则,专属于立法机关的职权,法院不得假借法律解释或者判例来加以变更。① 当时法国政府执政集团中的罗伯斯皮尔(Maximilian M. I. de Robbespierre)在国民议会的演说中指出,法院判例一词,必须从我们的用语中抹去,在有宪法与立法的国家中,不容有判例这种法律以外的东西。1790年创设新的法院制度,其新设的法院称为废弃法院(tribunal de casassion,相当于最高法院,但不叫最高法院),却被作为立法机关的附属机构。其主要目的在于对下级法院所谓的违法判决加以废弃,使国家颁布的成文法的统一性、尊严不受到破坏。也就是说,通过审级制度来维护法律的统一性,防止下级法院的误解。

第二,自然法思想的影响。在法国大革命成功后,法典编撰活动十分频繁。整个法典编撰运动的思想或者参与法典编撰的法学家的思想,多半受到自然法影响。可以说,支持该运动的基本思想是自然法思想。自然法的基本观点是,使编撰而成的法典成为人人可以凭自己的理性去了解、认知的法律典籍,而且通过个别的法律规定推断出支配整个法律的原理,维持整个法典的统一性。

虽然制定《法国民法典》的直接目的是消除法的不统一状态所产生的不合理现象,实现法兰西的法律统一。但是,作为法典编撰活动的主要一环,也受到自然法思想的深刻影响。这一指导法典编撰的自然法思想,曾经规定在1804年《法国民法典》草案的第1条即为明证。该条指出,一切实定法皆渊源于普遍的、不可改变的法(droit),这种法

---

① 这一思想在《法国民法典》第5条得到体现。该法第5条规定,审判员对于其审理的案件,不得用确立一般规则的方式进行判决(参见《拿破仑民法典(法国民法典)》,李浩培、吴传颐、孙鸣刚译,商务印书馆1979年版)。但另有学者将第5条译为:禁止法官对其审理的案件以笼统的一般规则进行判决(参见《法国民法典·民事诉讼法典》,罗结珍译,国际文化出版公司1997年版)。可能是两者所依据的法文文本不同所致。

不外乎是一种支配地球上全体人类的自然理性。① 可见,当初参与法典编撰的法学家以所持的自然法思想,坚信可以凭借人的理性创造出一部完美无缺、永垂不朽的法典。《法国民法典》第4条规定,法官借口法律无规定、不明确或者不完备而拒绝审判者,以拒绝审判罪追诉之。② 联系民法典的立法背景看,从这一条文可知,当时法国有一普遍倾向,相信人类理性可以制定出一部非常完美的、永恒不变、不存在任何法律漏洞的法典。③ 这些规则应是完整、光滑而无缝的网,应是任何问题都可从中得到解决的测量工具。④ 所以,法官是可以找到法律答案依据进行裁判的,无须考虑其他法源。⑤ 事实上,《法国民法典》确实是一部伟大的民法典。它不但对法国法学产生了重大影响,也对世界各国的法律发展产生了很大影响。

《法国民法典》的制定,统一了原先存在于法国的罗马法与习惯法,形成了完备的法律体系,这为注释法学派在法国的出现创造了条件。⑥ 该学派统治了法国民法近一个世纪,分别经历了形成期、繁荣期与衰

---

① 参见杨日然:《法理学》,三民书局2005年版,第173页。
② 参见《法国民法典民事诉讼法典》,罗结珍译,国际文化出版公司1997年版。
③ 有人认为,该条规定的实质是法官不能拒绝裁判。如果法官可以因法律之故而对人民间的纠纷不予裁判,必将使人民的纠纷无从得到解决,而陷社会于混乱与不安。(参见谢怀栻:《外国民商法精要》,法律出版社2002年版,第63页)其实,这一观点是不妥当的。这也可以从 Gèny 的话中得到印证。其认为,"这(针对《瑞士民法典》第1条)是现代立法者第一次以一般规定正式承认法官为立法不可缺少的作用"。参见 Gèny, Méthode d'interprétation et sources en droit privé positif Ⅱ² [1954]328. 转引自〔德〕K. 茨威格特、H. 克茨:《比较法总论》,潘汉典等译,贵州人民出版社1992年版,第320页。
④ 参见〔爱尔兰〕J. M. 凯利:《西方法律思想简史》,王笑红译,法律出版社2002年版,第299页。
⑤ 参见杨日然:《法理学》,三民书局2005年版,第174页。
⑥ 注释法学派学者注释书的出现对拿破仑是很大的打击。1811年,学者舒叶(Joullier)将写就的法国民法典注释书《自然法典公布后之法国民法》呈献给拿破仑。拿破仑很伤心地说,"我的法典完蛋了"。这是因为拿破仑本来认为:他的法典清楚、完整而统一,任何注释都是多余的。万一法典沦为学者挑剔的对象,其所期盼成为法国国民通行有效的唯一书籍将不可能实现。同时,希望法典超越一切。参见〔日〕碧海纯一:《法哲学概论》,昭和52年全订第1版,第192页。转引自杨仁寿:《法学方法论》,中国政法大学出版社2013年版,第121—122页。

退期。① 可以说,从实质上看,注释法学派受到三权分立(立法权、行政权与司法权分立)思想与自然法思想的指导,从形式上看,其受到法典完美体系的影响。就注释法学派受到自然法思想影响而言,他们认为法律不外乎是通过人类理性所认识的法的体现,民法典就是被写下来的理性。事实上,对民法典的崇拜心理也对注释法学派产生了影响。1804年的《法国民法典》是资本主义初期的伟大法典,也是从16世纪以来几代法国人孜孜以求的伟大目标。而拿破仑利用其权力,在短短几个月内就将它制定出来。这一事件被当时的法国人认为是天才的壮举与奇迹,对法典产生了无限的崇拜。可以说,他们将《法国民法典》奉为《圣经》。② 注释法学派的代表人物之一布格纳特(Bugnet)曾说,"我不知道什么是民法,我只教授《法国民法典》"③。又如,民法教授梯里埃特(Thieriet)在1808年的一次演讲中也说,"伟大的法律自身已经说明了一切,我们必须力戒偏颇的解释、防止滥用的危险"④。

---

① 形成期(1804—1840年)的主要代表人物有梅琳(Merlin)、普鲁东(Proudhon)和托利埃(Toullier)等。在这一阶段,法学家的主要任务是理解法律,为适用法律的需要而阐明法律条文的意义与效力。由于还不存在判例,进行法律解释时只利用法典编撰过程中的各种资料,主要采取的是分析的方法。繁荣期(1838—1880年)与此有所不同,其主要代表人物为奥布里、罗以及德莫隆博。此时距离民法典的颁布已有一段时间,人们发现现实生活中的问题是复杂多样的,已经认识到解释者的工作不能局限于对条文的理解。法典条文不过是指示其适用的原则,开始从中引出一般的规则,并使这些原则相互衔接,构成体系。这就将综合方法导入到法律解释,使之成为一种体系化的工作。1879年奥布里与罗的合著《法兰西民法讲义》(第4版)完成,1882年德莫隆博出版了《拿破仑法典讲义》最后一卷。此后,法国注释法学派进入衰退期(1880—1900年)。此时,法国民法典的泉源已经枯竭,单靠注释法学派纯粹的论理的演绎方法,已经无法解决民法典制定时未预见和未规定的许多重大的社会经济问题。这一时期,开始对制定法中心主义展开批评,开始注重判例研究。参见梁慧星:《民法解释学》,中国政法大学出版社1995年版,第33—41页。同时参见何勤华:《西方法学史》,中国政法大学出版社1996年版,第131—139页。

② 拿破仑认为,他的法典是尽善尽美的杰作,应当与《圣经》一样,成为每一个家庭床头柜上的生活指南。任何对它的自由解释都是对法典神圣性和权威性的亵渎。

③ 〔日〕野田良之:《注释学派与自由法》,载《法哲学讲座》(第3卷),有斐阁1956年版,第205页。转引自何勤华:《西方法学史》,中国政法大学出版社1996年版,第144页。

④ 〔日〕福井勇二郎编译:《佛兰西法学的诸相》,日本评论社1943年版,第20—21页。转引自何勤华:《西方法学史》,中国政法大学出版社1996年版,第145页。

这一代学者认为他们的唯一职责是按照立法者采取的体例，逐条地解释法典。法律解释的任务，就是以法典为唯一法源，通过严密的逻辑演绎的应用，再现出法律中所包含的法。在必要时，也就是在不能直接认知时，对立法者的意思加以探究就可以了。至于政治、经济、社会、道德等因素，都排除在法律之外，因为所有这些因素都已经吸收到法典内部了，法官无须对此进行考虑。总之，《法国民法典》的颁布就足以构成其效力的许可证，而法官和公民对超越法典的或者法典以外的价值都无权审视。①

应该说，法国注释法学派的形成与发展适应了当时的社会、政治与经济条件。从 19 世纪初期开始，法国的资本主义进入了一个比较平静的发展时期，需要明确、稳定的法律秩序来保障与促进经济的发展，不希望出现过多争议。《法国民法典》的出台，以法典为中心的注释法学派是顺应了这一要求的。他们对民法知识的普及，对民法典结构、条文的理解，都做出了重要贡献。但是他们只承认法律尤其是成文法的法源性，在解释法律时唯法典条文与立法者原意是问，在方法上只强调形式逻辑的演绎方法。在 19 世纪后期，这些主张就很难适应日益复杂、多变的世界了，出现了诸多弊端，进入了科学法学派时期。科学法学派的代表人物是萨莱耶(Raymond Saleilles, 1855 – 1912)和惹尼(Francois Gény, 1861 – 1956)。他们认为，法律条文不是固定不变的，而是历史的、发展的、变化的。与成文法并列，习惯法也是重要法源，判例则是相关的创始者和引导者。当成文法与习惯法仍然不能解决社会问题时，惹尼认为应当求助于"科学性的自由探索"。通过这种实存私法上的科学与技术的运用，来发现法律条文之外的潜

---

① 参见〔爱尔兰〕J. M. 凯利：《西方法律思想简史》，王笑红译，法律出版社 2002 年版，第 299 页。

在的法律规范,弥补因社会发展而造成的成文法不足的缺陷。①

二、德国的概念法学

19世纪德国的概念法学,应上溯于康德哲学及自然法运动,因为康德试图从抽象的价值形式中导出整体法律。② 康德使体系成为科学的中心概念,演绎的体系成为法学科学的代名词。概念法学因此与体系思想息息相关。③ 继受康德哲学的研究成果,萨维尼所创立的"历史法学派"成为概念法学的首要推手。④

1814年,德国在政治上虽然脱离拿破仑的铁骑统治,但是其国家的凝聚力并不强。德国民法学者蒂博(Thibaut,1772–1840)认为,应当以《法国民法典》为蓝本起草一部《德国民法典》,以便统一德国国民的生活方式,振兴德国民族,增强德国国力。但是萨维尼反对这一主张,其在1814年发表的《论当代立法与法学的任务》一文中认为,法律是民族精神的表露,民族精神为法律的确信,不能通过人为的方式加以制定,而必须随着时间的经过而逐渐演变、逐渐成长,作为一种有生命的有机地发展。他认为,当时制定法典的时机并不成熟。也就是说,在许多概念混淆不清的情况下,应当先将其厘清。只有抛弃罗马

---

① 参见梁慧星:《民法解释学》,中国政法大学出版社1995年版,第67—69页;何勤华:《西方法学史》,中国政法大学出版社1996年版,第146—148页。
② 参见吴从周:《概念法学、利益法学与价值法学:探索一部民法方法论的演变史》,中国法制出版社2011年版,第3页。
③ 同上注。
④ 同上注。

法近代惯用①的结果,返回到原始的罗马法上去,才能达到这一目的,以恢复原始的罗马法概念的价值体系。法典的编撰,因为萨维尼的激烈反对而暂时受挫。民法学者开始对罗马法加以研究,萨维尼本人则完成了《当代罗马法体系》一书。在该书中,萨维尼把罗马法整理成一个体系,并加以分类,为现代法学奠定了基础,开创了历史法学派。历史法学派的要求在于将"历史的方法"与"体系的方法"相连结。"历史的方法"是要求考虑在特定的历史状态下法律的产生,"体系的方法"是要求将法律规范整体理解为一个关联的整体。历史法学延续这样的体系思想,成为概念法学在法学上的立足起点。

普赫塔(Georg Friedrich Puchta, 1798 – 1846)是历史法学派的代表人物,也是概念法学的创始人。他对法教义学的最大贡献在于创设了"概念法学"的方法,将 19 世纪早期的成文法趋于体系化。他 1841 年出版的《法学阶梯教程》(*Cursus der Institutionen*)被誉为概念法学的代表作。他强调以一种概念金字塔的方式依照形式逻辑的规则来思考,促使概念法学完全成为德国的学说汇纂法学(潘德克顿法学,Pandektenwisseschaft)之方法论原则。他认为:

> 科学现在的任务在于,在体系的关联上去认识法条,认识这些彼此互为条件且相互衍生的法条,以便能够从个别的系谱学向上追溯至其原则,并且同样地可以从这个原则向下衍生至最外部的分支。在这样的工

---

① 罗马法近代惯用,是指罗马法成为 19 世纪德国普通法的事实。日耳曼民族原有日耳曼法,但并非统一的法典,充其量只是德意志各邦的习惯法而已。12、13 世纪时,德国逐渐继受罗马法,特别是到 15 世纪时大规模继受意大利罗马法。17 世纪末,德国有的邦甚至规定,法院一半以上的法官需要读过罗马法,许多年轻人到意大利学习罗马法。当时意大利只是对罗马法加以注释。但德国的地方民情与罗马并不完全相同,留学生不同意将罗马法原封不动地照搬,而必须加以一定的修正才能适用。所以,产生所谓的"罗马法近代惯用"。由此形成的与罗马法不尽相同的法律,是一种由学者所创造的法律,称为学者法。这一现象在 18 世纪受挫,直到 19 世纪才迅速恢复罗马法的近代惯用,使罗马法逐渐成为各邦适用的普通法。

作上,法条被带进意识里并且从隐藏在民族精神中被发掘出来,所以法条不是从某种成员的直接确信及其行动中产生,法条也不是出现在立法者的格言里,法条一直是在科学演绎的产物上,才能看得到。①

从普赫塔的描述中可以看出,为了将所有法律规定纳入体系之中,需要舍弃个别法律规定的具体特征,将之抽象化,逐步向一个基本概念的方向演进,最终形成一个统一体,其形状就像金字塔。最高概念处于金字塔的顶端,可以俯视其余,其涵盖面最为广阔。这样,如果从金字塔底部拾级而上,跟随其步伐,金字塔底部面积越来越小,但换来的是其所处位置的位阶越来越高,视野越来越开阔。法律概念与此相似,金字塔底面积相当于某一抽象概念的内容,位阶相当于其适用范围,底面积愈大,适用范围愈小,底面积越小,适用范围越广。在这一体系中,各个概念之间可以通过所含特征的增减,上下自如:处于同一位阶的下位概念,可以抽象化为共同的上位概念;而一个上位概念通过增加不同的特征,演绎为不同的下位概念。普赫塔在 1841 年出版的《法学阶梯教程》中,就是利用这种逻辑体系明确地把法律学建立起来,并将之称为概念金字塔。概念金字塔的要点在于,自最高概念可以首先推导出一些非常抽象的和一般的概念,从这些概念又得出许多具体的和有内容的概念。② 所以,他认为这个概念金字塔应该具备造法的能力。法律规范不过是对概念进行"科学推理的产物"。这种规范既不需要在民族意识(民族精神)中存在,也不需要在法律中存在,而是来自概念的逻辑结论。③

---

① G. F. Puchta, *Lehrbuch der Pandekten*(1938),S.14,22;亦载于 *Cursus der Institutionen*, Bd.1(1984),S.57(§33)。转引自吴从周:《概念法学、利益法学与价值法学:探索一部民法方法论的演变史》,中国法制出版社 2011 年版,第 35—36 页。

② 参见〔德〕阿图尔·考夫曼:《法哲学的问题史》,载〔德〕阿图尔·考夫曼、温弗里德·哈斯默尔主编:《当代法哲学与法律理论导论》,郑永流译,法律出版社 2002 年版,第 162 页。

③ 参见〔德〕伯恩·魏德士:《法理学》,丁小春、吴越译,法律出版社 2003 年版,第 209 页。

温德沙伊德(Josef Habert Bernhard Winsdscheid,1817-1892)是德国普通法时代的最后一位体系论者,潘德克顿法学的集大成者。① 他的主要作品有:《论拿破仑法典中关于法律行为无效的理论》《关于前提的罗马法理论》《条件成就的效力》《从现代法的立场来看罗马民法的诉权》《潘德克顿法教科书》等。他坚持认为,法律是历史的产物也是理性的产物,更是体系架构的产物。

温德沙伊德在《从现代法的立场来看罗马民法的诉权》中,他首次把请求权(Anspruch)概念引入到德国民法学。其目标不但是将罗马法中的各项制度与现代法相结合,也要通过"请求权"这一媒介将诉权(actio)的实质性内容移入实体法体系中,树立以权利为中心的实体法体系。请求权概念很快为德国民法学所吸收。《德国民事诉讼法典》最早吸收这一概念,将其定义为诉讼上的请求。《德国民法典》也引用了这一概念,该法典第194条第1款规定:"向他人请求作为或者不作为的权利(请求权),受消灭时效的限制。"②《德国民法典》第194条第1款以很不起眼的方式给出了一个对《德国民法典》来说十分重要的法定定义——请求权是向他人请求作为或者不作为的权利。按照请求权所属部门,可以分为债权法上的请求权、物权法上的请求权、亲属法上的请求权与继承法上的请求权。请求权是一个将《德国民法典》所有五编贯穿起来的法律概念,典型地体现了《德国民法典》的体系性与逻辑性。从民法科学与法律教育上说,请求权概念是"请求权基础"理论的基石。③

温德沙伊德对近代德国民法学贡献最大的是他的《潘德克顿法教科书》(Lehrbuch des Pandektenrechts)。该书共三卷,第一卷出版于

---

① 关于 Winsdscheid 的生平介绍,可以参见〔德〕格尔德·克莱因海尔、扬·施罗德主编:《九百年来德意志及欧洲法学家》,许兰译,法律出版社2005年版,第451页。
② 关于《德国民法典》第194条第1款的译文,有不同的版本。有的译为请求权受消灭时效的限制,有的则译为请求权因时效而消灭。本文采用陈卫佐译文。参见《德国民法典》(第2版),陈卫佐译,法律出版社2006年版,第63—64页。
③ 参见《德国民法典》(第2版),陈卫佐译,法律出版社2006年版,第63页。

1862年,第二卷成书于1865/1866年,第三卷完成于1870年,到1891年第7版出版。该教科书建构了六编制的民法体系,分别是法、权利、物权法、债务法、家庭法与继承法。它是德国潘德克顿法学的集大成者,很快就成为法律实务上最重要的学术性权威。其超乎寻常的影响力植根于:在欠缺法典的情况下,对普通实务工作来说,学术性教科书是最终的学术性决定层级。① 温德沙伊德透过有意识地掌握现状、将传统有说服力地反映到封闭体系的层次上,清楚地安排可靠的结论,以及对选择可行之解决方案的高度判断力,满足了社会期待。② 这部作品使他被任命为德国民法典制定委员会的委员,并深刻地影响了1900年的《德国民法典》。③

温德沙伊德把法律当作一个固定不变、有完整体系的东西来理

---

① 参见〔德〕弗朗茨·维亚克尔:《近代私法史》(下),陈爱娥、黄建辉译,上海三联书店2006年版,第427页。

② 同上注。

③ 1881年,德国民法典第一次委员会成立,负责拟订草案。该委员会的主席是帝国高等商事法院院长帕佩(Heinrich Eduard Pape,1816－1888),另有戈特利布·普朗克(Gottlieb Planck,1824－1910)等七位实务家;教授成员只有冯·罗特(Paul von Roth)、亲属法专家冯·曼德里(Gusta von Mandry)以及温德沙伊德。各编草案由实务家草拟:格布哈特(Albrecht Gebhard)负责总则,约霍(Reinhold Johow)负责物权法,普朗克负责亲属法,冯·施密特(Gottfried Ritter von Schmitt)则负责继承法。而债之关系法的基础则为1865年的德勒斯顿草案。1887年,德国民法典第一草案连同五卷动机说明被公开,这是行将结束的法学实证主义的代表性文件。在委员会内,温德沙伊德与普朗克具有支配性影响。其中,第一草案被称为小温德沙伊德。而普朗克两次(1874—1889年,1890—1896年。其中1881年之前为前置委员会)作为立法委员参加起草德国民法典,被认为最有资格称作德国民法典的精神之父。第一草案受到强烈抨击。人们批评该草案生硬的语言风格、体系的教条主义、与生活疏离,其中以吉尔克(Gierke)与门格尔(Menger)的批评最为重要。1890年,第二次委员会成立。该委员会包括10位"常任委员"与12位属于经济名人的"非常任委员"。"常任委员"包括著名的实务家与两位学者,冯·曼德里是第二次被征召的学者。1895年,第二草案提交联邦参议院,被友善地接受。1896年,经过联邦参议院的修改,第二草案以第三草案的名义,连同帝国司法局呈文提交帝国众议院。《德国民法典》于1896年8月16日获得公布,并于1900年1月1日施行。从两次立法委员会的构成看,绝大部分成员是实务家,即高等法院与部委官员。第一次委员会中的实务精英实际上整个受到潘德克顿法学的形塑,第二次委员会中的非法律专家(包含地主、矿业参议、林业师傅、银行经理等)也屈从于著名专家的权威。所以,德国民法典是法学家的产物。参见〔德〕弗朗茨·维亚克尔:《近代私法史》(下),陈爱娥、黄建辉译,上海三联书店2006年版,第451—465页。

解。从法条构成明晰的概念,然后建立严密的逻辑体系,法官执法之际,尽可概念推理取之用之即为足够,无须在法条之外另外寻找。法官的职责在于根据法律所建立的概念体系作逻辑推演,当遇有疑问时,则应当探求立法者的意思予以解决。只要不违背立法者的意思,也算作法律的解释。当然,在解释时以逻辑推演为主要方法。虽然此时也可能会涉及利益衡量,但是这种利益衡量是隐藏在逻辑的外衣里的。因而,这种法律的理论构成是具有原创性的,但表面上还需要否认法官是在创造法律,仍认为是依立法者的原意来裁判的。①

从总体看,历史法学派大部分的心力是放在建构体系性的民法学,形成"学说汇纂法学"。学说汇纂法学的名称与纲领来源于萨维尼,学说汇纂法学在整体上也是其纲领的实践。萨维尼《当代罗马法体系》一书在学说汇纂法学中占据了首要地位。② 普赫塔是一位首先从逻辑性概念的"发展"推导出新法条,并正当化具有"法创造性"的建构性法学之人。③ 此后,耶林(Rudolph von Jhering,1818 – 1892)、格尔伯(Gerber)及拉邦德(Laband)继续扩充学说汇纂学的建构性方法。

这种建构性法学是以法学实证主义的法律观为基础的。④ 法学实证主义只从法学的体系、概念与定理中推导出法条及其适用,外于法学的(诸如宗教、社会或学术的评价与目的)均不具有创造或改变法律的力量。⑤ 1884 年,实证主义的经典作者温德沙伊德曾说,"伦理、政治或国民经济上的考虑均不是作为法律家所关心的"⑥。法学实证主义的最重要结论是:其一,既存的法秩序始终是一个由制度与法条组

---

① 参见杨日然:《法理学》,三民书局 2005 年版,第 177—178 页。
② 参见〔德〕霍尔斯特·海因里希·雅科布斯:《十九世纪德国民法科学与立法》,王娜译,法律出版社 2003 年版,第 52 页。
③ 参见〔德〕弗朗茨·维亚克尔:《近代私法史》(下),陈爱娥、黄建辉译,上海三联书店 2006 年版,第 415 页。
④ 同上书,第 415—416 页。
⑤ 同上书,第 415 页。
⑥ 同上注。

成的封闭体系,其独立于(由制度与法条所规整的)生活关系的社会现实之外。所以,凭借逻辑操作对所有待决法律案件作正确裁判是可行的。其二,法学实证主义的体系是封闭的。依其概念,其要求无漏洞性。然而,无漏洞的不是实证法条。概念在概念金字塔中的定位与符合逻辑的体系脉络,始终可以透过"有创造力的建构",逻辑一贯地填补实证法律的漏洞。①

但是,现在人们批评的对象一般指向晚期的法律实证主义。② 这是因为,从19世纪中叶开始,随着德意志邦国公布的法典越来越多,法律实证主义逐步取代了法学实证主义。③ 法学实证主义与法律实证主义并不相同。法律实证主义的信条是,所有的法均由国家立法者所创造,法只是立法者的命令。随着《德国民法典》的颁布,法学实证主义结束了历史使命,法律实证主义获得了全面支配地位。

三、概念法学的主要特征

德国的概念法学与法国的注释法学派有什么关系呢?在法国,以1804年《法国民法典》为基础形成的注释法学派,认为现实中发生的或者可能发生的一切问题,都可以从民法典获得解决,鼓吹法典崇拜,法典之外没有其他法源,从而形成以法典为中心的概念法学。法国的概念法学从属于启蒙的自由主义。18世纪孟德斯鸠的三权分立学说与自然法思想是法国概念法学的理论上的根据。依照三权分立学说形成的"依法裁判"原则,为了确保裁判的公正与法的安定性,法律条

---

① 参见〔德〕弗朗茨·维亚克尔:《近代私法史》(下),陈爱娥、黄建辉译,上海三联书店2006年版,第416—420页。
② 同上书,第419页。
③ 同上书,第441页。

文应当严格拘束法官,不允许法官有任何裁量余地,使之成为"法律的奴隶"。在这样的法律观、裁判观之下,产生理论崇拜、逻辑支配。德意志概念法学是潘德克顿法学的产物,其根源于历史法学派,而历史法学派的理论带有反启蒙的色彩。概念法学的榜样就是精密的自然科学。自然科学借助于精确的概念获得了成功,并揭示普遍有效的自然法则。人们当然也希望借助于法学概念获得同样的成功,而不考虑社会与政治因素的变化。① 在法、德两国不同的历史条件下,形成了包含共同要素的概念法学。到19世纪后期,概念法学成为大陆法系国家的共同现象,对于普通法系国家如英美等国也有相当影响。② 同样,日本民法学界占支配地位的学说也是概念法学,概念法学的思维方式渗透到理论界和实务界的各个方面。

概念法学的主要特征可概括如下:其一,在民法的法源问题上,独尊国家制定的成文法,特别是民法,以成文法为唯一法源,排斥习惯法和判例。其二,关于法律是否存在漏洞,强调法律体系具有逻辑自足性,即认为社会生活中无论发生什么案件,均可依逻辑方法从成文法中获得解决,不承认法律有漏洞。其三,关于法律解释,概念法学注重形式逻辑的操作,即强调文义解释和体系解释,排斥解释者对具体案件的利益衡量。其四,关于法官的作用,概念法学否认法官的能动作用,将法官视为适用法律的机械,只对立法者所制定的法律做三段论的逻辑操作,遇有疑义时强调应探求立法者的意思,并以立法者的意思为准,否定法官的司法活动有造法功能。

从制定《法国民法典》和《德国民法典》的背景看,它们经过资产阶级革命,各方面都获得了解放,资本主义商品经济平稳发展,政治上相对稳定,要求法律秩序的稳定,要求确保法的安定性,使市场参加者可以进行计划,预见自己行为在法律上的后果。近代民法正是反映了

---

① 参见〔德〕伯恩·魏德士:《法理学》,丁小春、吴越译,法律出版社2003年版,第209页。
② 参见梁慧星:《民法解释学》,中国政法大学出版社1995年版,第62页。

这种要求。应该说,以《法国民法典》和《德国民法典》为代表的近代民法和以概念法学为代表的民法理论基本适应了19世纪的社会经济生活需要。但是,概念法学使民法思想陷于僵化保守,丧失了创造性,无法适应新的世纪的社会经济生活对法律的要求。

第二章 利益衡量的兴起

> 今日在法学及法律事务中所使用的法律适用的方法,都是由利益法学所形塑而成的。
>
> ——诺伯特·霍恩(Norbert Horn)

19世纪后期,社会生活发生了很大的变化,法院面临许许多多新的问题和新型案件。这些案件或者缺乏法律规定,或者规定比较模糊。如果像过去那样机械地适用法律就无法解决问题,这迫使法官、学者和立法者改变法学思想,摆脱概念法学的影响,探索解决问题的途径,提出新的能够指导司法审判的法学思想与方法。这些变化最终促进了民法制度和民法思想的变迁,由近代民法发展演变为现代民法。

一、德国的利益法学派:对概念法学的批判

历史法学派的体系与方法,受制于理性法

时代,也受到康德法伦理学的约束。后来,由于普赫塔(Puchta)、耶林(Jhering)与格尔伯(Gerber)的法形式主义思想,更使法律概念抽离社会现实,使法学孤立于当时的国家与社会哲学之外。这受到了批判。1848年,德国法学家基希曼(Julius von kirchmann,1802－1884)在柏林发表一篇著名的演讲《论作为学术之法学的无价值》。他在演讲中指出:"立法者修正了三个字,整个法学文献就变成一堆废纸。"这是对历史法学派(概念法学)的攻击,指责思辨性法学与司法政治实务之间的致命的分裂现象。① 德国学者维亚克尔(von Franz Wieacker,1908－1994)认为,基希曼幽默地嘲笑了自满且脱离现实的理论对自身公共影响力的幻想,也对于欠缺责任感的当时立法精神与原则提出了警告。② 虽然基希曼的演说引起了不小轰动,但是他对其所处时代的法学结构几乎没有产生任何影响。③

(一)耶林的目的法学对概念法学的批判

就学说汇纂法学而言,其遭到批评。这些批评的潮流认为,支配性法学使法不顾事实,是概念或形式法律高居生活之上,而非是法律为生活服务。在这些潮流中,主要有三种潮流④互相竞争,其中以耶林

---

① 参见〔德〕弗朗茨·维亚克尔:《近代私法史》(下),陈爱娥、黄建辉译,上海三联书店2006年版,第399页;杨日然:《法理学》,三民书局2005年版,第179页;梁慧星:《民法解释学》,中国政法大学出版社1995年版,第63页。

② 参见〔德〕弗朗茨·维亚克尔:《近代私法史》(下),陈爱娥、黄建辉译,上海三联书店2006年版,第399页。但是,德国学者雅科布斯认为,这一名言表达的是反对将立法作为法产生根据的意见,表达的是法学因为实证主义法律的不完善而受到损害的现象。参见〔德〕霍尔斯特·海因里希·雅科布斯:《十九世纪德国民法科学与立法》,王娜译,法律出版社2003年版,第54—55页。

③ 参见〔德〕霍尔斯特·海因里希·雅科布斯:《十九世纪德国民法科学与立法》,王娜译,法律出版社2003年版,第56—57页。

④ 主要有:第一,以耶林为代表的个人功利主义对唯心论与概念唯实论的批评;第二,以基尔克(Otto von Gierke,1841－1921)为代表的诉诸历史形而上的论据,透过国族政治热情来论证的批评;第三,社会主义式的批评,主要以马克思、门格尔为代表。参见〔德〕弗朗茨·维亚克尔:《近代私法史》(下),陈爱娥、黄建辉译,上海三联书店2006年版,第429—437页。

对概念法学(学说汇纂法学)的批评的影响最为深远。①

耶林是与温德沙伊德同时代的学者,经历了从法学实证主义到自然主义的转变。② 耶林是在普赫塔学派里成长的。从他的《罗马法精神》的前几卷中可以看出,他以建构性的想象力、对现象鲜明可解的法律解答的感受力,为法律释义学增添了许多有说服力的新发现。当时,他将建构性技艺称为"更高级的法学"。所谓建构性技艺包括三个阶段的操作:法律的分析、逻辑的集中与体系的建构。这事实上是一种对法律素材或法律条文先分析,再综合,最后做体系分类的过程。这种过程因为是师法自然科学的方法,耶林称之为"自然历史的方法"。制作过程符合体系所要求的实证性、无矛盾性(或一致性)及完美性,经过这样的转换,可以从"较低层次的法学"转变为"较高层次的法学"③。

但从19世纪50年代末期起,在孔德(Comte)的社会学实证主义、边沁(Jeremy Bentham)的功利主义以及达尔文的物种选择思想影响下,基于对实际观照的强烈需求,他从逻辑性的想象逐渐转向社会的现实。其中,1859年针对一个实务案件,促使他发生了所谓的"大马士革经历"的重大转折。在《论买卖契约之危险负担》一文中,他指出"不管法条所引起的结果与不幸,一味地纯理论地顺应它或者适用它,

---

① 耶林的思想不但影响德国法学界,而且影响到美国的霍姆斯(O. W. Holmes, 1841 – 1935)、庞德(Roscoe Pound, 1870 – 1964)及卡多佐(B. N. Cardozo, 1870 – 1938)等现实主义者,因而产生现代的美国法学。此外,他也影响到法国的三位伟大的思想家狄骥(Duguit)、奥里乌(Hauriou)及惹尼(Gény),同时也影响到社会学者涂尔干(Durkheim)及马克斯·韦伯(Max Weber)。可以说,耶林不只是现代法学的突破者,也是社会学的突破者。Fikentscher, Methoden Ⅲ, S. 279. 转引自吴从周:《概念法学、利益法学与价值法学:探索一部民法方法论的演变史》,中国法制出版社2011年版,第165页。

② 耶林的生平,参见〔德〕弗朗茨·维亚克尔:《近代私法史》(下),陈爱娥、黄建辉译,上海三联书店2006年版,第430页;吴从周:《概念法学、利益法学与价值法学:探索一部民法方法论的演变史》,中国法制出版社2011年版,第48—71页。

③ 吴从周:《概念法学、利益法学与价值法学:探索一部民法方法论的演变史》,中国法制出版社2011年版,第5—6页。

这事实上是一件没有价值的事"①。从此,他从拥护者变成了反对者,竟然对学说汇纂法学进行了激烈批判,并呼之为"概念法学"。耶林成为反对概念法学的旗手,在民法学历史上称为"耶林的转向"。这一变化支配了耶林晚期的作品。

在《罗马法精神》的后几卷与后几版中,他已经越来越取向于(罗马)法的社会学前提条件。他把主观权利界定为"为满足值得保护之利益而赋予的意志权力"。在《为权利而斗争》(1872年)一书中,他已经将权利变成贯彻权力与利益的手段。②

有趣的是,在《无名氏写给普鲁士法院专刊编者的密函》(1861—1866年)③中,他以匿名方式极尽讽刺之能事对概念与建构性的无意义进行无情批评。他认为,只坚持学术理论面,而忽略了法学的实际可用性,这就犹如建构一个充满艺术价值的手表,但却不能行走计时一样。④ 这是一种技术的概念法学。这种技术就像操作"头发分割机"把1根头发均匀地分为999 999份相等的分割技术。⑤ 这种技术也像攀爬光滑的攀登杆的攀爬技术,只是为了鼓励攀爬,而不是为了解决问题。⑥ 他就是以这种游戏笔法,嘲讽当时的法学者盲目崇拜逻辑,热衷于抽象概念的游戏,而忘却了法律对实际社会生活所肩负的使命。这种情形,恰似生活在"概念的天国",不知道社会生活为何物,对实际生活没有任何益处。

在他的半成品《法律的目的》(两卷,1877—1884年)中,他提出了

---

① 吴从周:《概念法学、利益法学与价值法学:探索一部民法方法论的演变史》,中国法制出版社2011年版,第6页。
② 参见〔德〕弗朗茨·维亚克尔:《近代私法史》(下),陈爱娥、黄建辉译,上海三联书店2006年版,第430—432页。
③ 该书在1884年与他的其他意气之作一起以《法学的诙谐性与严肃性》之名再版。
④ Jhering, Scherz and Ernst, S. 9. 转引自吴从周:《概念法学、利益法学与价值法学:探索一部民法方法论的演变史》,中国法制出版社2011年版,第103页。
⑤ 参见〔德〕鲁道夫·冯·耶林:《法学的概念天国》,柯伟才等译,中国法制出版社2009年版,第14—15页。
⑥ 同上书,第15—16页。

著名的"目的是法律的创造者"。在该书中,他对自然世界起作用的因果律与在人的意志世界中起作用的目的律之间的区别做了阐述。他指出,法律乃是人类意志的产物,有一定的目的,应当受"目的律"支配;而自然法则是以"因果律"为基础,有其必然的因果关系。他认为,目的是法律的创造者,而目的就是利益,利益又有个人的与社会的,两者不可偏废等。利益是权利的核心,法律是权利的外壳。权利的概念是以法律上对利益的确保为基础,权利是法律上所保护的利益。① 利益构成了权利的目的与前提。② 法律的目的,犹如指导法学发展的"导引之星",其在法学中的地位就像北极星之于航海者。所以,解释法律必须结合实际的社会生活,不能偏离法律的目的。也就是说,解释法律必须了解法律究竟欲实现何种目的,以此作为法律的出发点,才能得其要领。以目的作为理解与解释法律的最高原则,就是"目的法学"。由于目的就是利益,所以也可称为"利益法学"③。不过耶林认为,尽管制定法应与目的紧密相连,尽管必须要注意法律事实以及国民的法律感觉,但法学永远仍是一种技术,一种思维的技术。④ 所以,目的法学强调个人利益与社会利益相结合的新功利主义,对只重视形式逻辑与概念操作的概念法学进行了批判。

(二)赫克为代表的利益法学对概念法学的批判

耶林虽然明确指出,目的是整个法律的创造者。但是,他只是简略地论述了该课题,而没有进行系统研究。耶林在其"目的方法的阶

---

① 参见吴从周:《概念法学、利益法学与价值法学:探索一部民法方法论的演变史》,中国法制出版社 2011 年版,第 11 页。
② Jhering, Geist, Ⅲ, 1, s. 345. 转引自吴从周:《概念法学、利益法学与价值法学:探索一部民法方法论的演变史》,中国法制出版社 2011 年版,第 103 页。
③ 但是,赫克是第一个提出"利益法学"这一称呼的人。
④ 转引自吴从周:《概念法学、利益法学与价值法学:探索一部民法方法论的演变史》,中国法制出版社 2011 年版,第 6 页。

段"没有能够将法的利益整理为一个明晰的体系。① 对此,以图宾根大学(Tübingen)的民法学家赫克(Philip Heck,1858－1943)②为代表的在耶林的影响下创立的利益法学(the jurisprudence of interests)弥补了这一缺陷。赫克认为,利益法学是一种法学的方法,也因此是一种理性思考的方法,要透过批判的考虑排除概念法学的弊端,并且使得法律适用与法官创造法律的关系,符合当今生活之要求。③ 该学派也称为杜宾根学派,其他学者有鲁麦林(Max Rümelin)、施托尔(Heinrich Stoll)与洛克(Eugen Locker)等。广义说,还包括其他大学的奥特曼(Oertmann)、穆勒－埃茨巴赫(Müller-Erzbach)与施密特－林普勒(Schmidt-Rimpler)等学者。可以说,利益法学乃是兴起于欧洲大陆的一场法学理论运动,它是在社会学法理学基础上形成的结果,并且得到了众多人士的支持与追随,尤其在德国与法国。④ 他在《利益法学》一文中,从与概念法学的对比中,对利益法学的一些重大的基本问题作了详细研究。⑤ 赫克的利益法学的基本观点如下:

1. 关于法律规范与生活利益的关系

概念法学认为,一般的法律概念是产生法律规范的原因,因而也间接地影响生活的观念。这种关于一般法律概念原因性地位的理论,是通过历史法学派获得统治地位的。对此,赫克认为,逻辑的优先地

---

① 参见〔德〕伯恩·魏德士:《法理学》,丁小春、吴越译,法律出版社 2003 年版,第 240 页。
② Heck,有的译为赫克,有的译为海克,有的译为黑克。
③ Heck,Begriffsbildung,S. 222. 转引自吴从周:《概念法学、利益法学与价值法学:探索一部民法方法论的演变史》,中国法制出版社 2011 年版,第 193 页。
④ 有人认为,法国学者惹尼(Francois Gény,1861－1956)是利益法学者,认为他的体系与利益法学有许多共同之处。参见〔美〕E. 博登海默:《法理学:法律哲学与法律方法》,邓正来译,中国政法大学出版社 1999 年版,第 145 页。但也有人认为,惹尼是法国科学学派的代表人物。参见何勤华:《西方法学史》,中国政法大学出版社 1996 年版,第 146—148 页。这两者不同的观点是从不同的角度来观察的。
⑤ 参见〔德〕赫克:《利益法学》,傅广宇译,载《比较法研究》2006 年第 6 期。这是赫克于 1932 年 12 月 15 日在法兰克福大学客座讲演时的讲稿,后来将其出版。该文是赫克文章中介绍利益法学主要观点的最简要清晰的文章。本文主要根据该文对赫克的《利益法学》进行介绍。

位被对生活的研究(Lebensforschung)和评价(Lebenswertung)所排斥。① 他沿着耶林开辟的道路,认为是生活利益决定法律,法律是对生活条件的回应。同时,他认为耶林的目的法学存在不足,必须通过利益划分原则来予以深化。这一原则也就是所谓的"利益冲突理论"。他认为,每一个法律命令都决定着一种利益冲突,都建立在各种对立利益之间的相互作用之上,法律选择保护的是一种需要优先加以保护的利益。② 他将法律规范理解为,立法对需要调整的生活关系和利益冲突所进行规范化的、具有约束力的利益评价。③

2. 关于法官的案件裁决

赫克认为,对于私法来说,法官的判决居于每一种方法论的中心。法律影响生活,首先是通过法官的判决。法官判决中的法才是真正活的法。

关于法官的地位,赫克认为,首先,根据一国的宪法,法官应受法律约束。法官也要像立法者一样界定利益,并对利益冲突进行判决。诉讼两造的争端使他必须面对利益冲突。但是,立法者所作的利益衡量优先于法官的个人评价,对法官也具有拘束力。其次,与大量生活中出现的问题相比,我们的制定法是有缺陷的。它们不够完全,也并非全无矛盾之处。④ 这是因为,立法者的观察能力有限,不可能预见将来要发生的一切问题;立法者的表达手段也有限,即使能够预见将来要发生的一切问题,也不可能在立法上完美地表达出来。所以,即使再好的法律也存在漏洞。现代的立法者意识到法律的这种缺陷,因此期待法官不是依循字句,而是合乎利益要求地服从法律。他们不仅要

---

① Ph. Heck, Begriffsbildung und Interessenjurisprudenz, Tübingen 1932, S. 4. 转引自〔德〕伯恩·魏德士:《法理学》,丁小春、吴越译,法律出版社 2003 年版,第 241 页。
② 参见〔德〕赫克:《利益法学》,傅广宇译,载《比较法研究》2006 年第 6 期。
③ Ph. Heck, Begriffsbildung und Interessenjurisprudenz, Tübingen 1932, S. 72 ff. 转引自〔德〕伯恩·魏德士:《法理学》,丁小春、吴越译,法律出版社 2003 年版,第 241 页。
④ 参见〔德〕赫克:《利益法学》,傅广宇译,载《比较法研究》2006 年第 6 期。

在既有的法律命令下进行逻辑归入,还要对欠缺的命令进行补充,对有瑕疵的命令予以纠正。换言之,法官不仅要适用具体的法律命令,也要保护制定法认为值得保护的利益的整体。①

概念法学将法官适用法律规范的行为定性为一种认知活动,将其限制于一种理解性的活动。法官只能根据认知逻辑的规则来适用法律,法官不应进行评价也不能自己创造规范。他反对这一说法,并将这种活动称之为"运用概念计算"。而计算是一种纯粹的认知,不含任何情感因素。赫克认为,法官不能只通过涵摄的方法获得正确的案件裁判,也不能由体系与概念的逻辑推演获得裁判结果。他认为,概念法学颠倒了法官发现法律规范的实际流程,混淆了逻辑的正确性与社会的正确性这两个范畴。只有在概念形成时已经适当考量利益评价时,才会偶然地获得正确的裁判。②

在可能出现法律漏洞时,在天真的概念现实主义者看来,通过构造概念来创造法律规范,是一种法律艺术理论。这种特别的方法被称为"通过概念构造或根据体系填补漏洞"。赫克称之为"真正的公式运用"或"颠倒的方法"③。他认为,裁判结论在生活中的正确性应该被置于显著的位置。

法官填补法律漏洞时,也要运用利益划分原则,或者叫利益冲突理论。按照利益法学的原则,必须要由法官先掌握到与该判决相关的利益,然后对这些利益加以比较,并且根据他从制定法或其他地方得出的价值判断,对这些利益加以衡量。然后决定较受该价值判断标准偏爱的利益获胜。④ 也就是说,如果某案件的事实不符合法律规定的

---

① 参见〔德〕赫克:《利益法学》,傅广宇译,载《比较法研究》2006 年第 6 期。
② 参见〔德〕弗朗茨·维亚克尔:《近代私法史》(下),陈爱娥、黄建辉译,上海三联书店 2006 年版,第 549 页。
③ 〔德〕赫克:《利益法学》,傅广宇译,载《比较法研究》2006 年第 6 期。
④ Heck, Gesetzesauslegung, S. 225. 转引自吴从周:《概念法学、利益法学与价值法学:探索一部民法方法论的演变史》,中国法制出版社 2011 年版,第 193 页。

事实构成，那么法官首先要明白系争案件中存在怎样的利益冲突。接下来他要考察，法律是否以其他事实构成的形式决定了同样的利益冲突。如果答案是肯定的，他就得移用（übertragen）法定的价值判断，对同样的利益冲突作同样的判决。这种方法向来就被作为制定法类推和法律类推来使用，但只有通过利益法学，该方法才得到正确的说明和更为清晰的界定，运用时也更为安全。①

法官在填补漏洞之际要适用法定的价值判断，但他也可以根据自己对生活利益的评价来判决冲突。这首先发生在那些制定法允许法官作出个人评价的场合：法律要么通过明确的授权（法官裁量），要么通过在法条中使用不确定的、需要填充价值的字眼（比方说"重要原因"）。此外，如果法官必须根据作为整体的法律来作出判决，而各种法定的价值判断却相互矛盾或不起作用，他也需要作出个人的评价。在这些情况下，法官必须作出他自己作为立法者时可能建议作出的判决。②

总之，不能将法官的裁判活动称为单纯的认知活动，即对法律规范的认识和逻辑归入。法官不仅要适用既有的法律规范，而且要自己创造规范。在造法方面他也应有所作为。但是，法官创造的规范不具备制定法规范的效力，对其他法官也没有约束力，尤其是法官不如立法者自由。他必须遵循法定的价值判断，个人的评价只能处于从属位置。法官的职责，不是要自由创造新的法律制度，而是要在现有的法律制度范围内参与实现那些已经被承认的观念。③ 所以，他采取一种相对保守的态度，认为法官的职权是有限度的。

3. 关于法学研究

概念法学的主要任务，被认为是精确地确定学术概念。这些概念

---

① 参见〔德〕赫克：《利益法学》，傅广宇译，载《比较法研究》2006 年第 6 期。
② 同上注。
③ 同上注。

服务于法律并使之易于理解,但是同时也对规范提供原因性解释,还为规范的填补提供坚实基础。换言之,学术概念既服务于解释现有法律规范,也服务于获得新的规范。法学的目的,被认为是准确地确定概念,并将这些概念整合为一个统一的推论体系,即一个概念金字塔。相对于这些概念研究,对生活关系和生活需要的研究就不是那么重要了。生活被认为只是法律概念的适用场所而非其源头。①

利益法学则把获得规范和整理规范截然区别开来。规范的获得建基于对生活及其需要的研究之上。利益法学所追问的,是生活和符合生活要求的秩序。当然,利益法学也要求概观与秩序。学术性的秩序概念是法学者必不可少的工具,而利益法学的代表者也并未忽视对概念的加工。将这些概念整理为法律体系,对于概观和说明也很重要。但是这些概念和体系的形成必须由概观和说明的目的本身来决定。这里涉及的问题,是表达而非认知,是对已获得的认识的总结,而非原因性的研究。因此,规范整理是法学的第二项任务,在时间上排在规范获得之后。按照新的方法,法律体系也获得了另一种特征。也就是说,归纳的体系取代了演绎的体系。②

需要注意的是,赫克并不否认概念的重要性。他认为,反对技术性的概念法学,并不一定是反对法律的概念构成,或反对法官受现行法的拘束,更不是反对科学性的概念形成。没有概念不可能思考。法学当然也要形成概念。③ 可见,赫克只是反对运用某种概念来获得法律规范,反对概念崇拜,但他完全肯定概念在法律思维上的重要性。在赫克之后,拉伦茨等学者所谓的价值法学获得很大的发展,占据主

---

① 参见〔德〕赫克:《利益法学》,傅广宇译,载《比较法研究》2006年第6期。
② 同上注。
③ Heck, Begriffsjurisprudenz, S. 41f.; ders, Begriffsbildung, S. 9; dersRechtsgewinnung, S. 38; ders, Interessenjurisprudenz, S. 28. 转引自吴从周:《概念法学、利益法学与价值法学:探索一部民法方法论的演变史》,中国法制出版社2011年版,第323页。

流的位置。① 但有学者认为,"利益法学"已经包含"价值法学"在内。②笔者认为是有道理的。

应该说,赫克对概念法学的批评是客观的、妥当的。他一方面指出概念法学存在的问题,另一方面也认可概念与体系在法学思考中的地位功能与作用。在批判概念法学的基础上,他提出的利益法学强调立法者在立法过程中所确立的利益衡量的重要性,法官只能"有思考地服从",需要移用立法所固定的利益评价对本案的利益状态进行比对与取舍。但是,这一理论存在的问题是,对社会上存在的复杂的利益状态、利益类别的认识还不够充分与深刻,对立法所确定的利益评价过于信任。他假设立法者的利益评价是正确的、完美的,没有认识到立法者的利益衡量有时也会存在不足。究其根源,其理论所假设或潜意识的社会前提是,社会已经形成稳定结构,处于稳定状态。只有在这样的状况下,立法者可以透视所有的社会现象,法官才有机会可以不断地从立法已经确定的评价中获得"移用"。事实上,立法者很难认识到所有的社会现象并加以妥当地规范。面对纷繁复杂的社会现状,把法官的主观能动性限缩于立法评价,会难以适应现代社会的需要。其一,立法者所做的利益评价与利益选择可能并不妥当,适用它会违反公平正义。其二,即使立法者在立法时所做的利益评价是正确的,但也可能会随着社会的发展而变得不合时宜。其三,当立法没有

---

① 有人认为,最近几十年,利益法学已经发展成为所谓评价法学(价值法学),其代表人物是卡尔·拉伦茨(Karl Larenz)、约瑟夫·埃塞尔(Josef Esser)、克劳斯-威廉·卡纳里斯(Claus-Wilhelm Canaris)、卡斯滕·施密特(Karsten Schmidt)。按照评价法学的观点,立法者和法律适用者的活动终归是未然的发展过程,处于中心地位的应当是在各条法律规范和法律适用中表现出来的价值判断。在德国,起源于美国的经济分析只能获得作为辅助工具的次要地位而已。参见〔德〕米夏埃尔·马丁内克:《德国民法典与中国对它的继受——陈卫佐的德国民法典新译本导言》,载《德国民法典》(第 2 版),陈卫佐译注,法律出版社 2006 年版,第 12—13 页。

② Boehmer, Grundlage, S. 212;其他学者如 Fikentscher、Wieacker 等也有相同观点。参见吴从周:《概念法学、利益法学与价值法学:探索一部民法方法论的演变史》,中国法制出版社 2011 年版,第 416—417 页。

对本案所涉及的利益状态进行类似的评价时,法官就会无所适从,无法找到所谓的移用的对象。其四,公共利益介入现代社会已经无法回避,其对当事人利益与公共利益之间的关系也缺少分析,使利益衡量缺少极为重要的一个支撑点,减弱了法官对社会的适应能力。所以,相对于静态社会,赫克的利益法学对动态社会的认识与理解存在不足,适应性存在问题。

二、美国庞德的利益法学

在美国,与德国的目的法学、利益法学持相似观点的,是霍姆斯(O. W. Holmes,1841 – 1935)的法学思想,以及罗斯科·庞德(Roscoe Pound,1870 – 1964)[①]、卡多佐(B. N. Cardozo,1870 – 1938)等人的社会学法理学。霍姆斯基本上是一个实用主义者,但他对传统的概念法学提出了批评。他认为,法律的生命不是逻辑,而是经验。[②] 庞德对概念法学也做了批评。[③] 卡多佐认为,法官应当不满足于通过某种传统的法律推理方法获得一个结论,也不应当试图对由某种冲动甚或某种社

---

① 罗斯科·庞德(Roscoe Pound,1870 – 1964),出生于美国内布拉斯加州,曾在内布拉斯加州立大学攻读植物学。1889—1890 年在哈佛大学攻读法律。1889—1903 年在内布拉斯加州立大学教授法理学,并担任执业律师。1904—1907 年任州法律委员。此后,先后任教于西北大学、哈佛大学,并于 1916—1936 年担任哈佛大学法学院院长。他的主要作品有:《普通法的精神》(1921 年)、《法哲学导论》(1922 年)、《法律史解释》(1923 年)、《通过法律的社会控制》(1942 年)、《法理学》五卷本(1959 年)。

② The life of the law has not been logic; it has been experience. The felt necessities of the time, the prevalent moral and political theories, intuitions of the public policy, avowed or unconscious, even the prejudices which judges share with their fellow-men, have had a good deal more to do than the syllogism in determining the rules by which men should be governed. See, Oliver Wendell Holmes, Jr., *The Common Law*, Dover Publications, Inc., New York, 1991, p. 1.

③ 与欧洲大陆概念法学类似,在英美等国则是分析法学(Analytical Jurisprudence)。其后也有现实主义运动(the Realist Movement)的兴起。

会哲学所指定的结论寻求正当化或者予以理性化。① 其后,有一些被称为现实主义法学(Realism Jurisprudence)的学者同样对概念法学提出批评。例如,杰罗姆·弗兰克(J. N. Frank)就严厉地批评了传统法学的逻辑崇拜主义。但由于本文主要研究利益衡量的问题,这里仅分析庞德的学说。

德国法学家赫克创建了利益法学派,美国法学家庞德以惊人的相似作了详细阐述。② 一般认为,美国著名法学家庞德是社会学法理学的主要代表,但也可以说是美国的利益法学的代表人物。其法学思想受到德国学者耶林的很大影响,他直言其利益理论是以耶林的利益思想作为基础的。③

(一)社会工程与法律利益

庞德以戏院排队买票为例,说明法律秩序与法律控制对社会的重要意义。在任何一种情况下,社会控制使其有可能为最大多数人做最多的事情。他认为,这是一项巨大的社会工程。这就有了一项使生活物资和满足生活在一个政治组织社会中的人们的各种要求和愿望的手段,在不能满足人们对它们的一切要求的情况下,至少尽可能地做得好些。④ 一项法律制度要达到维护法律秩序的目的,需通过:(1)承认特定的利益,该利益可能是个人的、公共的或者社会的;(2)确定一个范围,那些利益应当在这个范围内通过法律规范予以承认和实现,该法律规范由司法(现在还有行政)过程按照公认的程序运作和实施;

---

① 卡多佐的法学思想主要体现在《司法过程的性质》,耶鲁大学出版社1921年版。
② Surya PrakashSinha, *Jurisprudence:Legal Philosophy*, West Publishing Co,1993, p.232.
③ 参见〔美〕罗斯科·庞德:《法理学》(第3卷),廖德宇译,法律出版社2007年版,第13页。
④ 参见〔美〕罗斯科·庞德:《通过法律的社会控制》,沈宗灵译,楼邦彦校,商务印书馆2010年版,第38—39页。

(3)尽力保护在确定的范围内得到认可的利益。① 各种利益之间的冲突或竞争,起因于个人之间、群体之间、社群之间或社会中的人们之间的矛盾和冲突,以及个人在努力实现各种请求、要求和欲望时与群体、社群或社会之间的竞争。因此,在确定法律系统的范围与对象时,必须考虑五点:(1)我们必须制定一个利益列表,列出要求得到认可的利益,并且对它们进行归纳和分类;(2)选择和决定哪些是法律将认可和予以保护的利益;(3)确定对选定的利益予以保护的界限;(4)当利益被认可和确定界限后,我们还必须权衡用以保护它们的法律手段。必须考虑对有效法律行为的限制,因为它们可能妨碍对利益的完全认可及全面保护,而这些利益我们是应该保护的;(5)为此,我们必须制定评价原则。它们最重要作用是决定和选择认可哪些利益。②

(二)利益学说与利益纲目

在庞德的社会学法理学中,利益居于重要地位,其对利益概念的认识采取耶林的利益观点。他认为,利益可以看作人们——不管是单独地还是在群体或是社团中或是其关联中——寻求满足的需求、渴望或期望。③ 他继承耶林的学说,提出非常详细的所谓利益列表,即把利益分为三类:个人利益、公共利益与社会利益。④

---

① 参见〔美〕罗斯科·庞德:《通过法律的社会控制》,沈宗灵译,楼邦彦校,商务印书馆 2010 年版,第 39 页;〔美〕罗斯科·庞德:《法理学》(第 3 卷),廖德宇译,法律出版社 2007 年版,第 13—14 页。
② 参见〔美〕罗斯科·庞德:《法理学》(第 3 卷),廖德宇译,法律出版社 2007 年版,第 18 页。
③ 同上书,第 14 页。
④ 关于利益问题的研究,庞德花费了大量精力,也是其学说中最具有代表性的部分。主要体现在〔美〕罗斯科·庞德:《通过法律的社会控制》,沈宗灵译,楼邦彦校,商务印书馆 2010 年版,第 41—47 页;〔美〕罗斯科·庞德:《法理学》(第 3 卷),廖德宇译,法律出版社 2007 年版,第 4—279 页。虽然两者的主要观点没有任何变化,但由于《通过法律的社会控制》成书于 1942 年,比 1958 年的《法理学》(第 3 卷)要早,而且内容比后者单薄,本书主要引用后者。

个人利益就是那些直接涉及个人生活和从个人生活的立场看待的请求、需求与欲望——严格说,是指以个人生活的名义提出的。① 个人利益可以分为:

(1) 人格利益,指有关物质与精神存在的请求和需求。人格利益还可以分为五类:①个人人身②;②自由意志;③尊严和荣誉;④隐私与情感;⑤信仰与思想。

(2) 家庭方面的利益,指有关所谓"扩展的个人生活"的请求和需求。它是家庭关系当事人个体的利益,这些利益维持家庭关系的存在并维护其完整性。它主要涉及父母与子女的利益,婚姻利益。

(3) 物质利益,指有关个人经济生活的请求和需求。它主要包括:①对有形财产的控制要求,即财产请求权。②从事活动与契约自由,参与企业、从事职业、承担工作以及缔结和履行契约的自由。③对承诺的利益、对承诺的金钱性履行的利益。④在与他人发生经济利益性关系时,无论这种关系是契约的、社会的、商业的、公务的还是家庭的,要求保护其不受外部干涉的请求权。

公共利益,是指以有组织的政治社会(国家)的名义提出的主张,即国家利益。在法律中,可以分为:(1)作为法人的国家利益。它包括:①国格,涉及国家完整、行动自由、荣誉或者尊严的利益;②是政治组织社会作为一个财产实体的请求权,以集体目的而取得与持有。(2)作为社会利益监管者的国家利益。

社会利益,是包含在文明社会的社会生活中并基于这种生活的地位而提出的各种要求、需要或者愿望。社会利益是庞德法学理论的关键概念,是他的社会学法学的核心所在。他于1920年发表的一次演讲中首次提出这一概念后,进行多次完善。社会利益可以分公共安

---

① 参见〔美〕罗斯科·庞德:《法理学》(第3卷),廖德宇译,法律出版社2007年版,第18—19页。

② 同上书,第26—32页。

全、社会制度安全、公共道德、保护社会资源、公共发展以及个人生活中的社会利益。

(三) 利益衡量与价值判断

关于利益衡量,也就是价值判断问题,庞德认为虽然这是一个困难的问题,但它是法律科学所不能回避的。他坚持说,法律是一个实际的东西。如果我们不能建立一个为每个人所同意的普遍的法律价值尺度,也不能由此得出结论,我们必须放弃一切而将社会交给不受制约的强力。我们有着几个世纪以来用法律来调整关系和安排行为的经验,而且我们已经学会了去发展这种经验,并利用它去衡量和评价各种利益。① 法律在实际上对价值尺度是如何处理的呢?有三种方法。

第一种方法是,从经验中去寻找某种能在丝毫无损于整个利益方案的条件下使各种冲突的和重叠的利益得到调整,并同时给予这种经验以合理发展的方法。

第二种方法是,依照一定的时间和地点的文明的法律假说来进行评价。为此,他提出了著名的法律假说②,即:

(1) 在文明社会中,人们必须能确保不会受到他人的故意侵害。其推论是,一个人有意地为某一行为,该行为表面上对他人造成了伤害,则他应当负责对其损害结果进行补救。除非他能够证明这样做是为了一些公认的公共利益或者社会利益,从而使他拥有这种行为自由。

(2) 在文明社会中,人们必须能够确保他们可以基于受益的目的

---

① 参见〔美〕罗斯科·庞德:《通过法律的社会控制》,沈宗灵译,楼邦彦校,商务印书馆 2010 年版,第 65 页。

② 同上书,第 68—71 页;〔美〕罗斯科·庞德:《法理学》(第 3 卷),廖德宇译,法律出版社 2007 年版,第 7—12 页。

而控制他们发现的东西并占有和使用,可以控制他们用自己劳动所创造的东西,以及可以控制在现有社会和经济秩序下获得的东西。

(3)在文明社会中,人们必须能够确保在与他人进行社会交往时,他人会善意地行为。由此:①将合理地期待他人会履行自己的承诺或为其他合理行为。②将按照社会共同体道德情感所具有的期待履行他们的责任。③将不当得利予以归还或给予补偿。归还或补偿因为失误未能在交易前预见或其他未能预见的情况而获益并使他人遭受的损失,只要该获益是在合理情况中不能合理预期的。

(4)在文明社会中,人们必须能够确保在其行为过程中会尽到合理注意的义务,不至于使其行为存在对他人造成不合理侵害的危险。

(5)在文明社会中,人们必须确保那些拥有财产或者雇佣代理的人,如果该财产或代理尽管在它们使用的范围内无害,但在其他正常使用或活动范围内有害,或者有超出其合理使用范围的内在倾向时,将会把它们控制在适当的范围之内。

第三种方法是,关于社会秩序从而也是关于法律秩序的一种公认的、传统的权威性观念,以及关于法律制度和法律学说应当是怎样的东西,把它们适用于争端时应当取得什么样的后果等的公认传统性权威观念。

庞德认为,第三种方法与第二种方法现在已经很少有用处,而且在实际运用时也遇到了困难。所以,法院必须通过经验来发现并通过理性来发展调整关系和安排行为的各种方式,使其在最少的阻碍和浪费的情况下给予整个利益方案以最大的效果。①

(四)法律漏洞与非依法裁判

庞德认为,所有审判活动中都存在两种要素:一是严格按照法律

---

① 参见〔美〕罗斯科·庞德:《通过法律的社会控制》,沈宗灵译,楼邦彦校,商务印书馆 2010 年版,第 79—80 页。

的要素,二是自由裁量的要素。根据两种要素的程度不同,可以分为四种不同的范畴:第一类案件受严格意义上的规则所调整,必须依照规则进行裁定。第二类案件并不是受严格意义上的规则所指涉或者调整,应当从某一个出发点做出的推理来裁定。第三类案件应当根据那种受实施自由裁量权的原则所指导的自由裁量来裁定。第四类案件则应当根据个人的自由裁量来裁定。这种裁定既没有任何权威性的审判依据,也没有任何指导审判的规则可予以参照。所以,法官存在欠缺法律时也会作出判决(Justice without Law)①的情形。他指出,在任何法律体系中,不论其规则体是多么的详尽精确,审判都不可能只根据规则而根本不顾及法官的意志以及他在审理所受理的案件时所具有的有关应当做什么才能实现公正结果的个人感觉。②

庞德的法学思想也是在批评概念法学(分析法学)的基础上提出来的,取得了很大的成就。但是,也存在一些问题:(1)关于利益的概念,其沿用了边沁以来的广义的概念,采取了与耶林相同的概念。但是,关于个人利益与社会利益的关系似乎显得含糊。虽然个人利益与社会利益在许多情况下是趋同的,但个人利益与社会利益毕竟是独立的两个不同的概念,两者应该有清晰的边界。在许多场合,庞德把维护个人利益而产生的功能与社会利益混淆在一起。(2)庞德所提出的五项法律假设,曾遭到很多批评。而他对于现在普通法应该保障的利益的调查和记录是否正确,以及对于这些利益的分门别类是否妥当,更成为很多英美学者评论的目标。③ 的确,把公共利益等同于国家利

---

① Justice without Law,有人译为"不据法审判",有人译为"无法司法",其主要指"欠缺法律时的裁判"。
② 参见〔美〕罗斯科·庞德:《法理学》(第2卷),邓正来译,法律出版社2007年版,第345—366页。
③ W. Friedmann, *Legal Theory*, 2nd edition, London, Stevens & Sons, 1949, pp. 229 – 234; Julius Stone, *the Province and Function of law*, Harvard University Press, 1950, pp. 491 – 492. 转引自马汉宝:《庞德社会利益说之理论的基础》,载马汉宝:《法律思想与社会变迁》,清华大学出版社2008年版,第169页。

益是存在疑问的。例如,在国家作为民商事主体参与活动时,更妥当的解释是,国家是作为独立的法人参与民商事活动,其并不代表国家利益,而只是某一职能部门的利益而已,该利益与一般的个人利益并无实质的不同。就"利益纲目"而言,不过是某一特定社会的立法者及司法者,根据该社会的法律假说,将众人所应该满足及国家所应该保障的各种实际需要或利益列举而已。但是,利益的列举只能是列举目前可以看得到的,由于人类认识能力的局限,许多利益是无法提前预见的。这些无法预见的利益如何进入该利益纲目,存在很大的困扰。或者说,利益纲目的列举根本就是不需要的。这是因为庞德所提出的利益纲目在部门法中是清晰可见的。(3)关于利益衡量与价值判断。要对相互冲突的利益进行保护,必然需要作出选择。他一方面强调了利益判断的艰难,另一方面提出了三种不同的方法。但是,实际的需要或利益,无论其搜罗如何周延,组织如何精密,并不能自动地表示它们的价值。换言之,何种利益应该保障,何种利益可以牺牲,并不是藉观察利益本身,就可以知道的。① (4)就存在法律漏洞时的处理方式而言,他很精确地阐述了严格按照法律的因素与自由裁量因素之间的关系。他指出,在许多情形中,我们都需要用规则来指导那些无决断力的法官,进而使我们免受法官意志力薄弱或者判断力不足所造成的影响。但是,同样是这些规则,却有可能束缚那些决断力强的法官,并阻碍他们在审判案件的时候充分发挥他们的合理感觉和良好判断。② 但遗憾的是,他似乎没有把利益衡量的因素加入没有法律依据进行裁判中的作用进行仔细分析。给人的感觉是其关心的只是被立法与司法已经发现或确认的利益纲目,对于将来要出现的利益缺少方法上的

---

① 参见马汉宝:《庞德社会利益说之理论的基础》,载马汉宝:《法律思想与社会变迁》,清华大学出版社2008年版,第175—176页。
② 参见〔美〕罗斯科·庞德:《法理学》(第2卷),邓正来译,法律出版社2007年版,第361页。

指示。所以,这种只是总结过去的利益状况而无法面对未来的利益状况,其学说的功能上会受到削弱。

三、日本的利益衡量论

与我国一样,日本原先并没有以个人本位为核心的民法。日本的民法是 19 世纪末从法、德两国引进的。民法学理论是从法、德两国输入的。而在 19 世纪的欧洲,占据支配地位的民法思想为"概念法学"①。民法被引进日本后,获得了长足的发展。事实上,日本民法典的基础社会现象是 18、19 世纪的市民社会。整个社会基本还处于传统的农业社会或工业社会的早期,是一个相对静止的社会,人们之间的关系相对较为简单,社会变迁较为缓慢。从法国、德国引进的概念法学也可以适应这一社会现实。

但是,从 19 世纪末期开始至 20 世纪初,日本逐渐向垄断资本主义过渡,社会发生了巨大变化。同样地,原有的概念法学的思维方式很难适应日本社会经济生活发生的巨大变化。特别是,第二次世界大战以后,日本民法学界活跃起来,展开了各种论争,一时流派纷呈,获得了许多成果。其中主要的成果之一是,注重社会效果的法社会学方法论被普遍接受。② 到 20 世纪 60 年代,加藤一郎作为民法学者也接受了这些争论的洗礼。1962—1963 年,加藤一郎第一次留学美国,更是身受现实主义法学的熏陶。照他自己的话说,"自己身上的概念法学的痕迹受到很大冲击"③。1966 年,他发表了《法解释学的论理与利

---

① 〔日〕北川善太郎:《日本民法体系》,李毅多、仇京春译,科学出版社 1995 年版,第 101—110 页。
② 参见段匡:《日本的民法解释学》,载梁慧星主编:《民商法论丛》(第 6 卷),法律出版社 1995 年版,第 368—393 页。
③ 梁慧星:《民法解释学》,中国政法大学出版社 1995 年版,第 317 页。

益衡量》一文,在批判概念法学的各种弊病的基础上,提出了"利益衡量"的民法解释观。但差不多与此同时,星野英一于1967年也提出了自己的"利益考量论"①。两者观点基本相同(当然也有一些差异),所以,日本学界一致认为,利益衡量(本书不区分利益衡量和利益考量)的首倡者是这两位教授。② 利益衡量论于20世纪60年代提出后,一直在日本民法学界占据主导地位。③

(一)加藤一郎的利益衡量论

1. 对概念法学的批判

加藤一郎利益衡量论的展开是从对概念法学的批判开始的。他认为,概念法学就是仅仅依据形式的三段论法进行判断,即以法律规定为大前提,以具体事实为小前提,然后依据三段论法引出机械的、形式的结论。在法律适用中,法官自己并不进行判断,而是规规矩矩地接受法规的约束,并不加入自己个人的价值判断或者利益衡量,仅仅从立法者所决定的法规,引出唯一的正确的结论。法官所起的就是这样一种自动机械的作用。④ 加藤一郎在批判概念法学的同时,对其对立面的自由法学作了详尽的阐述,从中为其利益衡量的方法论提供了思想基础。并且,为自由法学向利益衡量论的过渡构筑了桥梁。⑤

---

① 与加藤一郎不同,星野英一是在我妻荣教授的启发下受到德国学者赫克利益法学的影响,也受到川岛武宜、加藤一郎、铃木禄弥等学者的影响。〔日〕星野英一:《民法论集1》,有斐阁1970年版,第2页、第5页。转引自张利春:《日本民法中的利益衡量论研究》,山东大学2008年博士学位论文,第118页。
② 参见梁慧星:《民法解释学》,中国政法大学出版社1995年版,第317页。但是,星野英一认为,从根本立场开始一直到手法,两者相当不同。参见〔日〕星野英一:《现代社会和民法、民法学——回顾与展望》,载〔日〕星野英一:《现代民法基本问题》,段匡、杨永庄译,上海三联书店2012年版,第424页。
③ 参见段匡:《日本的民法解释学》,载梁慧星主编:《民商法论丛》(第6卷),法律出版社1995年版,第403—404页。
④ 参见〔日〕加藤一郎:《民法的解释与利益衡量》,梁慧星译,载梁慧星主编:《民商法论丛》(第2卷),法律出版社1994年版,第75页。
⑤ 参见段匡:《日本的民法解释学》,复旦大学出版社2005年版,第260—261页。

2. 裁判过程中的利益衡量

加藤一郎认为,假如将法律条文用一个图形来表示,中心部分较浓,越向边缘越稀薄。中心部分通常可以直接依据条文进行裁判,而边缘部分则可能出现甲乙两种不同的结论。这样,在裁判中应当有意识地引入利益衡量,基于实质的判断进行解释。在裁判中,加入实质的判断是无论如何都难以避免的自然之理。他认为,仅从法律条文就可以得出唯一的正确结论的说法只是一种幻想。而真正起决定作用的是实质的判断。对于该具体情形,究竟应注重甲的利益,或是应注重乙的利益,在进行各种各样细微的利益衡量之后,作为综合判断可能会认定甲获胜。得出这样的初步结论之后,再考虑应附上什么样的理由,亦即结合条文,怎样从论理上使该结论正当化或合理化,以形成判决。① 为了使问题得以明确,需要举例来加以说明。为此,他举了姘居妻的保护、让与担保、飞机事故中的第三人保护等不同案例进行分析。他认为,在最初的判断过程中,有意识地将既存的法规排除在外,以全部白纸的状态对这一事件应该如何加以考虑。这样做的目的是避免法官被法规所拘束,陷入作为法律家的狭隘之中。而实质性利益何者为重的价值判断和如何加以选择的做法与外行作的判断不会有质的差异。法的判断既不受常识的束缚,也不应是反常识的。② 但是,此时得到的结论并非是最终的结论,而只是附加理由过程中要加以验证的假说,即暂时的结论。③

3. 依据法规等的理论构成

加藤一郎认为,实质的利益衡量必须要接受依据法规的形式理由的附加。这种形式理由的附加仅仅依据法规是不够的,法规以外包含

---

① 参见〔日〕加藤一郎:《民法的解释与利益衡量》,梁慧星译,载梁慧星主编:《民商法论丛》(第 2 卷),法律出版社 1994 年版,第 78 页。
② 参见段匡:《日本的民法解释学》,复旦大学出版社 2005 年版,第 261 页。
③ 同上书,第 263 页。

广泛的法,包括所谓的法理论在内,被称为理论的构成。① 依据法规的理论构成不是为了产生结论,而是为了赋予理由。这种理论构成的作用是:其一,验证结论妥当性的作用。表现在判断过程中比较被忽视地与其他制度关联以及类似事例,通过验证加以明确;然后,修正判断中得出的结论,在某些场合有必要抛弃先前的结论以寻求其他结论。其二,通过理论构成明确得到的结论在什么范围内被适用或不被适用;再者,依据理论构成可能有必要对判断过程中得到的结论加以再探讨。其三,在于依据理论构成使结论的说服力得到加强。② 人们通过作为假说的结论及其作为验证的理论构成的试错过程,到达最终的判断。这两个过程在法的判断方法中是血与肉的关系,必须作为一体来进行,并且不能将其割断。在此,加藤一郎有关理论构成的见解,基本延续了川岛武宜的观点,即不是从理论构成中演绎判断的结论,而是给结论附加理由,增加说服力。③ 他强调,妥当的裁判应有充分的理由,即实质的理由和形式的理由,无论如何两者都是必要的。④

4. 解释与立法的关系

基于实质的利益衡量的弹性解释,如果得出的结论与法律条文不同,是否已经不属于解释而属于立法了呢？有人认为,这等于是由法院进行立法,是越权。加藤一郎认同这是实质性立法的说法。但是对于立法不容易的国家,裁判不得不这样做。

加藤一郎认为,要对作为基本法的民法进行修改是相当困难的,过分的朝令夕改对法的安定性也是不利的。而且,日本属于基本法相当难改变的国家。所以,法院在法形成上应当承担比其他国家更大的

---

① 参见段匡:《日本的民法解释学》,复旦大学出版社2005年版,第263页。
② 同上书,第265—266页。
③ 同上书,第266页。
④ 参见〔日〕加藤一郎:《民法的解释与利益衡量》,梁慧星译,载梁慧星主编:《民商法论丛》(第2卷),法律出版社1994年版,第93页。

任务,有必要尽可能通过解释论探求解决问题的可能性。① 从法的发展来看,即使法的安定性受到某种程度的损害,如判例变更是适当的,对超过法的安定性的利益衡量做了实质判断,则改变判例是值得的。② 他认为,法院的整个活动可以分为消极主义与积极主义。日本法院应当立于更加司法积极主义的立场,推动法的发展,使之顺应时代的要求,与价值判断相适应。③ 他指出,法的解释被比喻为存在框架(界限),但这不是绝对的框架,就像中心很浓,周围渐渐放淡的圆那样相对的框架。法律给法官留下可以自由判断的范围比一般认为的宽广得多。④ 这样,法官不应仅仅作为裁判的机械而机械地适用法律,应当积极进行新的法创造。⑤

(二)星野英一的利益考量论

星野英一于 1967 年的日本法哲学大会上,发表了一篇题为《民法解释论序说》的论文,正式提出利益考量论。虽然星野英一关于民法解释的论文很多,但他的利益考量论主要集中在该文中。⑥ 他把德国法的解释通过法国法加以相对化,与利益考量论的出现具有联动性。⑦ 他的主要思想是:

---

① 参见〔日〕加藤一郎:《民法的解释与利益衡量》,梁慧星译,载梁慧星主编:《民商法论丛》(第 2 卷),法律出版社 1994 年版,第 93—94 页。
② 同上书,第 94 页。
③ 同上书,第 94—95 页。
④ 参见段匡:《日本的民法解释学》,复旦大学出版社 2005 年版,第 268—269 页。
⑤ 参见〔日〕加藤一郎:《民法的解释与利益衡量》,梁慧星译,载梁慧星主编:《民商法论丛》(第 2 卷),法律出版社 1994 年版,第 95 页。
⑥ 星野英一于 1967 年的日本法哲学大会上,发表了一篇题为《民法解释论序说》的论文,正式提出利益考量论。参见〔日〕星野英一:《民法解释论序说》,载《法的解释与运用》,有斐阁 1968 年版。后来,该文收录于〔日〕星野英一:《民法论集 1》,有斐阁 1970 年版。该文也收录于〔日〕星野英一:《现代民法基本问题》,段匡、杨永庄译,上海三联书店 2012 年版。
⑦ 参见段匡:《日本的民法解释学》,复旦大学出版社 2005 年版,第 270 页。

1. 法律解释与价值判断

法律解释是包含价值判断的实践还是纯粹的认识问题？与加藤一郎一样，星野英一认为，作为法律适用前提的法律解释必定有着保护一定利益、价值作用的意义。他认为，解释者对解释必须自觉负有社会责任，应该从正面通过价值判断来进行，最少有必要在得出结论的基础上把价值判断的由来，与理论构成的考虑清楚地加以区分，明确地表现出来。他认为，法律家的权威仅仅在法律技术方面，如逻辑分析及概念、制度沿革等理论构成的侧面，而在利益衡量或者价值判断方面，法律家并没有特别的权威。①

2. 依据价值判断的民法解释方法

星野英一认为，要作为法律解释的决定性手段，必须判断什么利益如何加以实现，什么利益如何加以保护。从具体的顺序上来说，首先有必要一方面要进行文理解释、逻辑解释，另一方面要探讨立法者乃至起草者的意思的基本操作。在这样做的时候，尽量尊重条文文言与自然意思。然后，探讨立法者、起草者的意思，考虑一下这样的解释在今天是否有所妨碍。②

那么，如何依据价值判断、利益考量来进行法律解释呢？星野英一认为，其一，在适用法规解释（解决）纠纷时，必须考察对立着怎样的利害关系。要把适用这一规定的社会问题类型化，有必要使类型相互之间的利益状态加以明确。类型化的根本途径是通过目的来显示。也就是说，类型的形成，表面看是进行同样的处理，但却为了不同的法处理而进行的。此外，类型化也是为了使要件与效果让外行易懂，即为了使法律大众化，类型化也是有必要的。从这一目的出发，类型化有时并不显示出对应社会的利益状态，而是对立的法律概念。但是，从全体来看，依据社会关系、利益状态差异的类型占多数。其二，考虑

---

① 参见段匡：《日本的民法解释学》，复旦大学出版社2005年版，第270—271页。
② 同上书，第272页。

依据某一规定实现、保护什么样的利益与价值是妥当的。在考虑存在几个解释的场合,要探讨什么利益得到怎样的保护,其他利益在什么程度有所后退,以及将实现的是怎样的价值判断。表面看来,这是理论上的差异使得结论不同,但实际上可能带来对重大利益保护的差异,这也是重大的价值判断问题。这样考虑的结果,就不会是一方的全胜,有可能是中性的解释。其三,法律特别是私法的规定、制定都是基于对立的利益,而谋求协调某一价值判断的,故有必要把握利益和利益协调的价值判断。实现各种利益、各种要求的协调,对解释自身来说是重要的。如何来实现对立的各种价值、各种利益、各种要求的调和,以及在什么层次上进行价值判断呢？星野英一认为,这只需要常识来加以判断就可以了。其四,要把适用于民法与广义的私法中类似状况的规定加以整理,对照其不同的地方,考虑他为什么是这样的；如果对同样的情况的规定,即使条文的文理有不同也应当作同样的解释,有关不同状况的规定,即使条文的文理相同也应当作出不同的解释。从某种意义上说,这接近逻辑解释。其五,在解释成为问题的规定要件时,有必要把要件加以说明,即有必要把要件从效果出发加以考虑。①

3. 价值判断的客观性

法律解释被看作含有价值判断的实践。那么,价值判断是否具有客观妥当性呢？存在两不种同的学说。客观说认为,价值判断可以参照一定的标准来决定其正确与否。而主观说则持否定的态度。星野英一认为,应该承认价值的客观性,但这不是抽象的价值,是在某种程度上对具体价值的客观性的承认。即在历史的进程中,许多价值逐渐获得承认,并且成为任何人都难以否定的东西。例如,人的尊严、平等、精神的自由等。虽然这些价值并非一向为人们所承认,但是,一旦

---

① 参见段匡:《日本的民法解释学》,复旦大学出版社 2005 年版,第 271—278 页。

被人们认为是人类的共同财产以后,就成了将来也很难被否定的东西。① 基于此,他构筑了一个有等级排序的价值体系。在他的价值体系中,人类的尊严、精神的自由等普遍的价值应该是第一等级,是所有价值的基础,第二等级是"交易安全"等次级价值,第三等级是更加细致的具体价值(判断的基准)。② 但他指出,价值判断的一般客观妥当性,并不意味着在民法解释中由于某一价值具有客观妥当性从而认为其解释就是正确的。民法调整非常微妙的具体利益以及实现价值协调,仅仅依据尊重人、近代化等抽象论,很多时候难以决定具体问题中哪个解释应该取舍。为此,不能简单地决定法律特定的解释是客观的、妥当的,从而认为其他的解释是错误的。③

按照星野英一的说法,其客观说的理论基础是"新自然法论"④。它表现为,探究任何人都明确的、正确的价值,然后一点一滴地去加以发现,坚决地加以拥护,例如尊重人就是其中之一。

四、对利益衡量的简要评论

利益衡量的实质是一种法院判案的思考方法。这种思考方法和概念法学的思考方法是不同的。概念法学的思考方法是依据形式的三段论方法进行判断,即以法律规定作为大前提,以具体的事实作为小前提,然后依三段论法引出机械的、形式的结论。这正如自动售货

---

① 参见〔日〕星野英一:《民法解释论序说》,载〔日〕星野英一:《民法论集1》,有斐阁1970年版,第44页。转引自张利春:《日本民法中的利益衡量论研究》,山东大学2008年博士学位论文,第124页。
② 参见张利春:《日本民法中的利益衡量论研究》,山东大学2008年博士学位论文,第124页。
③ 参见段匡:《日本的民法解释学》,复旦大学出版社2005年版,第278—279页。
④ 〔日〕星野英一:《民法论集1》,有斐阁1970年版,第49页。转引自段匡:《日本的民法解释学》,复旦大学出版社2005年版,第280页。

机,从上面投入事实,在其中运用预先设定的所谓法律规定,然后从下面自动出来结论。概念法学的思考方式就是这样的装置。这样的形式的论理,所起的作用就是自动售货机那样,自动引出结论,而且是唯一的、正确的结论。针对概念法学存在的问题,利益衡量方法着重于利益在法律适用中的地位,强调法官在司法审判中的作用。例如,日本学者加藤一郎的利益衡量论认为,法院进行法的解释时,不可能不进行利益衡量,强调民法解释取决于利益衡量的思考方法,即关于某问题如果有 A、B 两种解释的情形,解释者究竟选择哪一种解释,只能依据利益衡量决定,并在作出选择时对既存法规及所谓法律构成不应考虑。① 当然,不同国度的不同法学家所提出的利益法学的侧重点有所不同。例如,德国的赫克注重待决案件的利益状态与立法所确定的利益之间的匹配。而日本学者加藤一郎的利益衡量方法,实际上是先有结论后找法律条文作为根据,以便使结论正当化或合理化,追求的是让法律条文为结论服务而不是从法律条文中引出结论。法院的最后判决依据的不是法律条文,而是利益衡量初步结论加上找到的经过解释的法律条文。所以,这种思考方法和概念法学的思考方法正好相反。

---

① 参见梁慧星:《民法解释学》,中国政法大学出版社 1995 年版,第 316 页。

中篇

重 构

第三章 利益衡量的必然

> 法律的生命不是逻辑,而是经验。
>
> ——霍姆斯

无论是《法国民法典》颁布的 1804 年,还是《德国民法典》颁布的 1896 年,生产力发展水平都不是特别高,生产关系进展较为简单,仍然处于一个相对静态的社会。尽管《法国民法典》与《德国民法典》都是伟大的法典,它们的颁布在法律发展史上都具有重大意义,但它们规整的都是工业社会早期的社会关系,即使 19 世纪末制定的《德国民法典》也主要是以此为己任的。① 这样的法律可以称之为"马车时代"的法律。② 与此不同,

---

① 参见杨日然:《法理学》,三民书局 2005 年版,第 195 页。
② 所谓"马车时代"的法律特征似乎可以从《法国民法典》第 1 条的规定中找到一些痕迹。该法第 1 条规定,"经国王(共和国总统)颁布的法律,在法国全境具有执行力。在王国(共和国)各部分,法律自其颁布得为公众知悉时起具有执行力。国王(共和国总统)颁布法律,对王室(政府所在地)所在省,于颁布次日,视为公众已知悉;其他各省,于上述期限后,视颁布法律的城市与各省首府之间的距离,每 100 公里(约相当于旧制 20 公里)增加一日"。参见《法国民法典·民事诉讼法典》,罗结珍译,国际文化出版公司 1997 年版。

现代社会是一个动态的社会,生产力发展水平很高,生产关系变化迅速,整个社会"日新月异",可以说是一个"航空器时代"。在这样的一个复杂社会中,法律适用发生了根本性的变化,出现了许多新的特征。

一、法律存在漏洞①

不论是制定《法国民法典》的 19 世纪早期,还是德国学说汇纂法学主导下编纂的《德国民法典》的 19 世纪晚期,概念法学在法律适用中处于主导地位,认为法律没有漏洞。但是,这一说法已经不符合现今社会的复杂情况了。有人甚至说,法律必然有漏洞。②

(一)法律漏洞的原因

法律漏洞③主要是由以下原因造成的:

第一,从法律规范本身看,法律不可能通过法律用语的规范严格而达到准确的表达。这是因为,法律的存在必须借助于语言这一形式载体,但是语言的含义有时并不清晰,同样,法律文本的含义常常有语

---

① 法律解释与填补漏洞的法官造法在本质上并不是截然不同之事,两者只是同一思考过程的不同阶段。狭义的法律解释、填补法律漏洞的法律内的法的续造与超越法律的法的续造是三个不同的阶段,并没有清晰的界限。(参见〔德〕卡尔·拉伦茨:《法学方法论》,陈爱娥译,商务印书馆 2003 年版,第 246—247 页)当法律出现法律漏洞时,运用利益衡量填补漏洞是一种常用的方法,但并不意味着利益衡量的功能只限于填补法律漏洞。事实上,法律解释也运用利益衡量方法。本书对此也不做严格区分,特别在法律适用过程的利益衡量方法。

② 参见〔德〕卡尔·拉伦茨:《法学方法论》,陈爱娥译,商务印书馆 2003 年版,第 246 页。

③ 法律漏洞不同于"法律沉默"。法律沉默是立法者有意地不在法律中加以规定,不允许通过司法裁判来创设(或重新引入)这种法律制度到我们的法秩序中,法律此时并无漏洞。参见〔德〕卡尔·拉伦茨:《法学方法论》,陈爱娥译,商务印书馆 2003 年版,第 249—250 页。

义不清的情况。其实,语言的意义是人赋予的,语义会发生流变,不但同一语词在一个历史时期中被普遍认可的意义会在另一个时期会发生变化甚至消失(即"历时性流变"),而且,即使在同一社会中的不同语言共同体也对同一语词产生不同的理解(即"共时性流变")。① 英国的哈特认为,任何语言包括法律语言都不是精确的表意工具,都具有一定的空缺结构(open texture);每一个字、词语和命题在其"核心范围"内具有明确无疑的意思,但随着由核心向边缘的扩展,语言会变得越来越不确定,在一些"边缘地带",语言则根本是不确定的。② 可见,语言本身所具有"开放性"的特点,决定了法律用语也可能出现歧义和模糊。

第二,从立法者的角度看,立法者的能力会直接影响法律质量。一方面,立法者对社会生活的认识能力和理解能力有限。社会生活本身不可能为立法者所全部认识,或多或少总是存在不能被立法者认识的部分。即使该社会生活被立法者所认识,其也不一定能正确地透彻地理解这种社会生活或者社会关系的实质。因为生活关系是复杂的,其表现是丰富多彩的,生活关系的实质被生活表象所掩盖、迷惑、误导、甚至曲解是常见的现象。另一方面,立法者的语言表达能力有限。即使立法者有非常完美的认识与理解能力,他也不一定能够通过法律语言准确地表达出来。这是因为,语言表达是另一种不同的能力。当立法者对社会生活有很好的理解时,他可较好地表达出来。但是,语言也是一门技艺,需要不断地学习与锤炼才能掌握。"词不达意"也是普遍的现象,有时甚至可能会出现不符合语法逻辑的现象。丹宁勋爵曾说,必须记住,无论一项法律什么时候被提出

---

① 参见苏力:《解释的难题:对几种法律文本解释方法的追问》,载《中国社会科学》1997 年第 4 期。
② 参见〔英〕哈特:《法律的概念》,张文显等译,中国大百科全书出版社 1996 年版,第 124—135 页。

来考虑，人们都没有能力预见到实际生活中可能出现的多种多样的情况。即使人们有这种预见能力，也不可能用没有任何歧义的措辞把这些情况都包括进去。①

第三，就立法活动的角度而言，一方面，现代社会复杂多样，其所涉及的法律规范门类众多，致使在法律适用中经常遇到如何识别法律依据、解决法律规范冲突等各种疑难问题；另一方面，现代生活的急剧变化使得立法往往表现出"应急性"趋势。例如，我国加入世界贸易组织后，需要出台大量法律法规，这时法律上的应急现象尤其明显。这两方面的立法政策价值取向，导致当前的大批量立法已经没有了传统立法的从容不迫。② 其结果是，既对相关概念用语缺少充分法理分析，也对相关法律规范缺少协调，加剧了法律自身的不确定性或者说开放性。

第四，从法律适用的性质看，法律是普遍一般的规范，把法律适用于社会现实生活必然涉及对法律的解释。③ 在法律适用的过程中，法律适用者在适用法律时不可避免地带有自己的成见。这种主观意图有时还会冠冕堂皇地出现，影响法律的确定性。

就我国而言，法律漏洞更为普遍，不但与我们法律的研究水平有关，与我国的法律发展状况有关，也与我国的立法体制有关，还与我国社会、经济的发展阶段有关。但说到底，法律是一种阐释性的概念。④ 在裁判案件中解释法律规范，是人民法院适用法律的重要组成部分。⑤ 在每个法律制度中，都有宽泛的和重要的领域留待法院或其他官员去行使自由裁量权，以使最初含糊的标准变得明确，解决法律的不确定

---

① 参见〔英〕丹宁勋爵：《法律的训诫》，杨百揆、刘庸安、丁键译，法律出版社1999年版，第13页。
② 参见张志铭：《法律解释操作分析》，中国政法大学出版社1999年版，导言部分第2页。
③ 同上书，导言部分第1页。
④ 参见〔美〕德沃金：《法律帝国》，李常青译，中国大百科全书出版社1996年版，第364页。
⑤ 参见《最高人民法院关于印发〈关于审理行政案件适用法律规范问题的座谈会纪要〉的通知》(2004年5月18日，法〔2004〕96号)。

性,或者扩展或者限定由有效判例粗略传达的规则。① 有人认为,法官于用法之际,应自命为立法者之"思想助手",不仅应尊重法条之文字,亦应兼顾立法者之意旨。对立法者疏未虑及之处,应运用其智慧,自动审察各种利益,加以衡量。② 更有人认为,任何法律不经解释不能适用。但是,解释不是一直精确的方法,顶多只能在供讨论的多种解释原则和解释可能性之间做出选择。③ 法官在进行法律解释时,不可能不进行利益衡量。④

(二)法律漏洞的类型

一般认为,法律漏洞是指法律违反计划的不圆满性。⑤ 但是法律漏洞的分类,不同的学者根据不同的标准,可以有不同的方法。⑥ 与之相对应,学者提出的补充法律漏洞的方法也会一定的差异。⑦

---

① 参见〔英〕哈特:《法律的概念》,张文显等译,中国大百科全书出版社1996年版,第135页。
② 参见杨仁寿:《法学方法论》,中国政法大学出版社1999年版,第175页。
③ 参见〔德〕齐佩利乌斯:《法学方法论》,金振豹译,法律出版社2009年版,第16页。
④ 参见梁慧星:《电视节目预告表的法律保护与利益衡量》,载《法学研究》1995年第2期。
⑤ 这一想法出自 Elze,Lüchen im Gesetz,1916,S. 3ff;参见 Engisch. Einführung, S. 137f; Canaris, Die Feststellung von Lüchen im Gesetz, S. 31ff。转引自〔德〕卡尔·拉伦茨:《法学方法论》,陈爱娥译,商务印书馆2003年版,第251页。这是法律漏洞的经典定义,但似乎有再思考的空间,本文不再展开。
⑥ 其他分类方法还有:其一,根据法律所提供的规范能否符合需要为标准,可以分为部分漏洞与全部漏洞。其二,分为真正漏洞与不真正漏洞,真正漏洞是指应予规范的案件类型根本就未加以规范;而不真正漏洞是法律对应予规范的类型,未为异于一般规定之特别规定的情形。其三,分为禁止拒绝审判式漏洞、目的漏洞与原则的或价值的漏洞。但黄茂荣认为这种分类并不妥当。此外,黄茂荣认为对于法律漏洞的分类应该突破传统的二分法。他把法律漏洞分为三大类,即法内漏洞、无据式体系违反与有据式体系违反。德国学者主要就"有据式体系违反的法律漏洞"进行分类并加以研究,所以黄茂荣的法律漏洞的范围要比他们更广一些。参见黄茂荣:《法学方法与现代民法》(增订四版),台湾大学法学丛书编辑委员会2002年版,第441—456页。
⑦ 例如,有人认为填补法律漏洞的方法有类推适用、目的性限缩、目的性扩展与创制性补充等四种方法。参见黄茂荣:《法学方法与现代民法》(增订四版),台湾大学法学丛书编辑委员会2002年版,第511—525页;杨仁寿:《法学方法论》(第2版),三民书局2010年版,第261—282页。而李惠宗提出的填补法律漏洞的方法则只有类推适用与目的性限缩等两种方法。参见李惠宗:《案例式法学方法论》,新学林出版股份有限公司2009年版,第286—299页。

根据法律漏洞的出现与立法时间的关系,可以分为自始漏洞与嗣后漏洞。自始漏洞是某一法律立法时就存在的违反计划的不圆满性,可以分为有认知的漏洞与无认知的漏洞。假如立法者意识到某一法律问题但不加以规范,而留待司法裁判或法学来决定,即为有认知的漏洞。如果立法者对应该加以规范的未规范,或者因误解已规范而实际并未规范,则为无认知的漏洞。随着经济、社会、科学技术的发展,出现了新的属于该法律应该加以规范的内容,但由于立法时立法者没有预见而未加以规范,这样的漏洞属于嗣后漏洞。可以说,在当今社会,嗣后漏洞会越来越多。

法律漏洞可以分为明显漏洞(offene Lüchen)与隐藏漏洞(verdeckte Lüchen)。① 明显漏洞,是指根据立法目的需要对特定类型案件作出调整,但存在欠缺可资适用的条款时的法律不圆满状态。就明显漏洞而言,通常可以采取类推适用的方法来弥补法律漏洞。隐藏漏洞,是指法律虽然含有得以适用的法条,但是并未考虑特定类型案件的特质,根据立法目的对此适用并不妥当的法律不圆满状态。也就是说,这类案件,乍看之下并不存在法律欠缺,但需要根据立法目的等对该法律条款的适用进行限制,才能得出妥当的裁判。通常需要借助于"目的性限缩"的方式创造出欠缺的限制规定,借此以填补法律漏洞。

当然,从不同的视角对法律漏洞会有不同的认识,也都有其价值。其实,法律漏洞是非常复杂的现象。例如,有的是因为某一法律条款规定的不够仔细,缺少或疏漏某一因素而造成的;有的是因为法律缺少对某一应该规定的案件类型而造成的;有的可能是认识错误造成的,如我国1992年的《民事诉讼法》把"鉴定意见"误以为"鉴定结论";有的因为不同法律之间的矛盾规定造成的;有的是因为出现了新

---

① 这里采用黄茂荣的译法。陈爱娥则把它译为"开放漏洞"与"隐藏漏洞"。参见〔德〕卡尔·拉伦茨:《法学方法论》,陈爱娥译,商务印书馆2003年版,第254—255页。

的法律问题而没有及时修正造成的。可以说,法律漏洞随处可见,表现各异,使传统分类方法应用到法律漏洞的分类时会出现难以应对的情形。这需要法官发挥其主观能动性,结合具体的案件作出判断。

二、司法性立法[①]

以孟德斯鸠理论为利器建立资产阶级国家的首先是美国,它把分权理论写入宪法。[②] 同样,1804 年的《法国民法典》也是在他的三权分立思想的指引下制定的。例如,该法第 5 条规定,审判员对于其审理的案件,不得用确立一般规则的方式进行判决。[③] 可见,该条文体现了立法权与司法权分离原则,是三权分立原则在《法国民法典》中的体现。这是因为,确立行为的一般规则属于立法,是立法权行使的范围。法官只能对其审理的某一具体案件进行个别的裁判,不得将其裁判作为一般的规则而当然地适用于其他案件。但是,经过 200 多年的发

[①] 与"司法性立法"一词相类似的是"法官造法"。通常而言,法官造法针对的是法官在具体裁判过程中的造法。本书使用"司法性立法"一词,是希望从更广阔的背景中理解法官在现代社会中出现的这一新型的职能。这不仅仅是从与"传统型立法"的对比与互相适应中来讨论这一问题,司法性立法的表现形式也比法官造法更丰富,不但包括司法解释等一般性造法,也包括具体个案中的法官造法。

[②] 参见张雁深:《孟德斯鸠和他的著作》,载〔法〕孟德斯鸠:《论法的精神》,张雁深译,商务印书馆 1963 年版,第 24 页。

[③] 参见《拿破仑民法典(法国民法典)》,李浩培、吴传颐、孙鸣岗译,商务印书馆 1979 年版,第 5 条。关于该法典第 5 条,有人则译为,禁止法官对其审理的案件以笼统的一般规则进行判决。(参见《法国民法典民事诉讼法典》,罗结珍译,国际文化出版公司 1997 年版)显然,这两者的含义是不同的。李浩培译本涉及的是法官的立法权问题,而罗结珍译本涉及的是"禁止向一般条款逃逸"问题。本书采取李浩培译本,这是因为,法国在大革命前夕,由于没有统一的法律,法国南部是成文法地区,施行的是罗马法,而北部地区适用习惯法。面对这些分散的、彼此不一致的习惯法,法院具有对此进行解释,并使之取得法律效力的权力。各地区的法院常常公布一些具有立法性质的判决,使司法判决成为"一般规则"。参见〔澳〕瑞安:《民法导论》,楚建译,转引自《民法的体系与发展(民法学原理论文选辑)》,中国政法大学出版社 1991 年版,第 36 页。

展,时间已经证明三权分立并不是绝对的,其内涵与外延已经发生了一些变化。主要体现在以下方面:

(一)立法机构:由单一走向多元

在工业社会早期,社会活动较为单一,社会现象比较容易把握,立法者可以根据生活经验等从事立法活动。但是,在复杂的现代社会,就立法者而言,一方面他们虽然对基本的社会问题较为熟悉,但对专业问题已经力不从心;另一方面,对新的法律问题依然无法把握或者难以在第一时间做出反应。而且,从最高权力机关的职权看,它已经转变为综合性机构,立法权仅仅是众多职权中的一项职权。面对复杂的社会变迁,立法者需要适应复杂的社会现象,需要让渡出部分的立法权。事实上,立法权已经不是由所谓的立法机构所专享,立法者其实已经把立法权部分让渡给了行政机关与司法机关。可见,立法机构已经发生了显著变化,由单一的国会立法走向与行政机关、司法机关三方共享的多元状态。

立法机关让渡立法权的形式可以是多样的。其既可以是授权立法的方式,也可以是法律直接规定的方式。就法律直接规定方式而言,这已经不是严格意义上的立法机关让渡立法权,而是相关机构的法定职权。而且,授权立法的内容也可以多种多样,既可以就一般性问题立法,也可以就执法过程中的具体问题进行立法。当然,立法机关与司法机关毕竟是两种不同性质的机构,履行不同的职权。有的内容专属于立法机关,司法机关无权制定。同时,两者的立法程序也是不同的。所以,两者享有的立法权及其行使方式还是有一定区别的。

(二)法官职权变异:司法性立法

在当今复杂社会,立法与司法的界线并没有像静态社会那么明确。但是,这是复杂社会必然存在的现实景象。应该说,为适应复杂社会的需要，立法者与法律适用者的关系发生了变化，出现了司法性立法。①

最早认识到法律不可能不存在漏洞，赋予法官在司法审判中造法权力的是《瑞士民法典》。该法第1条第2款、第3款规定，"如本法没有可为适用的规定，法官应当依据习惯法，习惯法亦无规定时，法官应当根据其作为法官阐发的规则来判案。在此，他要遵循业已公认的学说与传统"。后来，法官造法的性质发生了变化，造法的内容与方式也不断扩大。这已经成为当今世界应对复杂社会的普遍现象，这就是司法性立法。

在我国，最高人民法院的造法权能体现得最为典型。首先，根据我国法律的规定，最高人民法院享有制定"司法解释"的权力。② 也就是说，在审判工作中具体应用法律的问题，最高人民法院可以作出司法解释。③ 这实际是一种立法权④，因为最高人民法院发布的司法解

---

① 关于立法，可以分为传统型立法与现代型立法。传统型立法是由国会进行的立法。而现代型立法则包括行政性立法与司法性立法。行政性立法是由行政机关基于授权或自身职权进行的立法。司法性立法是司法机关基于职权进行的立法。司法性立法的主体可以是审判机关，也可以是监察机关。

② 《全国人民代表大会常务委员会关于加强法律解释工作的决议》（1981年6月10日通过）第2条规定："凡属于法院审判工作中具体应用法律、法令的问题，由最高人民法院进行解释。凡属于检察院检察工作中具体应用法律、法令的问题，由最高人民检察院进行解释。最高人民法院和最高人民检察院的解释如果有原则性的分歧，报请全国人民代表大会常务委员会解释或决定。"另外，为规范最高人民法院的司法解释工作，该院于2007年发布了《最高人民法院关于司法解释工作的规定》（法发〔2007〕12号）。该规定共31条，对最高人民法院司法解释的立项、起草与报送、讨论、发布、施行与备案、编纂、修改、废止等做了具体规定。

③ 参见《最高人民法院关于司法解释工作的规定》（法发〔2007〕12号）第2条。

④ 关于司法解释的性质，我国通常认为属于法律解释。在我国，法律解释可以分为正式解释与非正式解释，正式解释也叫法定解释，有时也叫有权解释，可以分为立法、司法与行政三种解释。而非正式解释通常也叫学理解释，就是由学者或者其他个人及组织对法律规定所作的不具有法律约束力的解释。（参见沈宗灵主编：《法理学》（第3版），北京大学出版社2009年版，第356—357页）也有人认为，立法解释、司法解释与行政解释属于准立法活动的正式法律解释。（参见舒国滢主编：《法理学阶梯》，清华大学出版社2006年版，第329—332页）本人认为，在我国现行体制下，这一分类是没有问题的。但是从实质看，这三类解释都是有权机关从事立法活动的结果，具有法律约束力，已经属于法律的范畴，称为"法律解释"并不妥当。而通常意义上所讲的法律解释主要是指法官、检察官、律师、法学家等法律职业人士在法律适用和法学研究中对法律条文具体含义的解释、探讨和说明，它表现为一种法律思维活动。

释,具有法律效力。① 而且,人民法院还可以在司法文书中引用。② 司法解释的形式分为"解释""规定""批复""决定"四种。解释,是指对在审判工作中如何具体应用某一法律或者对某一类案件、某一类问题如何应用法律而制定的司法解释。规定,是指根据立法精神对审判工作中需要制定的规范、意见等所作的司法解释。批复,是指对高级人民法院、解放军军事法院就审判工作中具体应用法律问题的请示制定的司法解释。此外,修改或者废止司法解释,采用"决定"的形式。③

其次,最高人民法院享有发布"指导性案例"的权力。这是因为,仅仅依靠立法机构的立法已经无法适应当代社会审判实践的需要。最高人民法院试图通过发布指导性案例,使"严格参照指导性案例审理好类似案件,进一步提高办案质量和效率,确保案件裁判法律效果和社会效果的有机统一,保障社会和谐稳定"④。第一批指导性案例于2011年12月20日发布,共有4个案例。事实上,在此之前,最高人民法院通过在其主办的刊物《最高人民法院公报》上刊登一些典型案例,指导各级法院的裁判工作。⑤ 当然,这与指导性案例在性质等方面有所不同。

在我国,除了以上所说的司法性立法外,还有一类司法性立法发生在具体个案的审判活动中。这种类型的"法官造法"并不局限于最高人民法院或者高级人民法院,基层法院也会出现法官造法现象。例如,《瑞士民法典》第1条并没有把法官造法的权力限制在最高法院,相反,它赋予基层法院在缺乏法律规定时进行造法的权力。这是因

---

① 参见《最高人民法院关于司法解释工作的规定》(法发〔2007〕12号)第5条。
② 同上注,第27条。
③ 同上注,第6条。
④ 《最高人民法院关于发布第一批指导性案例的通知》(法〔2011〕354号)。
⑤ 类似地,各高级人民法院也可以通过发布参考性案例等形式,对辖区内各级人民法院和专门法院的审判业务工作进行指导,但不得使用"指导性案例"或者"指导案例"的称谓,以避免与指导性案例相混淆。参见《最高人民法院关于发布第一批指导性案例的通知》(法〔2011〕354号)。

为,面对新类型案件、面对法律漏洞,法官需要发挥主观能动性,用自己的行动来适应社会。也就是说,在法律存在漏洞时,法官行使自由裁量权,可以弥补法律与现实之间的裂痕,这是一种对既存法律的补充行为。在广大的法律领域里,制定法或者完全没有规则,或者只有一般性条款或纲要式规定,那么,在这些地方就是法官创制法律的领地。但更为通常的是,人们可以说,当大陆法系民商法典变得陈旧而失去其权威和潜能时,当立法者因需要对生活中出现的新问题做出具体规定而日渐负担过重时,判例法必然会从这些缺口打入。因此,制定法正在失去它先前所具有的突出地位,正如拉贝尔所言:"现在它只不过是一种普遍确信地表达。"① 有人指出,法院的职能通过对法律原则的不断重述并赋予它们不间断的、新的内容来使它们与道德习俗保持同步。这就是司法性的立法,并且是由法官自己承担风险的立法。尽管如此,却正是这种立法的必要性与义务才赋予了司法职务以最高的荣誉;并且,没有哪个勇敢且诚实的法官会推卸这一义务或畏惧这一风险。② 在这一过程中,利益衡量将扮演极为重要的角色。

三、法律适用:从三段论到三角论

概念法学在19世纪的大陆法系占据主导地位。到19世纪末,美国出现了类似于德国的概念法学处于高峰时那样的情况,当时的经济和社会政策是很相似的:法律采取较为固定的形式,法官认为他们的主要任务是把现存的法律规则整理成有条理的规范;他们倾向于从现

---

① 〔德〕拉贝尔:《德皇威廉外国法与国际私法研究所专业领域》,第180页、第201页。转引自〔德〕K. 茨威格特、H. 克茨:《比较法总论》,潘汉典等译,贵州人民出版社1992年版,第475页。

② Arthur L. Corbin, 29 Yale L. J. 771. 转引自 Benjamin N Cardozo, *the Nature of the Judicial Process*, Feather Trail Press, 2009, p. 45。

成的法律规则中推断出法律的结果。这使法官产生一种幻觉,由此他们可以超脱当时的政治和社会的冲突,而只作为不受时间限制的伸张正义者。① 这些概念法学的法学家们的主要工作是进行概念计算,他们也似乎是陶醉于自己的概念公式中,以至于到了只见树木不见森林的地步。法学家耗费了大量的精力与时间,极力进行概念分析,他们却可能完全忘记了创造这些概念究竟是为了什么,这些概念究竟具有什么意义。总之,概念法学家们信奉法律没有漏洞,法律适用采取三段论的形式逻辑操作就可以胜任。也就是说,法律规定作为大前提,案件事实作为小前提,经过形式逻辑的操作,就可以得出结论。

事实上,在复杂的现代社会中,仅仅依靠形式逻辑是不够的。在这里,法律是由逻辑、事实与价值共同构成,形成一个"三角形结构":处于三角形底边左端的是逻辑,处于右端的是事实,而处于三角形顶端的是价值。这三者之间构成互动的结构。任何一端的左右或上下移动,都会对其余两端造成影响。案件事实不同,适用的法律自然不同,法律所蕴含的价值自然也不同。人们似乎会说,逻辑与价值无涉,似乎坚守价值中立主义就可以了。但是,在复杂社会的法律构造中,逻辑扮演的不再是价值中立主义,比较妥帖的说法是逻辑扮演的是一种法律技术。它已经不再是一种与价值无涉的思考推理方式,它已经受到法律价值的深刻影响。当然,法律逻辑也需要与法律事实环环相扣,就像机械上的齿轮紧密相连。在复杂社会,案件事实是复杂的。在不同的情境中,案件事实所体现着的法律价值并不相同。根据不同的情境,结合不同的法律价值妥当地作出裁判。这三者之间的关系可以从图1展现出来:

---

① 参见〔德〕K. 茨威格特、H. 克茨:《比较法总论》,潘汉典等译,贵州人民出版社1992年版,第434—435页。

图 1　逻辑事实与价值的"三角形结构"

需要强调的是,逻辑与价值的互动关系在法律适用中具有重要的现实意义。里格斯诉帕尔默案(Riggs v. Palmer)①是这方面的典型案例。在该案中,涉及一个谋杀了遗嘱人的遗嘱继承人能否享有继承遗产利益的权利。这里有一些相互冲突的原则对此案结果的支配力展开竞争。如果其中的某一原则取胜,则其他原则就消失了。有这样一个原则,即立遗嘱人依法处分其财产的遗嘱是具有约束力的。如果把这一原则的逻辑推到极致,它似乎支持了这位谋杀者享有继承权。还有一个原则,民事法院不能对罪行增加痛苦与惩罚。如果把这一原则的逻辑推到极致,它似乎也是支持他享有继承权。但是,在这些原则之上还有一个更为一般的原则,它深深地扎根于普通的正义情感中。这就是,没有人可以从他自己的不公中获利或者从他自己的错误中占便宜。这一原则战胜了其他原则。这是因为法官确信,他所选择的道路代表了正义。那个被认为是最根本的、代表了更重大更深远的社会利益的原则把其他原则打跑了。②

当法律文义有两种或者两种以上的解释时,可以得出两种截然不同的法律后果。而从法律推理看,这两种法律推理的逻辑本身都是正常的,并不存在问题。但是,法院作出的裁判结果并不为当事人、社会所接受。这是因为,没有选择妥当的法律制度,没有说服力。比较典

---

① Riggs v. Palmer, 115 N. Y. 506. See, Benjamin N. Cardozo, *the Nature of the Judicial Process*, Feather Trial Press, 2009, p. 14.

② Benjamin N. Cardozo, *the Nature of the Judicial Process*, Feather Trial Press, 2009, p. 14.

型的案例是美国的 Hynes 案。① 在这种情况下,要注意到逻辑已经与法律价值紧密地联系在一起了,法官需要结合案件事实,结合立法精神与法律价值,选择最为妥当的法律解释。总之,解释法律意味着对法律用词的含义进行探究,也就是说,探究该法律用词所表达的事实、价值和应然观念。②

应该说,生活在纯法律的气氛中从而不顾全部尘世间和人的因素的法律修道士,不可能将实际的原则恰当地适用到有血有肉和变动不居的社会。最符合逻辑和经过严密推理论所得出的规则,可能因为不适合社会环境而使对它们的实施有违于法律的目的。③ 换言之,法律必须面对真实的社会,社会情境也成为法院裁判的重要依据。这方面的典型案例是 Muller v. Oregon 案。④ 在该案中,Louis D. Brandeis 向最高法院提出一个诉讼摘要。在该摘要中,包括与争议具有密切关系的广泛的事实材料与比较法方面的材料。在该案中,他说服法院支持设定妇女一天工作时间上限为 10 小时的法案。该摘要在当时引起了轰动,Brandeis Brief⑤ 演变成了一个固定的概念,并在宪法与其他争议中被采用。可见,美国许多法官的判决都受到"社会学法学"的影响,表现在对学理所持的怀疑态度,表现在法官们的现实感与对利害攸关的社会利益的权衡。⑥ 在法律适用上,它很好地体现了法律逻辑、事实

---

① Hynes v. New York Cent. R. CO., Supreme Court, Appellate Division, Second Department,176 N. Y. S. 795,1919. 该案详情参见本书第六章。
② 参见〔德〕齐佩利乌斯:《法学方法论》,金振豹译,法律出版社 2009 年版,第 59 页。
③ Pound,*The Need for a Sociological Jurisprudence*,19 Green Bag,1907,pp. 611 - 612. 转引自〔德〕K. 茨威格特、H. 克茨:《比较法总论》,潘汉典等译,贵州人民出版社 1992 年版,第 439 页。
④ Muller v. Oregon,208 US 412,28 S. Ct. 324,(1908).
⑤ Brandies Brief,是指一种诉讼摘要,通常指上诉摘要,在引用法律原则与法律援引(citation)外还使用社会学与经济学研究成果。参见 *Black's Law Dictionary*,9th,West Group,2009,p. 213。
⑥ 参见〔德〕K. 茨威格特、H. 克茨:《比较法总论》,潘汉典等译,贵州人民出版社 1992 年版,第 442 页。

与价值之间的互动关系。

四、利益衡量的意义

在复杂的当代社会,法律必然存在法律漏洞,法官造法不但难以避免而且很有需要,传统的三段论形式逻辑已经很难适应法律适用的需要。换言之,概念法学已经难以适应当代法律适用的现实环境,在法律适用中使用利益衡量的方法已经成为一种必然。利益衡量的现实价值可以通过一些实例展现出来,这里主要列举利益法学的代表人物的经典案例进行分析。

(一)赫克的侄女继承案①

某一退休者有多位侄女。在遗嘱中,他赠与侄女们同等份额的财产,却因无心之失而遗漏了一位侄女。他没有更改遗嘱把这位侄女加进去,而是在某银行存了一笔相当的钱款并与银行约定,他在自己的有生之年可自由、排他地处分这笔款项。如果该款项未被处分,就在他死后归那位被遗漏的侄女所有。② 在这位退休者生前,那位侄女还未获得对钱款的权利,而只是一种针对其伯父(被继承人)的不受保护的期待。③ 假设伯父死亡,其遗产不足以清偿债务,破产程序启动,谁能对存在银行的那笔款项主张权利?是那位侄女,还是遗产债权人?这里并没有可供直接适用的法律规范,存在法律漏洞。赫克分别用概

---

① 参见〔德〕菲利普·黑克:《利益法学》,傅广宇译,商务印书馆2016年版,第622—627页。
② 赫克举这个例子是受帝国法院判决[《帝国法院判例集》(第88卷),第137页]的启发。
③ 《德国民法典》第331条第1款规定:"为第三人利益的给付应在受约人死亡后为之的,有疑义时,该第三人在受约人死亡时取得请求给付的权利。"

念法学与利益法学两种不同的方法进行分析。

根据利益法学的方法,我们要问法律中是否已经确定了类似的利益冲突?答案无疑是肯定的。具体而言,有三种不同的方法:

第一,无论是那位通过合同获得遗产的侄女,还是其他通过遗嘱获得遗产的侄女们,与遗产债权人之间都存在同样的利益冲突。侄女们的利益在伯父死前都是不受保护的,侄女们还没有获得权利,而遗产债权人却已获得了权利,他们的利益已受到保护。对于债权人与受遗赠人之间的冲突,制定法已有明确的规定:遗产债权人享有优先权。这是强制性的规范,法律不允许被继承人将受遗赠人置于债权人之前。相同的利益冲突要求相同的处理。也就是说,那位因合同获得财产的侄女也要居于遗产债权人之后。

第二,利用《德国民法典》第2301条[①]对死因赠与的规定,会得出相同的结论。被继承人要确保那位被遗漏的侄女的利益,除了变更遗嘱或订立利他合同,还有第三种办法,即通过死因赠与使她得到那笔资产。假设被继承人只作了一个赠与的允诺,受赠的侄女在被继承人生前享有的地位仍然比通过利他合同获得的地位要高。在利他合同的情形,侄女在伯父生前没有获得任何权利,而受赠与的侄女却已享有权利,哪怕只是一项债权。但是,根据《德国民法典》第2301条,死因赠与允诺被当作死因处分。因此受赠与的侄女相对于遗产债权人同样也要居于次要地位,就像那些通过遗嘱受赠的侄女们一样。

第三,对利他合同中的受赠人与受遗赠人作同样的处理,其正确性也可以通过利他合同的历史发展[②],以及相反的判决可能会导致人

---

① 《德国民法典》第2301条第1款规定:"关于死因赠与的规定,适用于以受赠人之后死亡为条件而做出的赠与约定。以赠与方式按这一条件做出的第780条、第781条所称这类的债务约定或者债务承认,亦同。"

② 赫克认为,在法制史上,有第三人的合同是适用于典型的死因行为的一种古老的、原始的形式。罗马法的"家产要式买卖"中有所谓"家产买受人"(familiae emtor),日耳曼法中则有所谓"遗产信托人"(salmann)。他们都是合同中的第三人。现在所举例子中的银行,不过是家产买受人和遗产信托人在现代的重生而已。

们试着规避法律这种现象得到进一步的证明。被继承人不能通过典型的遗嘱行为将对受遗赠人的保护置于遗产债权人的优先权之前。利他合同不能比遗嘱赋予被继承人更多的负担。如果利他合同比遗嘱有更强的法律效果,被继承人就可能以这种方式破坏对遗产债权人的保护,后者将不能实现其债权。正是考虑到这种情况,《遗产税法》才将通过死因利他合同获得的收益当作通过继承获得的收益来对待。[1]

这样,利益法学的方法通过移用遗产债权人在继承法上的优先权填补了法律漏洞。

但是,德国帝国法院采取的是概念法学的方法,即通过构造概念来填补漏洞的方法。在过去已有的审判实践中[2],帝国法院对相同的利益冲突作出了完全不同的判决。其结果是,因利他合同受赠的第三人优先于遗产债权人。帝国法院为什么会作出这样的判决?与利益法学不同,它在判决时遵循的是概念法学,使自己受一个概念,即"获得"这一概念的特别约束。帝国法院认为,《德国民法典》第328条的规定具有决定性,该条规定:"通过合同可以约定,向第三人履行的给付具有这样的效力:该第三人直接获得请求给付的权利。"所以,那位作为第三人获得财产的侄女就直接从合同获得了权利,这项权利不属于用于偿还债务的遗产。结果是,受赠第三人获得财产对遗产债权人(和受遗赠人)来说就意味着权利的丧失。帝国法院在判决中未加讨论的是,第328条中"直接"这一概念能否适用于本案。其实,第328条中的"直接"一词只是表明,第三人的接受或其他方式的协力是不必要的。这里被考虑的只是受赠第三人与立约人之间的利益关系,而根

---

[1] 《遗产税法》(1925年8月22日)第2条第1款规定:"第4项情形视为因死亡而取得:财产利益是基于被继承人缔结的契约,而生存之人是随着被继承人死亡而直接取得之第三人。"

[2] 赫克列举出:《帝国法院判例集》第51卷,第405页;第71卷,第327页;第80卷,第177页;第88卷,第137页;第106卷,第1页。

本没有涉及受赠第三人与立约人的遗产债权人之间的关系。清楚的是，他人协力是否必要，并不能为受赠第三人的利益优先于受遗赠人的利益提供任何实质性的理由。因此，帝国法院所做的，就是将法律命令中有严格界定的内容总结为一个概念公式，并从该公式中推导出一条全新的法律规范。这是一种典型的公式运用，是一种偷换概念的方法，Rümelin 把它称作一种违背圣灵的罪。只有对利益状况进行根本的考察，才能真正摆脱概念法学的影响。

（二）加藤一郎的飞机事故案

在飞机事故案中，由于飞机坠落造成地上的第三人被害。那么，承担运输任务的航空公司是否需要对地上第三人承担赔偿责任呢？应该说，飞机事故造成旅客受到损害与造成地上第三人损害属于两种不同的类型，两者性质不同。旅客一方预先清楚遭遇事故的可能性，乘飞机时可以购买航空保险以便应对。但对于地上第三人却真是祸从天降，根本不可能采取预防措施。所以，航空公司应该对第三人承担无过错责任。[①]

但是，从内国法看，显然这不构成特殊侵权行为，因为日本民法没有列举飞机对第三人侵害这一情形。《日本民法典》第 709 条规定，因故意或过失侵害他人权利或受法律保护的利益的人，对于因此所发生的损害负赔偿责任。[②] 可见，从一般侵权行为的构成要件看，航空公司也不构成侵权。从国际条约看，《华沙条约》规定，对于旅客所受损害，航空公司不能证明无过错时不能免责，即采取过错推定原则。而《罗马公约》规定，对于地上第三人所受的损害承担无过错责任，不能免责。事故发生时，日本已经批准华沙条约，但尚未批准罗马公约，所以

[①] 参见〔日〕加藤一郎：《民法的解释与利益衡量》，梁慧星译，载梁慧星主编：《民商法论丛》（第 2 卷），法律出版社 1994 年版，第 88 页。

[②] 参见《最新日本民法》，渠涛编译，法律出版社 2006 年版。

无法引用罗马公约相关条款处理本案。

加藤认为,日本没有特殊侵权的规定,也不应该适用《日本民法典》第709条的过错责任。这是因为,民法的立法者当初对于飞机事故未曾预见,存在法律空白,存在法律漏洞。存在法律漏洞,可以通过利益衡量,依据条理谋求最妥当的解决方法,基于其性质,当然应该适用无过错责任。对此,有人认为可以类推适用《日本民法典》第717条的工作物责任。[1] 其理由是,立法当时所谓的危险物只是地上的工作物,所以只对工作物规定了无过错责任。但在今日,出现了汽车、飞机这样的更加危险的交通工具。所以,应该类推解释工作物责任的规定,认可无过错责任。当然,这两种方法都是可行的,但加藤认为第一种方法较为妥当。理由是,与飞机不同,土地的工作物是固定的东西,难以类推适用。飞机事故实为《日本民法典》第709条未预见到的情形,对那种特殊的责任,应适用今天看来妥当的特殊法理。[2] 可见,其推理的关键点是存在法律空白,排斥了反对解释,让法官从今天的眼光看来妥当的特殊规则来处理这些特殊问题。

(三)利益衡量与法律漏洞填补方法的关系

法律漏洞填补方法(或法律解释方法)与利益衡量究竟是什么关系?事实上,不论是明显漏洞采取的类推适用还是隐藏漏洞的目的性限缩所得出的结论,其实在此之前就已经作为利益衡量的结果而存在。因为针对一个案件,法官已经对结果做出了利益衡量。类推适用时所引用的法律条款或者目的性限缩,都是为了表面上的说理方便而

---

[1] 《日本民法典》第717条规定:"因土地工作物的设置或保存有瑕疵而致使他人发生损害时,其工作物的占有人对受害人负有赔偿损害的责任。但占有人对于防止损害发生已经尽到了必要的注意时,须由所有人赔偿其责任。前项的规定准用于树木的栽植及其支撑物有瑕疵的情形。于前两项,如果在损害的原因上有其他责任人时,占有人或所有人可以对该责任人行使求偿权。"参见《最新日本民法》,渠涛编译,法律出版社2006年版。

[2] 参见〔日〕加藤一郎:《民法的解释与利益衡量》,梁慧星译,载梁慧星主编:《民商法论丛》(第2卷),法律出版社1994年版,第88—89页。

附加上去的。也就是说,法律漏洞如何弥补都是利益衡量的结果。最典型的例子是,作为解释方法,反对解释与类推解释正好是相反的方法。如果仅仅看法律条文,对于应当作反对解释或者类推解释,难以判断。对此,有人认为,这些解释方法仅仅是技巧,究竟应使用哪一种技巧,应依不同场合的实质判断决定。① 这可以从下面的著名的"诽韩案"②反映出来。

1976年,郭寿华以笔名"干城"在《潮州文献》第2卷第4期,发表《韩文公、苏东坡给与潮州人后人的观感》一文,文中提到"韩愈为人尚不脱古文人风流才子的怪习气,妻妾之外,不免消磨于风花雪月,曾在潮州感染风流病,以致体力过度消耗,及后误信方士硫黄下补剂,离潮州不久,果卒于硫黄中毒"。该文引起了韩愈第39代孙韩思道的不满,遂以"诽谤死人罪"起诉到台北地方法院。该院审理认为,自诉人以其祖先韩愈之道德文章,素为世人尊敬,被告竟以涉于私德而与公益无关之事,无中生有,对韩愈自应成立诽谤罪。自诉人为韩氏子孙,因先人名誉受侮,而提起自诉,自属正常。所以,判决郭寿华诽谤死人罪,处罚金300元。郭寿华不服,向台湾地区高等法院提起上诉,但被驳回。该案判决引起了很大争议。

本案涉及台湾地区"刑法"第312条的"诽谤死人罪"(告诉乃论罪)。依照台湾地区"刑事诉讼法"第234条第5款的规定,"刑法"第312条之妨碍名誉及信用罪,已死者之配偶、直系血亲、三亲等内之旁系血亲、二亲等内之姻亲或家长、家属得为告诉。"民法"第967条第1款规定,"称直系血亲者,谓己身所从出,或从己身所出之血亲"。可见,并无年代限制。显然,韩思道作为韩愈的第39代孙,是韩愈的直

---

① 参见〔日〕加藤一郎:《民法的解释与利益衡量》,梁慧星译,载梁慧星主编:《民商法论丛》(第2卷),法律出版社1994年版,第87页。
② 参见严灵峰、萨孟武、陶希圣等:《诽韩案论战》,东府出版社1978年版。该书收集了当时报纸杂志发表的文章、各级法院判决书等。

系血亲无疑。但是,他是否享有告诉权呢? 杨仁寿认为,审判者一味专注于概念逻辑,只知"运用逻辑",为概念操作,未运用智慧,为"利益衡量",才会闹此笑话。① "刑事诉讼法"没有对告诉权人的亲等进行限制属于隐藏漏洞。② 这是因为,告诉权人的亲等毫无限制,与立法目的不符。对告诉权人,必须限制在因为该诽谤而使其精神上有痛苦的人,应对排除法条文义,直接限缩至一定亲等的直系血亲。③ 可见,在杨先生的分析中,先有利益衡量,再有目的性限缩。也就是说,先对各方所涉及的利益状态进行分析,得出不能对原告的利益进行保护的结论,然后附加上所谓的目的性限缩方法,指明其与立法目的不符合。所以,目的性限缩其实只是外在的一种表达方式,利益衡量才是法律漏洞填补的核心。

五、结语

面对复杂社会的法律难题,"利益衡量"是一种妥当的解决问题的方法。利益衡量方法强调利益在法律适用中的重要性,正视法官在司法裁判中的主观能动性,直面法律适用中的法官思考问题和分析问题的真实图景,提出解决具体法律问题的妥当方案。它有利于改变概念法学僵化的思考模式,从技术的侧面提供了价值判断的方法论,使民法解释学前进了一大步。应该说,这种思考方法与重视社会效果的法社会学思考方法是一致的,也与 20 世纪社会、经济、政治全面发展在法学理论上的一种回应基本吻合,是可取的。

---

① 参见杨仁寿:《法学方法论》(第 2 版),三民书局 2010 年版,第 4 页。
② 同上书,第 6 页。
③ 同上书,第 8—9 页。

第四章　异质利益衡量的可能*

> 山重水复疑无路，柳暗花明又一村。
>
> ——陆游

利益衡量的过程就是利益不断比较、权衡与取舍的过程。在这一过程中，既可能是同一性质或同一种类的利益之间的衡量，也可能是不同性质或不同种类的利益之间的衡量。就同质利益的衡量而言，可以进行数值上的量化比较，得出的结论较为精确，操作过程较为简单，也容易为大家所接受。但是，异质利益的衡量，却存在困惑：异质利益可以衡量吗？如果可以衡量，怎样进行衡量？其理论基础何在？可信度如何？本章将对这些问题进行研究。

---

* 本书所说的利益衡量是司法适用中的利益衡量问题，基本不涉及立法上的利益衡量问题。所以，这里的讨论也是以"法律适用为场域"展开的。

一、问题的缘起:异质利益衡量的公度性难题①

自柏拉图以来,西方思想传统中占据主导地位的基本信念是:所有的善不仅和谐共存,而且相互包容。② 但是,英国哲学家以赛亚·伯林(Isaiah Berlin,1909 – 1997)却提出了一种独特的价值理论。这种价值理论关注的焦点不是"善"与"恶"之间的不可相容性和不可公度性(incommensurability,亦称不可通约性),而是"善"与"善"之间的不可相容性与不可公度性。伯林把它视为当代哲学的核心难题。③ 现实中确实存在着许多价值是敌对的和冲突的,伯林否认不同的价值发生冲突时总能运用合理标准解决这些冲突。人类拥有的异质而基本的"价值"在终极层面上存在难以调和的冲突。既然有些价值可能本质上是相互冲突的,那么原则上可以发现所有价值都能和谐相处的模式这样一种观念,便是建立在关于世界本质的一种错误的、先验的观念之上。④ 选择的需要,为着一些终极价值牺牲另一些终极价值的需要,就成为人类困境的永久特征。⑤ 可以说,伯林的价值多元论难题不是单纯的理论问题,而是现实世界的真实困境。伯林以价值多元难题的形式,指出人类无法逃避在价值与价值之间能做出选择,但价值与价值之间却并不存在相容性和公度性(通约性),因而如何选择,是一个

---

① "Incommensurability"一词,有不同的翻译,有人译为"不可公度性",有人译为"不可通约性"。本书译为"不可公度性",主要是因为 inreducible 可译为"不可通约的",而 inreducible 恰恰是 incommensurability 的含义之一。但是,本书基本上把公度性与通约性作同义词来处理。
② 参见张国清:《在善与善之间:伯林的价值多元论难题及其批判》,载《哲学研究》2004 年第 7 期。
③ 同上注。
④ 参见〔英〕以赛亚·伯林:《自由论》,胡传胜译,译林出版社 2003 年版,第 49 页。
⑤ 同上注。

无解的难题。

伯林的这一难题①,罗尔斯回应说,在各种所珍视的价值之间不得不进行选择的时候,我们面临着这些价值孰先孰后的巨大困难,也面临着其他一些困难,而这些困难看起来并没有明确的答案。② 克劳德也认为,如果价值是完全不可比的,那么我们就将永远不会有当它们冲突时在它们中间做出决定的任何合理的基础。③

什么是不可公度性(incommensurability)? 有三种不同的意义:第一,利益之间缺少可比性(incomparability),即不存在利益位阶。如果做出"某一选项比另一选项更好,更坏或者一样好"的结论是错误的,那么两个选项之间不具有可比性。④ 不可比性与缺少衡量标尺紧密相关。如果某一群选项中包含一对或多对利益难以比较,按照可比价值来排序是不可能的。⑤ 对此,拉兹的著名例子是最为妥当的。假设对于如何消磨一个下午的时间有三种选择:一是到公园散步;二是去喝一杯苏格兰威士忌;三是喝一杯波尔多红葡萄酒。那么,就可能面临在无法比较的选项中进行选择的困境。因为,即使能够确定喝一杯苏

---

① 与罗尔斯等人不同,德沃金认为司法实践中的疑难案件是存在"唯一正解"的。"唯一正解"指的是,对于司法过程中对立的主张,总有一方可以获得法律上的确断性支持,而不会出现类似没有任何一方得到支持或双方同时得到支持的僵局。该理论依据是,德沃金认为法律是一个圆满的体系,法律没有漏洞。在疑难案件中,法官如果没有明确的"规则"可资裁判,也可以凭借"原则"进行裁判,法律已经提供足以解决一切的依据。See, Ronald Dworkin, *Taking Rights Seriously*, Harvard University Press, 1978, pp. 279 – 290. 笔者认为,现代社会的法律存在漏洞是必然的。由于与德沃金观点存在根本分歧,利益衡量的立论基础也就根本不同,所以关于德沃金的唯一正解学说不作论述。针对德沃金的观点,伯林否定了其唯一正解的可能性。他认为,"依靠原则来解决争端是无效的,而且曾经(并依旧)导致理论上的荒谬与实践上的野蛮后果"。参见〔英〕以赛亚·伯林:《自由论》,胡传胜译,译林出版社 2003 年版,第 53—54 页。

② 参见〔美〕约翰·罗尔斯:《作为公平的正义:正义新论》,姚大志译,上海三联书店 2002 年版,第 342 页。

③ 参见〔英〕乔治·克劳德:《自由主义与价值多元论》,应奇等译,江苏人民出版社 2008 年版,第 50 页。

④ Mathew Adler, Law and Incommensurability: Introduction, 146 *University of Pennsylvania Law Review*, p. 1170.

⑤ Ibid., p. 1171.

格兰威士忌要比喝一杯波尔多红葡萄酒要好,也难以判断无论是来一杯苏格兰威士忌还是波尔多红葡萄酒,都没有比去公园散步更好或者更坏。① 第二,利益之间缺少特定的基本标尺(a cardinal scale)来测量选项之间的具体价值,例如货币标准。这里的衡量标尺不是利益的位阶,而是利益的数值或是比例。② 第三,利益之间的评估程序并不是最好的程序。③

的确,在利益衡量的过程中,同样面临形式各异的利益类型。有些利益性质相同,有些利益性质不同,不但存在同质利益的衡量,也存在异质利益的衡量。同质利益的衡量相对容易,可以采取量化手段进行衡量。例如,不同财产之间可以进行利益衡量。不同的 A、B 两张桌子可以进行价值比较,得出 A 的价值高还是 B 的价值高。A 与 B 之间之所以可以进行比较,是因为两者都可以通过所标明的价格体现出来,具有通约性。可见,同质利益之间不存在天然的通约障碍,衡量时比较容易找到某一标准,可以利用数量、价值等参数对它们进行权衡与取舍,最终做出具有可接受性的决断。但是,利益具有多样性与复杂性,不同利益之间呈现出来的好像是不可相容性和不可公度性。而且,同质性的利益也可能转化为异质性利益,这更加剧了利益之间的"公度性困境"。

长期以来,关于异质利益衡量的不可公度性问题,研究利益衡量的学者似乎没有引起足够的重视或者仅仅像蜻蜓点水地用一两句话提及。德国学者赫克几乎没有提及这一问题。而日本学者加藤一郎认为这涉及价值判断问题,应该是各个时代的社会状况和占支配地位

---

① Joseph Raz, *The Morality of Freedom*, Oxford: Clarendon Press, 1986, p.328.
② Mathew Adler, Law and Incommensurability: Introduction, 146 *University of Pennsylvania Law Review*, p.1177.
③ Ibid., pp.1180–1181.

的价值观①,这可以依据常识做出判断。② 而日本利益衡量论的另一倡导者星野英一也认为,异质利益的衡量需要由价值判断(感)做出决定,也应该从常识出发进行积极解释。③ 美国学者庞德对异质利益衡量有深入研究,他认为不同利益必须放在同一水平上进行比较。④ 美国学者博登海默则强调,相互冲突的利益没有一般性的衡量尺度或衡量标准而出现差错。⑤ 人的确不可能凭据哲学方法对那些应当得到法律承认和保护的利益做一种普遍有效的权威性的位序安排。⑥ 我国学者对异质利益衡量的公度性问题几乎没有涉及,而陈林林、郑金虎都认为异质利益衡量是无解的。⑦

可见,从伯林的多元价值难题到拉兹疑问,从利益衡量经典作家的只言片语到我国学者的语焉不详,似乎可以得出结论:由于不同种类的利益之间缺少公度性,因此难以进行利益衡量。也就是说,异质利益之间进行利益衡量是无解的。

现实确实如此吗？笔者认为,该难题在哲学层面上似乎无解,但在法律适用等现实层面是可以求解的。值得庆幸的是,德国学者拉伦茨指出,法益衡量并非单纯的法感,不是一种无法做合理掌握的过程,在某种程度上是遵守若干可具体指称的原则的。⑧ 他的话给异质利益

---

① 参见[日]加藤一郎:《民法的解释与利益衡量》,梁慧星译,载梁慧星主编:《民商法论丛》(第2卷),法律出版社1994年版,第80页。
② 同上书,第81页。
③ 参见[日]星野英一:《民法解释论序说》,载[日]星野英一:《现代民法的基本问题》,段匡、杨永庄译,上海三联书店2012年版,第226页。星野英一的利益衡量思想集中在该论文中。
④ 参见[美]罗斯科·庞德:《法理学》(第3卷),廖德宇译,法律出版社2007年版,第247页。
⑤ 参见[美]E.博登海默:《法理学:法律哲学与法律方法》,邓正来译,中国政法大学出版社1999年版,第398—399页。
⑥ 同上书,第400页。
⑦ 参见陈林林:《裁判的进路与方法》,中国政法大学出版社2007年版,第171页;郑金虎:《司法过程中的利益衡量研究》,山东大学2010年博士学位论文,第62页。
⑧ 参见[德]卡尔·拉伦茨:《法学方法论》,陈爱娥译,商务印书馆2003年版,第286页。

衡量带来一抹曙光、一线希望,但他的简单断语实在不足以支撑异质利益衡量的大厦,需要我们继续努力。

二、异质利益衡量的求解路径:从抽象命题到具体情境

(一)异质利益衡量需要澄清的误解

的确,拉兹实例似乎对伯林难题做了很好的注解,具有很强冲击力。但就利益衡量而言,存在许多误解需要加以澄清。

第一,法律存在的目的就在于调和各种利益冲突并提供规则支持,利益选择不可避免。现代社会存在诸多不同性质或种类的利益,不同利益之间也常常存在冲突,某些利益在一定范围内的牺牲也是不可避免的。例如,环境保护问题就存在诸多两难选题:环境秩序的建立与国民安全之间;受害人的健康保护与侵害人的权利保护之间的矛盾。所以,法律的目的就在于能够梳理并确认所在社会的各种利益,明确其范围,划定其合理边界以及明确其在社会利益网络中的位置,从而确定对其是否保护、保护的范围和顺序,进而促进或限制某种利益,达到促进社会进步和发展的目的。

第二,利益冲突的性质不是逻辑矛盾,而是事物之间的价值冲突。在人类社会中,不同主体之间的不同利益追求在实现中存在矛盾,但这些矛盾并不是逻辑矛盾,而是事物之间存在的价值冲突。与逻辑矛盾不同,价值冲突存在于两个不同的事物之间,可以在实践过程中加以衡量,运用人类的实践理性对冲突的利益通过比较而加以取舍与选择。这种不同利益之间的取舍与选择,是法律科学本身得以存在的原因之一。人类社会的复杂性、多元性与共存性告诉我们,如果我们一定要用所谓的"可相容性""可通约性"等来进行利益衡量,必将使法律变为数学,将科学变为伪科学。换言之,法律科学不是数学,也不是

物理学。法律适用不是进行因式分解,也不是进行分子分母的简化运算。说到底,所谓的通约性问题是"科学主义"①对法律世界的野蛮入侵。

第三,人类的法律实践表明,在法律适用的过程中,对异质利益进行衡量是极为普遍的,甚至可以说,绝大部分案件都涉及不同性质或种类的利益之间进行衡量。不过,这一现象却常常被我们熟视无睹。例如,在侵权法领域,存在大量的异质利益衡量。我国《民法典》第182条②规定的紧急避险就是适例。紧急避险涉及的是利害冲突的情形,是"两害相权取其轻"。这是法律对紧急避险行为承认其阻却违法的理由,这种利益衡量的思想是紧急避险法的中心思想。③ 类似地,同属于私法范畴的合同法所规范的合同效力问题,涉及的是双方当事人之间的利益衡量,但也可能涉及社会公共利益的衡量问题。同样,行政法上也存在大量的不同利益之间的衡量与取舍。这些人类社会发展过程中的实践已经为当代社会在法律适用过程中的利益衡量提供了先例、制度基础与宝贵经验。

(二)求解难题的两种路径

对于伯林与拉兹难题的解答,可以从两个不同层面进行回答。

---

① 科学主义将数学、自然科学的方法与态度强行地推广于其他一切领域。在它看来,真理就是对事物必然性(规律)的确信和把握,偶然性意味着无能与无知,科学只接受确定性的东西而排斥不确定性。参见章忠民:《确定性的寻求与本质主义的兴衰》,载《哲学研究》2013年第1期。

② 中国《民法典》第182条规定,"因紧急避险造成损害的,由引起险情发生的人承担民事责任。危险由自然原因引起的,紧急避险人不承担民事责任,可以给予适当补偿。紧急避险采取措施不当或者超过必要的限度,造成不应有的损害的,紧急避险人应当承担适当的民事责任"。而我国台湾地区的"民法"第150条规定,"因避免自己或他人生命、身体、自由或财产上急迫之危险所为之行为,不负损害赔偿之责。但以避免危险为必要,并未逾越危险所能之损害程度危险。前项情形,其危险之发生,如行为人有责任者,应负损害赔偿之责"。

③ 参见〔德〕卡尔·拉伦茨:《德国民法通论》,王晓晔等译,法律出版社2003年版,第367页;黄立:《民法总则》,中国政法大学出版社2002年版,第523页。

1. 哲学层面上的回答

生活经验似乎告诉我们,如果我们要在冲突的价值之间或可能的选择项之间进行取舍,那么必须事先找出一个能够通约于不同对象之间的取舍标准,或者建立一套绝对的价值等级秩序。

在哲学层面上,构建起一套绝对的价值等级秩序是否可行呢?世界各国的一些学者在不同的领域或者范围做了尝试。其中,美国著名法学家庞德构建的价值等级秩序最具有代表性。他深受植物学的影响,建立了利益纲目列表。在该利益列表中,存在个人利益(individual interests)、公共利益(public interests)与社会利益(social interests)。个人利益是指直接与个人生活有关,而以个人生活的名义提出的要求、需要或者欲望;公共利益是与政治社会有关,而以政治团体的名义提出的要求、需要或者欲望;社会利益是与整个社会的生活有关,而以社会生活的名义提出的要求、需要或者欲望。在这些不同的利益类别下,又存在更具体的利益类型,列举这些利益类别从而形成完整的利益纲目。① 庞德认为,在解决某一具体的法律问题时,必须先将争议中相互冲突的利益视为同一类型的利益,然后加以比较。冲突中的哪一利益应该获得保障,哪一利益应该牺牲,应该根据选择何种利益的结果可以使整个利益纲目内的最多数利益获得保障。② 但是,现在普通法应该保障的利益的调查和记录的利益是否正确,对于这些利益的分门别类是否妥当,成为许多美国学者批评的对象。③ 可见,从哲学层面看,要构建起一套绝对的价值等级秩序确实是不可能的。

是否可以找到一个能够通约于不同对象之间的取舍标准呢?在

---

① 参见〔美〕罗斯科·庞德:《法理学》(第3卷),廖德宇译,法律出版社2007年版,第20—244页。

② 同上书,第246—251页。

③ W. Friedman, *Legal Theory*, 2nd Edition, London, Steven & Sons, 1949, pp. 229 – 234; Julius Stone, *The Province and Function of Law*, Harvard University Press, 1950, pp. 491 – 492. 转引自马汉宝:《法律思想与社会变迁》,清华大学出版社2008年版,第168—169页。

现代社会,不同利益之间存在冲突是极为常见的现象。事实上,竞争性的社会氛围和复杂的社会结构,造就了复杂的竞争性的价值观念与利益诉求。在这样的社会结构中,人们试图用单一标准来测量不同利益之间的大小。当然,最简单的方法就是采取"通用货币"来进行比较。但是,如果仅仅用货币来对世界上不同的利益进行衡量,就会扭曲这些利益的事物本性与现实价值。"倘用估价钱的眼光来看事物,所见的世间就只有钱的一种东西,而更无别的意义,于是一切事物的意义就被减小了……都是足以妨碍事物的本身的存在的真意义的。"① 换言之,不同类别或者性质的多元利益(或价值)的存在,正是丰富多彩的世界的本质要求,也是其实际意义之所在。仅用单一的衡量标准进行度量,会使多彩世界变得暗淡无光或者成为毫无生机的"灰色世界"。所以,采用单一的通约性标准进行利益衡量并不可取。

总之,这种试图构建一套抽象的价值等级秩序的努力或是寻找通约性标准的努力都是无法实现的。伯林对此充满深厚的悲剧性意味。② 我认为,伯林的哲学观在实践中是有害的,价值多元恰恰是人类多彩社会的体现。其实,在哲学层面上,我们并不需要绝对的确定性或者通约性。

2. 生活层面上的回答

与哲学层面上的回答不同,从生活层面来回答拉兹难题,所谓的"难题"就不能再称为"难题"了。对于这个问题,什么是他的答案?我认为,这主要取决于在当时的情况下,他想获得什么。如果他当时想出去舒展一下筋骨,就可以去公园散步。如果他想喝红葡萄酒,就

---

① 丰子恺:《剪网》,载丰子恺:《缘缘堂随笔》,人民文学出版社2000年版,第2页。
② 豪舍尔指出:无可否认,在他(伯林)对人和人生需求的认识中,确实有一种强烈的悲剧因素:人类实现的大道,有可能彼此交汇和彼此阻碍,一个人或一个文明,为铺设一条完美的人生之路而追求的最受珍爱的价值或美,有可能陷入致命的相互冲突;结果是对立的一方被消灭和绝对无法弥补的损失。参见〔英〕以赛亚·伯林:《反潮流:观念史论文集》,冯克利译,译林出版社2002年版,豪舍尔《序言》第47页。

去品尝红葡萄酒。当然,他也可以选择威士忌。

这一问题可以从经济学的"效用"原理获得很好的解释。假定一个农民某年产生了五袋粮食,他要安排这五袋粮食的用途。他一定是按照重要性从大到小的顺序安排。第一袋,用于吃,这对他最要紧;第二袋,用于增强体力与精力;第三袋,用于酿酒,因为他要喝酒;第四袋,用于养家禽,因为他要吃肉,但是吃肉没有酿酒重要;第五袋,用于养鹦鹉。① 经济学把商品能够满足人的主观愿望的东西,称为效用。② 它存在边际效用递减的规律。边际效用递减是个公理,不能证明,但可以说明。③ 从这一角度看,其实所谓的哲学上难题也是可以说明的,但是无法证明。但是,无法证明并不意味着该原理不存在,不可行。"不能证明但可以说明"恰当地指出了自然科学与社会科学的学科差异。

(三)求解难题的路径转换:从抽象命题到具体案件

确实,现代社会是利益多元的社会,利益衡量需要面对的利益是纷繁复杂的,既有同质利益的衡量,又有异质利益的衡量。同质利益的衡量相对简单,因为不同利益之间具有可公度性,而异质利益的衡量就较为复杂,因为没有所谓的通约性,进行利益衡量的难度较大。就利益衡量在法律适用中的应用而言,价值多元难题是否可解呢?

笔者认为,异质利益衡量是可解的,如果认为异质利益之间难以进行衡量的观点是错误的。从伯林价值多元难题到拉兹疑问,都存在两种不同的求解途径,得到的答案是不同的。这是因为,哲学难题与生活难题是不同的,存在于两个不同的层面上。哲学难题是抽象意义

---

① 参见王福重:《人人都爱经济学》(第2版),人民邮电出版社2010年版,第17—18页。
② 效用是从商品与人的关系中产生的,而不是商品内在的因素。这是一种主观价值,不同于客观价值。主观价值是商品与人的福利的关系,客观价值是商品与它的机械性或技术性成果的关系。边际与边际效用递减规律产生了经济学革命。
③ 参见王福重:《人人都爱经济学》(第2版),人民邮电出版社2010年版,第18页。

上的难题,而生活难题却是存在于具体情境之中的。一个抽象意义上的价值多元难题在哲学上似乎是冲突的、矛盾的、无解的,但是只要与具体的生活场景联系起来,却是可解的。换言之,不论是伯利还是拉兹,他们揭示的是抽象层面或者哲学层面上的价值多元与利益衡量难题。但这其实可能只是学者想象中的抽象意义上的难题。正如生活难题所揭示的那样,当这一抽象命题转化为具体命题时,可能在不经意之间已经迎刃而解了。例如,千百年来,学者之间就"先有鸡还是先有蛋"的问题争得面红耳赤,永远无法达成一致意见。但是,当我们面对一只威风凛凛的大公鸡时,或者面对一只刚产下鸡蛋还在咯咯叫的老母鸡时,"先有蛋还是先有鸡"的疑问早已经荡然无存了。其实,在实践层面上的异质利益衡量的难度并我们没有想象那么大,并不是无解而是可解的。

就异质利益的衡量而言,其发生在"法律适用"领域,我们面对的并不是抽象的世界,而是具体的案件。某一具体的案件,都是发生在一定的时间、地点的具体事件。不但如此,这一具体的事件都有具体的法律制度背景与社会情境,并受到它们的影响。例如,在近代社会,私法的典型特征是从形式上对民事主体做平等的保护,追求的是形式正义。在现代社会,私法虽依然坚持以形式正义为基础,却朝着实质正义不断进发,实质正义正发挥着越来越重要的作用。从更一般的意义而言,私法正在通过对特定群体的利益的保护,实现着其社会国家的使命。这种保护,起初是对雇员的保护,后来延伸到对房屋承租人的保护,最近涉及对消费者的保护,目前还触及金融消费者。就具体的案件而言,对不同的价值进行具体的判断是法官无法回避的问题,是必须加以回答的问题。所幸的是,此时的利益衡量无须解决哲学问题,只需解决实际问题。也就是说,针对具体案件,结合具体的案件背景,法官进行价值或者利益上的取舍是完全可以做到的,是可以确定何种利益应该获得优先保护的。

需要注意的是,在法律适用中,随着具体案件所赖以存在的时空背景的转变,不同利益之间的位阶可能会发生一定程度的改变。例如,在通常情况下,人的生命属于最高利益。但在激烈斗争的抗日战争的正义战场上,保护国家的利益要高于敌人的生命与财产的利益。①对此,莫言也认为"悲悯,是有条件的"②。这种改变直接对具体案件的利益衡量产生重大影响,造成法官作出的裁判结果因时空背景的不同而有所不同。当然,这也是法律适应性的体现。

(四)小结:异质利益衡量的公度性难题存在求解路径

异质利益在抽象(哲学)层面是难以衡量的,但在现实层面却是可以衡量的。异质利益在哲学层面无法衡量,是因为哲学方法无法给出令人信服的价值排序。换言之,人的确不可能凭据"哲学方法"对那些应当得到法律承认和保护的利益作出一种普遍有效的权威性的位序安排。然而,这并不意味着法理学必须将所有的利益都视为是位于同一水平上的,亦不意味着任何质的评价都是行不通的。③法律适用的现实表明,异质利益之间进行衡量具有普遍性与必然性,也具有可能性与可行性。异质利益在法律适用层面可以衡量,是因为现实社会具有衡量异质利益的相应条件。

当然,妥当的利益衡量,除了对不同利益本身的内容与形式作透彻分析之外,还需要建立在:

——基本共识之上。人类社会存在基本的法律共识,为异质利益衡量提供了合理性论证的基础。这些法律共识既有抽象层面上的价值共识,又有具体层面上的具体规则。

---

① 参见微音:《难忘的毙敌场面》,载 http://www.ycwb.com/gb/content/2002-03/19/content_332622.htm。微音,原名许实,曾任《羊城晚报》总编辑,1989 年离休。
② 莫言:《捍卫长篇小说的尊严》,载《蛙》,上海文艺出版社 2012 年版,代序言第 4 页。
③ 参见[美]E.博登海默:《法理学:法律哲学与法律方法》,邓正来译,中国政法大学出版社 1999 年版,第 400 页。

——妥当的程序之中。通过正当程序,规范利益衡量的过程,选择可接受的优势利益。这样,异质利益的衡量结果是可以接受的。

三、异质利益衡量的价值基础:存在基本的社会共识

人类生活总是在社会共同体中进行的。社会共同体应该建立和维持一致内外部条件,使所有共同体成员能够给予那些确定他的成员身份的条件,尽可能好的生活,这是社会共同体的利益所在,也是伙伴关系的原则所要求的。① 所以,虽然不能说存在绝对的固定的价值秩序,但是不同的利益或者价值之间还是存在基本的共识的。这些规律主要既包括法律适用中需要遵循的法秩序上的基本价值,也包括作为客体的利益本身的位阶秩序,还包括法律主体行使权利需要遵循的基本行为规范。这三组规律协同发展、相互制约,构成异质利益衡量的价值基础。具体论述如下:

(一)基本价值的社会共识

生活在同一时代、同一社会的人们总有某种共同的价值追求,甚至生活在不同时代、不同社会的人们也会有某种共同的价值标准。② 法律价值是一个由多种因素构成、以多元形态存在的体系。

自由、秩序、正义与效率是法律的四大基本价值。③ 每一价值都由各自不同的内容所构成。就自由而言,有积极自由与消极自由之别。

---

① 参见〔英〕A. J. M. 米尔恩:《人的权利与人的多样性——人权哲学》,夏勇、张志铭译,中国大百科全书出版社1995年版,第47页。
② 参见张文显:《法学基本范畴研究》,中国政法大学出版社1993年版,第256页。
③ 自由、秩序、正义与效率,从不同的角度有不同的认识。有人认为是基本原则,有人认为是法律的宗旨,有人认为是法律的目标,有人认为是实现终极目标的手段。当然,从不同的角度进行解读都是值得尊重的,但本文主要是从法律价值角度对此进行分析。

积极自由就是"自己依赖自己,自己决定自己",即"从事……的自由"(be free to do...);而消极自由是不受他人的干涉和限制,即"免于……的自由"(be free from...)。而且,自由在公法上与私法有不同的内容。在公法上,防止国家对人们的自由进行干预,对抗国家干预。在私法上,除非有充分理由干预,当事人意思自治应该得到尊重。通过不规定强制性规定或者科以其他控制,以及通过不对人们的合法交易施加不必要的形式上或者程序上的限制,从而保护自由。同时,通过提高人们办事的能力,从而促进自由。就秩序而言,人类的这种(秩序)倾向乃深深地植根于整个自然结构之中,而人类生活则恰恰是该结构的一个组成部分。① 秩序意味着在自然进程与社会进程中都存在某种程度的一致性、连续性和确定性。相反,"无序"则意味着关系的稳定性和结构的一致性出现模糊并消失;行为的规则性和进程的连续性被打断;偶然的、不可预测的因素渗透到社会生活之中,从而使人们失去了信心与安全感。当无序状态发生时或将要发生时,人类必须采取措施去保护受到危害的秩序。就正义而言,它具有普世性价值。法是实现正义的手段,法的价值在于实现正义。正义要求确保相同情况获得相同对待,不同情况不同对待。② 它不允许利用他人的弱点与不幸,不能从不当行为中获得好处,应当对恣意的行为负责等。就效率而言,不但要提高当事人之间从事交易获得的效率,也应当提高广泛参与公众的整体利益。它不但要求减少实质性限制,也要求减少形式性限制,还要求减少程序性限制。

需要注意的是,在具体的待决案件中,这些不同的价值之间可能存在冲突,在价值位阶上会出现上下浮动。正义,在某些情况下可能会让位于秩序;反过来,秩序的价值必须与正义观念之间保持一定的

---

① 参见〔美〕E. 博登海默:《法理学:法律哲学与法律方法》,邓正来译,中国政法大学出版社 1999 年版,第 220 页。

② H. L. A. Hart, *the Concept of Law*, Oxford University Press, 1961, p. 155.

平衡。自由，尤其是合同自由，有时也会受到正义价值的限制。例如，法律可能为避免就业歧视而对合同自由做某些限制。而且，某一价值自身内部也可能存在冲突。例如，免受歧视的自由限制了他人的歧视自由。又如，正义所要求的平等对待与保护弱者之间也可能发生冲突。另外，不同价值之间也存在相互重叠的可能。许多法律规则可以在多个不同价值之下进行解释。例如，有的规则既可以在合同自由的价值之下获得解释，也可以在合同正义的价值之下进行解释。可见，价值不能绝对地、僵硬地适用。

（二）利益位阶的社会共识

1. 不同类型利益之间的位阶

作为利益衡量对象的利益，不同利益之间的位阶存在以下基本共识。①

（1）生命利益大于健康利益

康德说，在整个自然中，不论山河、大地、植物、动物，没有一种事物能够有理由让人把它们看作目的，人类是地球上一切其他自然物都与之相关的"那个自然最后目的"②。自然的机械不论安排得如何巧妙，无论符合什么样的生命目的，如果没有人类，自然就毫无意义。在这个仅仅作为道德主体的人之中，才能找到在目的上无条件的立法，因而只有这种立法才能使人有能力成就终极目的，全部自然都是在目的论上从属于这个终极目的的。③ 生命利益是不可让与的，也是不可放弃的。生命权就是以自然人的生命安全利益为内容的人格权，以自

---

① 本书在这里的用词是"基本共识"，这些共识是社会生活最基本的共识，并没有囊括所有的利益类型。本书不打算对所有的利益类型进行位阶上的排序，这既不是不现实的，也是不需要的。这是因为社会生活中的利益并没有固定的位阶。但是，最为基本的共识依然是存在的，恰恰是这四个最为基本的共识为具体案件中的利益衡量提供了坚实基础。
② 〔德〕康德：《判断力批判》，邓晓芒译，人民出版社2002年版，第287页。
③ 同上书，第294页。

然人的生命为客体,以自然人的生命活动延续为基本内容,其保护的对象就是生命活动能力。健康权利是附属于人的生命的,没有生命就没有健康。所以,生命利益应该大于健康利益。

(2)健康利益大于财产利益

健康利益在法律上可以通过健康权与身体权体现出来。健康权是自然人以其机体生理机能正常运转和功能完善发挥,以维护人体生命活动的利益为主要内容的人格权。侵害健康权,会造成人体机能不能充分发挥作用。例如,致人残疾、致人身体损害等。身体权是自然人维护其身体构成部分的完整并支配其肢体、器官和其他组织的人格权。① 健康利益本身就是人身的构成部分,与人身密不可分,也与人的尊严、与人体面的健康生活联系在一起。相反,财产虽然与人身利益有密切联系,但本身并不构成人身的一部分。在法律关系中,自然人处于主体地位,而财产处于客体地位。② 其实,"用金钱去换取健康"的生活现实也告诉我们,健康利益大于财产利益。

(3)生命利益之间不分高低

在紧急避险中,对紧急避险行为与损害威胁之间进行利益衡量时,避险行为所造成的损害不应该超过危险所致的损害。例如,甲乙两人同时遇到海难,浮板只能提供给一人使用,甲与乙抢取同一块浮板,甲抢到浮板而得救,乙却因体力衰竭而死亡。在这一"卡尼阿德斯"浮板案中,由于甲乙两人均为生命利益,不分高低,不产生紧急避

---

① 侵害健康权与侵害身体权的差异在于,侵害健康权主要是指影响身体机能的发挥,侵害身体权主要是因侵权行为影响身体完整性和肢体功能发挥。参见奚晓明主编:《〈中华人民共和国侵权责任法〉条文理解与适用》,人民法院出版社2010年版,第125页。

② 一般认为,人的身体不得成为权利的客体。随着科学技术的发展,这一观念正接受挑战,如器官移植、捐血。但是,这些不能强制执行,以维护人的价值与尊严。参见梁慧星:《民法总论》,法律出版社1996年版,第83页。

险中的"利益逾越"问题。① 在这里,因紧急避难而实施的侵害行为,可以阻却违法,既不受刑事处罚也不承担损害赔偿责任。②

(4) 财产利益之间按照价值大小区分高低

例如,如果一棵摇摇欲坠的老树倒下有可能会砸坏邻居家的玻璃花坛,那么是否可以采取措施以避免危险呢?对这类物采取措施必须是为了防止危险才是允许的,而且由此给所有权人造成的损失不许与危险可能造成的损失"不成比例"。如果应该避免的损失较所有权人因此遭受的损失要小,则对物所采取措施是不允许的。③ 总之,为使自己或他人免于遭受他人的物所引起的急迫危险而毁损或破坏他人的物的人,如果毁损或破坏为避开危险所必要,而且损害并非与危险不相当,则不构成不法行为,行为人无须对此承担赔偿责任。

2. 不同主体之间的利益位阶

在现代社会,弱者利益应该获得制度性的特别保护是正义的体现,具有越来越重要的意义。无论公法还是私法都是通过这种对特定

---

① 根据《德国刑法典》第 35 条的规定,这属于紧急避险。但是,这种紧急避险行为不是一种合法事由,而只是一种宽宥事由(entschuldigt)。与此不同,无论根据《德国民法典》第 228 条关于防御性紧急避险的规定,还是《德国民法典》第 904 条关于攻击性紧急避险的规定,其避险行为都是合法行为。参见〔德〕迪特尔·梅迪库斯:《德国民法总论》,邵建东译,法律出版社 2000 年版,第 130—131 页;黄立:《民法总则》,中国政法大学出版社 2002 年版,第 525 页。

② 但是,杀人能否适用"减小损害"原则存在争议。提出这个问题的最著名的案例是 Regina v. Dudley & Stephens 案。在一次风暴之后,达德利、斯蒂芬斯、布鲁克斯和一位十几岁的孩子坐在一艘无篷的救生船上漂流。20 天后,粮食断绝,达德利和斯蒂芬斯杀掉当时孤立无援的孩子。幸存者们靠吃孩子的肉而生存下来,4 天后他们被搭救出来。美国学者贝勒斯认为,有充分理由可以用"减小损害"为其辩护。减小损害原则为,如果人们合理地认为,其行为可有效地避免更大的损害、不存在损害更小的方法,以及其行为的目的是避免更大的损害,则他们不应当负刑事责任。参见〔美〕迈克尔·D. 贝勒斯:《法律的原则——一个规范的分析》,张文显等译,中国大百科全书出版社 1996 年版,第 388—391 页。但是,改写于该案与 1842 年 U. S v. Holmes 案的是著名的"洞穴奇案"。针对该案,基于不同的法学流派,得出了 14 种不同的法官意见书。具体参见〔美〕彼得·萨伯:《洞穴奇案》,陈福勇、张世泰译,生活·读书·新知三联书店 2012 年版。

③ 参见〔德〕卡尔·拉伦茨:《德国民法通论》(上册),王晓晔等译,法律出版社 2003 年版,第 367 页。

群体的利益的保护,实现着其社会国家的使命。在公法领域,国家为生活贫困者提供最低生活保障,为残疾人提供一定的福利保障。在私法领域也是如此。例如,我国《消费者权益保护法》就为消费者利益提供了特别保护。根据我国的法律规定,消费者是以生活消费为目的而购买商品、获得服务的人。他们与经营者相比,在资金、知识、信息获取等方面存在不足,处于弱者地位。又如,在劳动法领域,劳动者相对于企业主而言,也处于弱者地位,需要在订立劳动合同、履行劳动合同等方面给予一定的特殊设计。再如,与医院相比,病人也处于弱者地位,处于易受侵害的地位,在医疗合同上需要对他们做特别保护。①

与其他国家不同,我国还涉及特殊企业的利益保护。虽然我国现行公司法是遵循"不同类型企业一体保护"的原则制定的,废止了"按照所有制区分不同地位、分别保护"的制度。但在实际生活中存在悖论。一方面,国有企业比民营企业具有更多资源优势;另一方面,国有资产的保护极为脆弱。这是由于国有企业容易成为被侵害的对象,国有资产流失成为中国特别严重的问题,因此需要对国有企业资产转让等方面做特别的规定。② 这些特别规定,既包括实体方面也包括程序方面的规定。

这方面的典型案例是,巴菲特投资有限公司诉上海自来水投资建设有限公司股权转让纠纷案。③ 在该案中,被告上海自来水公司以董

---

① 例如,《欧洲示范民法典草案:欧洲私法的原则、定义和示范规则》第4.3-8:104条规定:(1)医疗服务提供人具备相应的技能和注意的义务,尤其要求医疗服务提供人为患者提供一个理性的医疗服务提供人在既定情况下所应具备的技能和注意义务。(2)医疗服务提供人缺乏以相应技能和注意为患者治疗所需要的相应经验或技能的,必须将患者转移给能够胜任的医疗服务提供人。(3)当事人不得为损害患者的利益而排除本条规定的适用,也不得减损或变更其效力。参见欧洲民法典研究组、欧盟现行私法研究组编:《欧洲示范民法典草案:欧洲私法的原则、定义和示范规则》,高圣平译,中国人民大学出版社2012年版,第262页。

② 其实,我国还存在侵害私营企业利益的行为,私人企业不能获得与国有企业"一体保护"的地位。虽然我国现行公司法已经确立了这一原则,但在实际生活中却存在诸多"玻璃门"现象。由于该问题与本文主题无关,本文不予讨论。

③ 参见《巴菲特投资有限公司诉上海自来水投资建设有限公司股权转让纠纷案》,载《最高人民法院公报》2010年卷,第487页以下。

事会决议的方式将其持有的 16 985 320 股光大银行法人股以 28 365 484.40 元价格委托上海水务公司出让,第三人金槌公司受水务公司委托以 52 654 492.00 元价格将该股份拍卖给原告巴菲特投资公司,造成国有资产严重流失（52 654 492.00 − 28 365 484.40 = 24 289 017.60 元）。上海市第二中级人民法院在一审判决中认为,根据《企业国有资产监督管理暂行条例》第 13 条的规定,国务院国有资产监督管理机构可以制定企业国有资产监督管理的规章、制度。根据国务院国资委、财政部制定实施的《企业国有产权转让管理暂行办法》第 4 条、第 5 条的规定,企业国有产权转让应当在依法设立的产权交易机构中公开进行,企业国有产权转让可以采取拍卖、招投标、协议转让等方式进行。上海市政府制定的《上海市产权交易市场管理办法》也有类似规定。法院认为,规定企业国有产权转让应当进场交易的目的,在于通过严格规范的程序保证交易的公开、公平、公正,最大限度地防止国有资产流失,避免国家利益、社会公共利益受损。[①] 企业未按照上述规定在依法设立的产权交易机构中公开进行企业国有产权转让,而是进行场外交易的,其交易行为违反公开、公平、公正的交易原则,损害社会公共利益,应依法认定其交易行为无效。上海市高级人民法院维持一审判决。

（三）行为规范的社会共识

一般来讲,权利行使遵循自由行使的原则,公民和法人可以根据自己的意志实现属于他们的民事权利。[②] 但是,19 世纪末以来,法律的中心观念,已经由个人转向社会。法律的终极目标,不全在保护个

[①] 参见《巴菲特投资有限公司诉上海自来水投资建设有限公司股权转让纠纷案》,载《最高人民法院公报》2010 年卷,第 491 页。

[②] 一般来讲,权利自由行使是无须在民法典中用法律条文表达的公理性原则。但《俄罗斯联邦民法典》却有明文规定。参见《俄罗斯联邦民法典》第 9 条第 1 款,黄道秀等译,中国大百科全书出版社 1999 年版,第 6 页。

人之自由与权利,整个社会的发展与人类之生存,也需要同时兼顾。在私法领域,随着社会的发展,对权利行使之绝对原则进行修正,认定权利行使应受一定限制,为现代民法之基本原则。① 现代各国法律,莫不对权利行使设有一定的限制。不过,对权利行使的限制,应当有正当理由,并且有一个合理的"度"。说到底,权利自由行使是根本性;而对其限制是外部的,只是修正性。②

对权利行使的规范,主要体现为:需要遵循诚实信用原则、权利不得滥用原则、不得违反公序良俗、不得损害社会公共利益。诚实信用是权利行使应遵循的基本原则。该原则从存在之日起,其适用范围不断扩大,不仅适用于合同履行,也适用于合同解释。③ 现在,该原则已经适用于一切权利的行使与一切义务的履行。④ 与诚实信用原则不同,禁止权利滥用要求权利行使不得以损害他人利益为目的。⑤ 这意味着,权利行使有一定的界限,超越正当的界限而行使权利,就可能构成权利滥用。法律行为不得违反公序良俗(即公共秩序与善良风俗)⑥、不得损害社会公共利益也是现代社会的基本行为准则。这两

---

① 参见梁慧星:《民法总论》,法律出版社1996年版,第251页。

② 关于权利行使的限制,有两种不同的学说:一种认为是内部限制,另一种认为是外部限制。笔者赞同外部限制说。

③ 我国《合同法》(1999年)第6条规定,"当事人行使权利、履行义务应当遵循诚实信用原则";该法第125条第1款规定,"当事人对合同条款的理解有争议的,应当按照合同所使用的词句、合同的有关条款、合同的目的、交易习惯以及诚实信用原则,确定该条款的真实意思"。

④ 我国《民法通则》(1986年)第4条规定,"民事活动应当遵循自愿、公平、等价有偿、诚实信用的原则"。《民法典》(2020年)第7条规定,"民事主体从事民事活动,应当遵循诚信原则,秉持诚实,恪守承诺"。

⑤ 1900年的《德国民法典》第226条首先作出规定,其他国家民法典纷纷仿效。从此,禁止权利滥用原则在民法中获得确立。

⑥ 关于公序良俗与社会公共利益的关系,有人认为我国《民法通则》第7条规定的"社会公共利益"及"社会公德",在性质和作用上与公序良俗原则相当,"社会公共利益"相对于"公共秩序",而"社会公德"相对于"善良风俗",其法律用语并不规范。(参见梁慧星:《民法总论》,法律出版社1996年版,第45页)但是,笔者认为"社会公共利益"应为独立一项,而"社会公德"却与"公序良俗"相当。从利益衡量的角度看,社会公共利益可以与公共秩序存在交叉。

个原则在许多国家的法律中都有明文规定。① 同样,我国《民法通则》第 7 条也规定,民事活动应当遵守社会公德,不得违反社会公共利益。②

  这四项基本的行为规范具有以下特点:(1)从其存在方式看,它们都属于一般条款。一般条款具有模糊特质,一方面是它们的内涵或外延不明确,给法律适用的安全性带来困扰;但另一方面,恰恰是模糊性带来了灵活性,使法官可以从容地面对不断变迁的社会现实,增强法律的适应性。(2)从规范性质看,其性质也从补充当事人意思的任意性规范转变为强行性规范。当事人不能以约定排斥其适用,而且法院可以直接依职权加以适用,无须当事人的援引。这是因为,该原则将道德规范与法律规范合二为一,同时具有法律调节与道德调节的双重功能,使法律条文具有很大的弹性,法院享有较大的裁量权。(3)从内在构造看,权利自由行使是基本原则。但是,权利行使应该受到限制。从个人与个人的关系看,权利行使应该遵循诚实信用原则行使,而且权利不得滥用。诚实信用与禁止权利滥用构成权利行使的正反两方面限制,共同成为权利行使的原则。从个人与社会的关系看,权利行使不得违反公序良俗与损害社会公共利益。但是,这两个层面不是截然分开的,权利滥用有时也会损害社会公共利益。(4)从规范具有的

---

  ① 关于不得违反公序良俗原则,《法国民法典》第 6 条规定,任何人不得以特别约定违反有关公共秩序与善良风俗之法律(参见《法国民法典·民事诉讼法典》,罗结珍译,国际文化出版公司 1997 年版,第 1 页);《德国民法典》第 138 条第 1 款规定,违反善良风俗的法律行为无效(参见《德国民法典》,陈卫佐译注,法律出版社 2006 年版,第 47 页);《日本民法典》第 90 条规定,以违反公共秩序或善良风俗事项为目的的法律行为,无效(参见《最新日本民法》,渠涛编译,法律出版社 2006 年版,第 24 页);我国台湾地区"民法"第 72 条规定,法律行为,有背于公共秩序或善良风俗者,无效。关于不得损害社会公共利益原则,《日本民法典》第 1 条第 1 款规定,私权必须适合公共福祉。我国台湾地区"民法"第 148 条第 1 款规定:"权利之行使,不得违反公共利益。"这是台湾地区 1985 年"民法"总则修正后所增加的条款,其修正的理由是,"惟不得违反公共利益乃权利社会化之基本内涵"。
  ② 我国《民法通则》第 7 条规定,民事活动应当尊重社会公德,不得损害社会公共利益,破坏国家经济计划,扰乱社会经济秩序。

功能看,以诚实信用原则为例,其主要的机能有:指导当事人行使权利履行义务的功能,解释、评价和补充法律行为的功能,解释和补充法律的功能,以及修正、创设法律的功能。① 其实,这些基本原则都具有类似的功能。当然,不同的一般条款虽然具有共同性,但也有不同性。例如,禁止权利滥用的机能与诚实信用的机能是不同的。以禁止权利滥用而言,结合具体案例适用时,可以使权利内容与范围更为明确,也能达到使权利行使范围缩小化的效果。② (5) 在法律适用时,需要对法律实务中出现运用这些行为规范的案例进行总结,加以具体化与类型化。但是,这些行为规范的魅力恰恰是其模糊性与相对确定性、适应性。过于清晰,反而会毁损其应用价值,只要能保持相对确定性,保持其开放性是很有必要的,留给法官一定的自由裁量权是符合立法原意的。由于具体案件的复杂性,以及案件赖以存在的社会情境的复杂性,有时会出现法律适用上的两难性,既可以适用诚实信用原则,也可以适用权利滥用原则。这也是正常的,既可以选择适用,也可以双重适用,只要与待决案件相协调就可以了。③

需要注意的是,经常遇到的问题是当两种不同的权利冲突时,如何选择?也就是说,两种不同的"善"与"善"之间有优劣之分吗?例如,当言论自由与名誉权冲突时如何处理?笔者认为:(1)这其实只是权利的边界划分或者边界冲突问题。虽然不同的"善"与"善"会发生冲突,但并不是核心内容的冲突,而是外延、边缘上的冲突。(2)冲突

---

① 关于修正、创设法律的功能,有两种不同的学说。肯定说认为,诚实信用原则不仅具有补充法律漏洞的功能,而且有修正现行法的功能。否定说认为,诚实信用原则仅有补充法律漏洞的功能,没有修正现行法的功能。参见梁慧星:《民法总论》,法律出版社 1996 年版,第 259 页;林诚二:《民法理论与问题研究》,中国政法大学出版社 2000 年版,第 9—10 页。

② 有人认为,禁止权利滥用的机能主要有侵权行为机能、权利范围明确化机能、权利范围缩小化机能以及强制调停机能。参见林诚二:《民法理论与问题研究》,中国政法大学出版社 2000 年版,第 10—12 页。

③ 参见〔日〕山本敬三:《民法讲义Ⅰ:总则》,解亘译,北京大学出版社 2004 年版,第 407—408 页。

是发生在权利的行使过程中,包括作为与不作为,没有行动就没有冲突。也就是说,"善与善"的选择是在运动状态中发生的,静止状态不会发生"善与善"的选择。(3)权利冲突表现为,权利的过度行使突破了其应有的边界,造成了侵权。(4)这种权利的"不当行使"主要是权利行使的"范围"与"程度"的过度,是权利的"行使方式"使权利行使本身发生了"量变到质变",从权利行使变为侵权行为。也就是说,从"善"转化成了"恶"。所以,实际上,这已经不是"善与善"的选择而是"善与恶"的选择。

这种权利冲突可能表现为权利人的行为构成侵权。这方面的典型例子是李某峰等诉叶集公安分局、安徽电视台等侵犯名誉权、肖像权纠纷案。该案涉及言论自由与隐私权(或名誉权)的冲突。法院认为,"公安机关在向新闻媒体提供侦破案件的相关资料,供新闻媒体用于新闻报道时,应尽谨慎注意义务以保护他人合法权益。未尽此义务导致他人名誉权受到侵犯的,应承担相应的民事责任。公安机关侦查行为的合法性、配合新闻媒体进行法制宣传的正当性以及新闻媒体自身在新闻报道中的过失,均不构成免除公安机关上述民事责任的法定事由"①。

另外,这种权利冲突也可以表现为权利人因权利滥用而不受保护。例如,在建筑物拆除案中,上诉法院认为:"被上诉人所有 4 栋楼房占有系争土地,宽仅 2 公尺余,长则约 20 公尺,有勘验笔录足凭。参诸上诉人提出之现场照片,如将该建筑物占有系争土地部分(即各 10—13 平方公尺地上建筑物)拆除,势沿其面向道路部分包括屋柱与隔邻之墙壁垂直切割拆除,必影响全栋建筑结构体之安全。上诉人主张,仅拆除阳台,与安全无涉,不足采信。系争土地的目为道,由上诉人收回,亦不能作为建筑用地,或做其他有经济效益之用途。被上诉

---

① 《李海峰等诉叶集公安分局、安徽电视台等侵犯名誉权、肖像权纠纷案》,载《中华人民共和国最高人民法院公报》2007 年第 2 期。

人辩称,上诉人之请求为权利滥用云云,自属可取。"①显然,在本案中,法院是根据财产利益之间的大小来进行利益衡量的。由于已建成之建筑物的利益大于系争土地的所有权人的利益,致使法院认为上诉人(即土地所有权人)是滥用权利,驳回其诉讼请求。可见,在具体案件中进行异质利益衡量时,法律价值或者利益评价机制会不断渗入。这些价值渗透往往会以行为规范或裁判规范的方式进入。也就是说,法院可以通过"禁止权利滥用"或侵权的行为规范的方式强行介入,判决不当行为人承担相应的民事责任。

总之,权利自由行使的两面性,正如法国 1789 年的《人权宣言》第 4 条所言,"自由在于每个人都能做不伤害他人的事"。也就是说,每个人对自己自然权利的行使,仅以社会上的其他成员也能享受同等权利为界。在一个社会中,一个人的自由不能以另一个人的自由为代价,必须遵守诚实信用、权利不得滥用、不得违反公序良俗以及不得损害公共利益的基本行为规范。

(四)小结:利益衡量需要的是社会共识,不是公度性

利益衡量在法律适用的展开过程中,是存在法律共识的。这种共识是人类社会对法律秩序的共识,是抽象的共识,体现为自由、秩序、正义与效率等价值共识,也体现为对利益位阶的基本共识,还体现为人类基本行为规范的共识。在这一抽象的共识中,其内在的逻辑结构是,法律调整的是人与人之间的关系,既涉及人的行为,又涉及行为指向的对象。利益位阶反映的是法律关系客体——利益之间的关系;而行为规范反映的是法律关系内容——权利行使。利益位阶共识与行为规范共识共同统一于基本的价值共识之中。正是这种最基本的社会共识,而不是异质利益之间的公度性,为利益衡量提供了最坚实的基础。

---

① 黄立:《民法总则》,中国政法大学出版社 2002 年版,第 506 页。

四、异质利益衡量的规则基础:存在具体的制度共识

一个法律制度由法律理念与具体规则共同组成。① 法律理念是该制度的法律目的、社会功能、制度利益等,通常借助于一般性条款呈现出来。而具体规则是在该制度理念指引下的具体规定,如违约责任的规定、侵权责任的构成要件等。从利益衡量的角度看,立法过程的实质是不同的利益主体之间争夺利益的过程。随着立法工作的完成,不同利益群体所争夺的利益结果固定为某一具体法律制度的制度利益。② 这一制度利益是立法者经过立法程序确立的,承载着该法律的价值与目标,法官在具体案件的裁判过程中应该加以遵守,除非该制度所体现的制度利益已经违反了社会公共利益。③ 无论是制度利益,还是社会公共利益都对利益衡量产生了重要影响。

利益衡量是法律适用过程中的衡量,某一法律制度中的制度理念与具体规则自然会对其产生直接影响。本书以财产利益之间的衡量为例,根据法律制度是否允许以通约性为标准进行利益衡量,分不同情况进行讨论。

(一)法律制度允许以公度性为基础的利益衡量

有些不同的财产利益之间,由于它们之间具有天然的公度性(通约性),可以进行利益衡量。最常见的可行办法是,通过价值的大小比较完成利益衡量。例如,1 张桌子价值 2000 元,1 把椅子价值 500 元,通过数值的比较发现 2000 元 > 500 元,所以,得出结论是 1 张桌子的

---

① 参见梁上上:《利益衡量的界碑》,载《政法论坛》2006 年第 5 期。
② 参见梁上上:《利益的层次结构与利益衡量的展开》,载《法学研究》2002 年第 1 期。
③ 同上注;另参见梁上上:《制度利益衡量的逻辑》,载《中国法学》2012 年第 4 期。

价值更高。

以价值通约性为基础的比较,在法律适用上的适例是共同海损。共同海损,是指在同一海上航程中,船舶、货物和其他财产遭受共同危险,为了共同安全,有意地合理地采取措施所造成的特殊牺牲、支付的特殊费用。① 也就是说,当自然灾害、意外事故或者其他特殊情况危及了船舶和货物的共同安全时,若不及时采取措施,则船舶和货物就有灭失或损坏的危险。为了使船舶、货物或其他财产免遭损害而作出的物质上的特殊牺牲或者费用上的额外支出,可以列为共同海损。在共同海损中,船长可以有意地采取措施造成船舶或货物的损害。例如,当船舶遭遇触礁、搁浅等海难事故时,船长为了使船货免遭沉没危险,或为了使其重新起浮而将部分货物抛弃,则被抛弃货物的货主可以向船方和其他货方请求分摊共同海损。又如,为了避免因船舶触礁、沉没或者火灾导致更大的损失,船长有意搁浅,主动将船舶驶往浅滩或者将其凿沉在浅水区。只要这种搁浅是为了船货或者其他财产的共同安全,则由于有意搁浅所致的船货或其他财产的损失,均可以作为共同海损。但是,船长采取的措施应当是合理的,是以最小的牺牲换取船货安全最大效果的措施。② 当然,共同海损措施涉及的问题会非常复杂。不但涉及船舶,也涉及货物;不但涉及货物的重量,也涉及货物的体积;不但涉及风浪与天气变化,也涉及火灾等事故。可见,这就是一种利益衡量,以最小的损失换取最大的利益。

(二)法律制度不允许以公度性为基础的利益衡量

在同质利益的衡量中,并不一定是按照价值的数量大小来比较的。或者说,大量案件中存在的并不是简单的"量"上的比较,而是"质"的比较。也就是说,按照法律背后所蕴含的价值做出选择,这一

---

① 参见《海商法》第 193 条。
② 参见司玉琢:《海商法专论》,中国人民大学出版社 2010 年版,第 304 页。

价值选择通过制度利益体现出来。在同质利益衡量的过程中,制度利益扮演重要角色。

1. 普通同质利益的衡量

有时,需要加以衡量的利益的性质是相同的,但是法律制度不允许根据通约性来进行利益衡量。

在合同法领域,当出卖人就同一普通动产订立多重买卖合同,在买卖合同均有效的情况下,买受人均要求实际履行合同的,哪一买受人可以取得该动产的所有权?根据《最高人民法院关于审理买卖合同纠纷案件适用法律问题的解释》(2012年,以下简称《买卖合同司法解释》)第9条的规定,应当按照以下情形分别处理:

(1)如果有一方已经先行受领交付该动产,则其取得所有权;

(2)如果各买受人均未受领交付,则先行支付价款的买受人请求出卖人履行交付标的物等合同义务的,应予支持;

(3)如果各买受人均未受领交付,也未支付价款,则依法成立在先合同的买受人请求出卖人履行交付标的物等合同义务的,应予支持。

这一多重买卖合同涉及的都是债权,按照债权平等的原则,根据同质利益的通约性规则,不同买受人之间似乎应当按照其债权比例来请求交付。显然,这种方法并不可取。[①] 那么,《买卖合同司法解释》为什么采取这样的顺序呢?这是因为涉及不同的规则基础:(1)法律已经确立的一般规则是:普通动产标的物的所有权自标的物交付时发生转移。[②] 所以,如果某一买受人已经受领该动产,那么该动产所有权已经发生了变动,出卖人失去了该物的所有权,而他取得了该标的物所有权。(2)在各买受人都没有受领交付时,该物的所有权依然为出

[①] 这种平等受偿的方法主要适用于破产清算的场合。

[②] 我国原《合同法》(1999年)第133条规定,标的物的所有权自标的物交付时起转移,但法律另有规定或者当事人另有约定的除外。我国《民法典》(2020年)第224条规定,动产物权的设立和转让,自交付时发生效力,但法律另有规定的除外。

卖人所享有,所有的买受人均未取得所有权。哪一方买受人的利益更值得法律保护呢?如果某一买受人已经支付了价款,这意味着其已经履行了买卖合同的义务,不但出卖人的利益可以获得更为坚实的保护,也符合合同法所倡导诚实信用原则,还符合法律的效率理念与价值。所以,先行支付价款的买受人可以取得该物的所有权。(3)如果各买受人均未受领交付也未支付价款,但均要求实际履行合同的,如何处理?基于债权平等原则,他们之间似乎没有先后顺序。此时,只能按照"先来后到"的时间顺序来处理。这是人世间最朴素的行事规律。所以,以成立合同的先后来确定所有权的取得顺序是妥当的。

在物权法领域也存在类似情形。当同一财产向两个以上债权人抵押,存在两个以上的抵押权时,拍卖、变卖该抵押财产所得的价款应当按照什么顺序清偿债权?根据《民法典》第414条的规定,应该依照下列顺序清偿:

(1)抵押权已经登记的,按照登记的时间先后确定清偿顺序;

(2)抵押权已经登记的先于未登记的受偿;

(3)抵押权未登记的,按照债权比例清偿。

按照这一顺序清偿债权的规则基础在于抵押权的设立规则。该规则是:以建筑物和其他土地附着物、建设用地使用权、海域使用权以及正在建造的建筑物、船舶、航空器抵押的,自抵押权自登记时设立;以动产抵押的,抵押权自抵押合同生效时设立,但是未经登记不得对抗善意第三人。[①] 也就是说,不动产抵押权的设立必须登记才能产生法律效力,有的动产抵押权虽然已经设立,但没有登记不能产生对抗善意第三人的效力。按照公示公信原则,特殊动产的抵押权设立顺序

---

① 《民法典》第402条规定,以本法第395条第1款第1项至第3项规定的财产或者第5项规定的正在建造的建筑物抵押的,应当办理抵押登记。抵押权自登记时设立。

《民法典》第403条规定,以动产抵押的,抵押权自抵押合同生效时设立;未经登记,不得对抗善意第三人。

与登记顺序不一致的,以登记顺序为准。由于抵押权登记顺序是可以确定的,所以,抵押权已登记的先于未登记的受偿。在抵押权都已经登记的情况下,按照登记的先后顺序清偿;顺序相同的,按照债权比例清偿。但是,抵押权未登记的,按照债权比例清偿。可见,这一清偿顺序中,公示公信原则发挥着根本性的作用,与债权的数值大小没有关系。

从这两种不同的例子看,即使是同质利益之间的衡量,其所关注的并不是具体利益的数值大小,而是其背后承载的规则利益。

2. 异化同质利益的衡量

有时,虽然两种需要衡量的利益性质上属于同类,但已经不再是原先意义上的利益,而是发生了某种程度的变异。这是异化的同质利益之间的衡量。

善意取得是这方面的妥当例子。善意取得是以日耳曼法为契机发展而来的。近代以来,大陆法系各国继承了日耳曼法的善意取得制度。[①] 根据我国《民法典》第 311 条[②]的规定,无处分权人将不动产或者动产转让给受让人的,所有权人有权追回,但法律另有规定的除外。如果受让人受让该不动产或者动产时是善意的,以合理的价格受让,而且转让的不动产或者动产依照法律规定应当登记的已经登记,不需要登记的已经交付给受让人。那么,受让人取得该不动产或者动产的所有权。当然,受让人取得所有权的,原所有权人有权向无处分权人请求赔偿损失。

[①] 参见黄松有主编:《〈中华人民共和国物权法〉条文理解与适用》,人民法院出版社 2007 年版,第 327 页。

[②] 《民法典》第 311 条规定:无处分权人将不动产或者动产转让给受让人的,所有权人有权追回;除法律另有规定外,符合下列情形的,受让人取得该不动产或者动产的所有权:(1)受让人受让该不动产或者动产时是善意的;(2)以合理的价格转让;(3)转让的不动产或者动产依照法律规定应当登记的已经登记,不需要登记的已经交付给受让人。受让人依照前款规定取得不动产或者动产的所有权的,原所有权人有权向无处分权人请求赔偿损失。当事人善意取得其他物权的,参照前两款规定。

显然,这是利益衡量的产物,其实质是动态利益优先于静态利益。有人认为,物权是目的,债权从来只是手段。前者是静的要素,后者是动的要素。在前者占主导地位的社会里,法律社会呈静态;在后者占主导地位的社会里,法律生活呈动态。以所有权为中心的中世纪的社会形式是静态的,今天资本主义法律形式已完全变为动态的形式。债权已不是取得对物权和对物利益的手段,它本身就是法律生活的目的。经济价值不是暂时静止地存在于物权,而是从一个债权向另一个债权不停地移动。① 所以,债权在近代法中占优越地位。② 在市场经济中,保护合同当事人的信赖利益,实际上就是保护交易安全。一旦交易安全缺乏保障,则任何一个进入市场进行交易的人,在购买商品或者在财产上设定权利时,都需要对该财产的权属进行调查,以此来排除从无权处分人处取得财产以及相应权利的可能性。显然,这会提高交易成本,不利于市场经济的发展。从深层次看,动态利益与静态利益所承载的制度利益是不同的。在这两种不同的利益选择中,法律选择了动态利益,其目的在于保护占有或登记的公信力,保护交易安全,鼓励交易,维护商品交易的正常秩序,促进市场经济的有序发展。

可见,利益衡量所关注的并不是不同利益之间的数值大小,而是其所体现的制度利益,以及该制度利益是否与社会公共利益相一致。

(三)小结:利益衡量需要的是制度共识,不是公度性

法律适用中的利益衡量是建立在具体法律制度的共识之上的。具体法律制度的共识是在立法过程中,不同的利益派别在不断地利益争夺中通过民主的方式达成的,并最后公之于众,成为人们法律适用的基础。在法律适用上强调公度性(通约性)的绝对地位,不但会对利

---

① 参见〔德〕G.拉德布鲁赫:《法哲学》,王朴译,法律出版社2005年版,第145—146页。
② 参见〔日〕我妻荣:《债权在近代法中的优越地位》,王书江、张雷译,中国大百科全书出版社1999年版,第7页。

益衡量造成不必要的困惑,也是一种"痴人说梦"的表现。在公度性(通约性)理论中,只看重事实上的衡量,即数量上的衡量,而忽视对法律制度背后价值基础的衡量。事实上,大多数情况下,利益衡量是基于法律制度或者法律规则,对各方当事人的利益进行衡量,并不只是进行数量上的简单比较。这是因为,规则承载着这一法律制度的制度价值,制度价值才是利益衡量的基础。

需要注意的是,法律共识其实是由两个层次的内容共同构成的,即具体层面上的制度共识与抽象层面上的价值共识。其实,自由、秩序、正义与效率体现的是社会基本价值秩序,是法律社会赖以存在的基础,是利益衡量的原点与根源,抽象程度最高,是抽象层面上的价值共识。相反,某一具体法律制度的制度利益和具体规则属于具体的价值秩序,其抽象程度较低,是具体层面上的制度共识。某一制度价值既要体现出公平正义等基本的价值秩序,又要通过具体法律条文可以被清楚地感知。此时,公平正义等已经深深地隐藏在该法律制度的背后,已经让位于具体的制度利益。[①] 这两种不同层次的共识要相互配合、形成协力,共同构成异质利益衡量的坚实基础。所以,利益衡量需要的是法律共识,不是公度性,也不是通约性,更不是数值上的简单比较。

五、异质利益衡量的程序:优势利益的制度性选择机制

(一)诉讼程序是异质利益的选择机制

为了能够获得较为客观的结论,异质利益衡量应该在一个程序结构中发挥作用。这个程序结构能够有效地执行其最基本的任务——根据法律没有偏私地贯彻正义,推动社会公共利益的最大实现。诉讼

[①] 参见梁上上:《利益的层次结构与利益衡量的展开》,载《法学研究》2002 年第 1 期;梁上上:《制度利益衡量的逻辑》,载《中国法学》2012 年第 4 期。

程序正是实现这一目的的保障,其实质是双方当事人利益的选择机制。正如 N. 卢曼所指出的,"所谓程序,就是为了法律性决定的选择而预备的相互行为系统"①。众所周知,法律规范是抽象的,而需要法官作出裁决的案件是具体的。在抽象的规范与具体的案件之间存在鸿沟,需要有效的选择程序来充填弥合。但在现代社会中,这种选择不是任意的、无限制的。换言之,程序排斥恣意,却并不排斥选择。程序是与选择联系在一起的。可以说,程序的本质特点既不是形式性也不是实质性,而是过程性与交涉性。②

民商事案件裁判的作出,需要经过相应的诉讼程序。在这一过程不断展开与推进中,争议双方当事人可以充分利用相应程序与技术来实现自己的利益最大化。从利益衡量的角度看,其实质是双方当事人不断地向法官表述自己的利益观点,试图说服法官来实现和保护自己的利益,而法官则利用这一程序对双方当事人的利益进行仔细衡量,选择值得或应当优先保护的利益。这一制度性安排其实就是利益选择机制。但是,这一选择机制是制度化的法律程序,是论证程序与权衡程序,是双方当事人可以充分施展其论辩技术的程序。所以,诉讼程序对异质利益衡量意义十分重大,它既是双方当事人的利益表达机制与竞争机制,也是法官对该案所涉及利益的选择机制与披露机制。

(二)当事人之间的利益表达与利益竞争机制

对争议的双方当事人而言,诉讼程序就是不同利益主体进行充分地利益表达,并展开利益竞争的过程。在起诉环节中,起诉状或答辩状是争议各方的利益表达书。它既是向对方当事人提出自己的利益诉求,更是向法院提出自己的利益主张。当然,这只是一种初步的表

---

① Niklas Luhmann, *Rechtssoziologie*(2, erw, Aufl.), Westdeutscher Verlag, 1983, S. 141. 转引自季卫东:《法治秩序的建构》,中国政法大学出版社 1999 年版,第 18 页。
② 参见季卫东:《法治秩序的建构》,中国政法大学出版社 1999 年版,第 20 页。

达,可作一定范围调整或者变更。在诉讼程序的渐次展开过程中,争议双方通过辩论来强化各自的利益诉求,弱化或反驳对方的利益诉求,达到请求或说服法院来支持己方利益的目的。在这一过程中,双方还会利用一些诉讼技巧,以实现自己的利益。这些程序服务于对决定来说重要的事实,为参与者提供陈述其意见和利益的机会,控制、决定承担者以及他们作出决定的方式和形式,以及最终使决定合法化。也就是说,使所涉及的人能够接受这一决定。①

(三)法官的利益选择机制

对法官而言,诉讼程序是对具体案件逐步形成利益共识并选择优势利益的过程。开庭审理是民事诉讼的中心环节,是法院行使审判权与当事人行使诉讼权利最集中最重要的阶段。它使当事人双方能够充分行使主张与抗辩的权利,对当事人提出的证据予以质证,明确当事人之间的争议、查明案件事实,明确权利义务关系,并最终作出裁判。在这一过程中,当事人意见,特别是律师意见具有重要的参考意义。因为双方的律师都是具有法律专业知识的行家,对案件的事实与相应的法律规范都有能力做出较为专业的分析与思考,法官可以从律师的代理词等方面取得相关的论证依据和裁量依据。法官在不断地比对、试错与论证中选择有说服力的结论。

从利益衡量的角度看,在法官的利益选择过程中,以下程序机制可以确保衡量结论的妥当性。

1. 法官中立与利益的公正选择

法官的中立原则要求法官必须在社会上和职务上都具有独立

---

① 参见〔德〕托马斯·莱塞尔:《法社会学导论》(第5版),高旭军等译,上海人民出版社2011年版,第193页。

性。① 法官在审理案件的过程中,应当保持独立,避免受到政府内外各种权力的不当干涉。同时,也应该保持中立,对双方当事人都同等对待,不偏不倚,不能对某一方过于关照,而对另一方过于严苛。法官的中立性有利于防止法官的裁决受到其自己的利益、成见以及其他不客观动机的影响。换言之,法官作为中立第三方,需要倾听双方当事人的意见,对他们提出的利益主张进行分析,与既定的法律规范进行比对,对双方的利益进行反复的权衡,最后得出哪一方获胜的结论。

2. 合议庭制度与利益的正确选择

在现代社会的法律诉讼中,合议庭审理为原则,独任制审理为例外。独任法官缺少共同讨论与监督的合作同事。相反,合议庭能够比一个法官更全面和更可靠地对案情做出评价。他们的讨论、监督和团体合作为裁判的正确性提供了更高的保障。合议庭全体成员平等参与案件的审理、评议和裁判,依法履行审判职责。② 每一个合议庭都有审判长,但他并没有比其他审判员享有更多的权力。③ 开庭审理时,合议庭全体成员应当参加审理,不得缺席、中途退庭或者从事与该庭审无关的活动。④ 评议案件时,合议庭成员应当针对案件的证据采信、事实认定、法律适用、裁判结果以及诉讼程序等问题充分发表意见。⑤ 除提交审判委员会讨论的案件外,合议庭对评议意见一致或者形成多数

---

① 参见〔德〕莱因荷德·齐柏里乌斯:《法学导论》(第 4 版),金振豹译,中国政法大学出版社 2007 年版,第 123 页。
② 参见《最高人民法院关于进一步加强合议庭职责的若干规定》(法释〔2010〕1 号)第 1 条。
③ 参见〔德〕奥特马·尧厄尼希:《民事诉讼法》(第 27 版),周翠译,法律出版社 2003 年版,第 39 页。
④ 参见《最高人民法院关于进一步加强合议庭职责的若干规定》(法释〔2010〕1 号)第 5 条第 1 款。
⑤ 同上注,第 6 条第 1 款。

意见的案件，依法作出判决或者裁定。① 法律设置合议庭的目的就是在法官之间形成一种互相商讨机制与互相监督机制，这不但可以避免法官偏听偏信，也是弥补单个法官裁判上的智慧不足，或者避免因考虑不周造成疏忽，做出错误的选择。

3. 陪审团机制与利益的社会价值

法官行使司法权的时候要深入地了解社会的价值，并且顺应变化着的社会需要。② 在我国，通过人民陪审这个"媒介"，使司法可以依法吸收社情民意，使社情民意可以正当影响司法，进而实现司法与社会的良性互动。③ 也就是说，引入陪审团，可以凭借陪审团成员的多元化，把社会公众的利益评价、利益倾向带到法庭，架起法院与社会沟通的桥梁，从而避免法官脱离社会现实。

美国具有较为成熟的陪审团制度④，但我国也有较为庞大的陪审员队伍。⑤ 第一审刑事案件被告、民事案件原告或者被告、行政案件原告都可以申请陪审员参加合议庭审判，法院也可以直接决定由陪审员

---

① 参见《最高人民法院关于进一步加强合议庭职责的若干规定》（法释〔2010〕1号）第7条第1款。

② Benjamin N. Cardozo, the Nature of the Judicial Process, Feather Trail Press, 2009, p. 30.

③ 参见杨维汉、郑良：《让普通群众协助司法、见证司法、掌理司法——最高人民法院常务副院长沈德咏谈人民陪审员制度》，载 http://www.gov.cn/jrzg/2010 - 05/14/content_1606276.htm。

④ 西方的司法制度都与陪审团制度存在渊源，世界上曾经存在各种形式的陪审团。早在公元前5—前6世纪，雅典就采取陪审团制度。不过，现代意义的陪审团起源于英格兰。目前，除英语国家外，奥地利等许多非英语国家也实行该制度，但是已经明显衰落。如今，英国所有进行无罪抗辩的严重刑事案件采用小陪审团审判，美国则仍然普遍流行陪审团审判。大陪审团与小陪审团的主要区别在于，前者并不决定被告是否有罪。参见〔美〕亨利·J. 亚伯拉罕：《司法的过程》（第7版），潘伟江、宦盛奎、韩阳译，北京大学出版社2009年版，第117—119页。

⑤ 最高人民法院原常务副院长沈德咏指出，进一步扩大人民陪审员规模，力争将全国法院人民陪审员数量增至20万人左右。参见李娜：《最高法提出两年内人民陪审员数量翻番》，载 http://www.legaldaily.com.cn/index_article/content/2013 - 05/23/content_4486976.htm? node = 5955。

与法官共同组成合议庭。① 陪审员参加合议庭评议案件时,有权对事实认定、法律适用独立发表意见,并独立行使表决权。合议庭评议案件时,先由承办法官介绍案件涉及的相关法律、审查判断证据的有关规则,后由陪审员及合议庭其他成员充分发表意见,审判长最后发表意见并总结合议庭意见。② 可见,通过这两个机构的利益商谈与权衡,可以通过简单多数或者绝对多数等民主决策程序,较好地遴选出应该获得法律保护的利益,也就是社会容易接受的利益,从而决定哪一方的利益应该获得保护。

(四)裁判文书中的利益衡量披露机制

由于利益衡量过程具有较强的主观性,存在较大的自由裁量空间,所以需要法官把这一利益衡量的具体过程披露出来。也就是说,法官应当在其裁判书中披露:涉及双方当事人的利益各有哪些;本案所涉及的群体利益是什么;该法律制度的制度利益是什么;社会公共利益是什么;当事人利益、群体利益、制度利益与社会公共利益等不同利益之间的层次关系如何,是否互相匹配。③

从利益衡量的说理机制看,需要法官能够把利益衡量的具体过程在判决书中展现出来。披露利益衡量的具体过程,不但可以增强对当事人的说服力,使败诉方遵守该判决所决定的最终结果;也可以使社会公众有机会了解法官的裁判思路,以规划他们的社会生活;还可以使法学研究者了解法律的现实生态,与实务界一起为法律进步贡献智慧。从法律本身来看,正是通过判例的不断累积,推动法律一步一步

---

① 参见《最高人民法院关于人民陪审员参加审判活动若干问题的规定》(法释〔2010〕2号)第1条、第2条第1款。
② 同上注,第7条第1款、第8条。
③ 参见梁上上:《利益的层次结构与利益衡量的展开》,载《法学研究》2002年第1期;梁上上:《制度利益衡量的逻辑》,载《中国法学》2012年第4期。

向前发展。

需要注意的是,不同国家由于其历史沿革不同,所处的社会环境不同,经历的经济发展阶段不同,法律制度不同,使得法院裁判书的说理风格也有很大的不同。从世界各国最高法院的裁判书风格看,法国与美国处于两极。① 法国最高法院的判决一般都非常简短、概要,常常是寥寥数行。而美国的判决则会将争议问题作详尽讨论与论证。美国法官常常对制定法可以提出可选择的不同解读,并基于语义论点和其他解释论点在不同的解读之间做公开选择。② 美国的判决意见书非常完整、全面,法律专家可以凭借其内容判断其在法律适用上的正确性,而无须求助于其他文件、材料,或者其他法院和当事人都未曾提及的准用性法律。③ 在德国,与联邦宪法法院所作出的判决不同,民事诉讼的表决情况(不写名字)不允许在判决书中揭示,法官也不允许将不同意见公开。④ 我国的情况与此类似,也不允许公开法官的不同意见。但是,这不利于利益衡量的精细化与客观化。公开是专断的天敌,说理充分的裁判书可以促进公平正义。就我国而言,对于疑难案件,只有把利益衡量的过程以及最后决定展示出来,才能推动法律的进步。

(五)小结:程序为利益衡量提供制度理性

法官审理案件的结果在很大程度上是由整个制度结构以及作出裁决所依据的规则决定的。应该说,当人们把程序法与实体法作为相

---

① Robert S. Summers and M. Taruffo, Interpretation and Comparative Analysis, in Neil MacCormick and Robert S. Summers, ed., *Interpreting Statutes: A comparative Study*, Dartmouth Publishing Company Ltd., 1991, pp. 490 – 508.

② 参见张志铭:《法律解释操作分析》,中国政法大学出版社1999年版,第210页。

③ Robert S. Summers, Statutory Interpretation in the United States, in Neil MacCormick and Robert S. Summers, ed., *Interpreting Statutes: A comparative Study*, Dartmouth Publishing Company Ltd., 1991, p. 445.

④ 参见[德]奥特马·尧厄尼希:《民事诉讼法》(第27版),周翠译,法律出版社2003年版,第39—40页。

互独立而又相互联系的两个法域时,程序正义与实体正义就同时成为人们对程序过程与实体结果的价值要求与理念。① 在过去,人们更多的是关注审判结果与实体法的关系。程序仅仅是实现实体正义的手段,只要审判结果符合实体法的要求,审判过程的公正性是无所谓的。实际上,程序正义是法律正义的有机组成部分,程序正义与实体正义同为法律的"两个轮子",没有程序正义也就无所谓法律正义。程序正义本身具有其独立的存在价值:程序不仅具有保障实体正义实现的功能与作用,还具有使审判结果正当化,有助于消除当事人不满的功能与作用。② 利益衡量的结果与利益衡量的过程存在密切的联系。利益衡量的作出,按照符合法治国原则的行为规则进行。在法治国家中,所有利害关系人都应该有权参与利益衡量程序的公平机会,并从自己的利益角度出发来陈述事实、阐发利益和表达法律意见。经过法官裁判获得的利益衡量的结果,取得了价值客观化特性,也意味着获得了进入社会的通行证。总之,利益衡量只有在被社会大众所接受的司法程序结构中被解释与应用,其衡量结论才能够得到尊重,才能真正推动法律发展与社会进步。

六、结语:异质利益衡量的公度性难题是可解的

伯林认为,不同利益或者价值之间存在冲突,由于缺乏公度性(通约性),不同的"善"与"善"之间的冲突是无解的。他的观点或许在抽象层面是正确的,但在具体的法律适用层面却是错误的。这是因为,他忽视了利益选择过程中扮演重要角色的法官的主观能动性,没有认识到人类社会存在基本的价值共识与具体的法律制度共识,也没有认

---

① 参见张卫平:《民事诉讼法》,中国人民大学出版社2011年版,第16页。
② 同上注。

识到法律适用是存在于诉讼程序结构中的实践活动。

在复杂社会,利益之间存在冲突是必然的。但从整体看,不同利益、不同价值在社会这一结构中扮演着不同的角色、承担着不同的功能。多样性、丰富性、共存性与和谐性等共同构成社会特征,丰富多彩的社会生活更是人类社会所希望的生活世界。试图用"价格"等公度性(通约性)来处理复杂社会,是简单化的处理方法,与现实生活不符合。法律适用的实践表明:以价值公度性(通约性)为基础的数值比较在法律适用上的价值极为有限,或者说在法律适用的场合强调公度性是误入歧途。其实,法官的利益选择行为是有规律可循的。人类社会是存在基本的价值共识和具体法律的制度共识的。法律是有目的的,该目的可以指导选择。异质利益的选择是与人们的需求、目的联系在一起的,不与"具有刻度的标准"相挂钩。就异质利益衡量而言,只要建立在妥当的社会共识之上,在正当的诉讼结构中对处于不同利益层次结构中的利益进行妥当衡量,就可以获得为社会所接受的解决方案。

第五章　利益衡量的重构：基于利益的层次结构

> 在所有的改变中，方法的改变才是最大的进步。
>
> ——鲁麦林

与 19 世纪形成鲜明对照的是，20 世纪是一个极度动荡的、急剧变化的世纪，各种矛盾冲突空前激化，各种严重社会问题层出不穷。例如，出现了 30 年代席卷全球的空前的经济危机，第二次世界大战，科学技术突飞猛进，规模浩大的民主运动、女权运动、消费者运动、环境保护运动等。面对动荡社会中出现的法律上的难题，"利益衡量"是一种妥当的解决问题的方法。它作为法学思考方法，在德国 20 世纪初以利益法学派的面貌出现，60 年代后以评价法学的方式加以发展。在美国，20 世纪初受利益法学的影响以社会法学的方式主导美国法学。20 世纪 60 年代利益衡量论在日本兴起后，成为主导的司法裁判方法。① 可见,利益法学对世界法学都产生了重大影响。

随着我国社会经济的不断发展,与德国等发达国家一样,也出现了许多新的法律问题。在目前,"法律并非完美无缺,法律常常会出现漏洞"已成为法学界的常识。这样,由于这些问题往往不能从现有的法律规定中找到现成的或者妥当的答案,从而成为法律上的疑难问题。20世纪90年代,为解决法律漏洞问题,我国民法学者梁慧星教授把日本民法学者加藤一郎的利益衡量理论介绍了进来,很快成为一种流行的方法。② 应该说,利益衡量的思考方法与重视社会效果的法社会学思考方法是一致的,它有利于解决我国当前社会经济中出现的诸多法律难题。利益衡量作为一种有效的思考问题和解决问题的方法在我国的出现与存在是必然的,也是合理的。但是,无论是德国的利益法学,美国的社会学法学还是日本的利益衡量理论都有其自身的局限。针对这些问题,需要提出全新的利益衡量理论。

一、利益衡量可能导致恣意:以加藤一郎的"姘居妻"为例

"利益衡量"作为法学思考方法,20世纪60年代在日本兴起后,成为一种流行的方法。利益衡量论以价值相对主义为基础,注重甲、乙双方具体利益的比较。日本利益衡量论的首倡者加藤一郎教授指出,"对于具体情形,究竟应注重甲的利益,或是应注重乙的利益,在进行各种各样细致的利益衡量以后,作为综合判断可能会认定甲

---

① 参见段匡:《日本的民法解释学》,载梁慧星主编:《民商法论丛》(第6卷),法律出版社1995年版,第368—393页。
② 中国的利益衡量理论受日本加藤一郎的影响较大,所以本章主要对加藤理论进行评析。

获胜"①。

如何在具体的案件中进行利益衡量,作出妥当的判决?加藤先生列举了许多精当的案例加以说明。但其中的"姘居妻"的案例,又使笔者迷惑不解,以致产生对利益衡量的迷惑。这个案例是这样的:在交通事故等场合,处于重婚关系中的姘居的妻,即"二号妻"可否与配偶一样请求慰谢金?加藤先生进行了利益衡量:"无论是正式的妻,或是姘居的妻,作为实质的利益状况并无不同,姘居的妻对于夫的死有同样的悲伤、痛苦,难道不应与正式的妻同样对待吗?"并认为,"认可两人(即两妻)的请求将使赔偿额过高,于加害人不利。因此,最好在慰谢金的计算上做适当调整,由两方分享,结果使姘居妻的慰谢金请求也得到认可。这也是一种利益衡量"②。

笔者对加藤先生就这个案件所进行的利益衡量感到疑问:第一,如果正妻获得的赔偿额一定,在有正妻、姘居妻的场合,加害人所要支付的赔偿额相对于只有一妻的场合为高,对于加害人是否公平呢?第二,如果加害人所能赔偿的数额一定,正妻又把有限的本可属于自己的赔偿额分给所谓的"二号妻""三号妻",对正妻是否公平?第三,最根本的是,婚姻系采法律婚主义,只有登记才成为合法的夫妻。不经登记为非法同居,如果认可对姘居妻的赔偿,是否是对法律的践踏?这是否与一夫一妻制相违背?这种在刑法中加以禁止的重婚现象是否可以在民法中加以保护?

对本案感到惊异和疑问的同时,笔者想到了我国台湾地区对与此相类似案件的判决。几十年来,我国台湾地区审判机关在审理第三者插足干扰夫妻关系的案件中,采取的基本立场是:被害人就其所受之非财产上损害,可向侵害人请求相当金额的赔偿(财产损害可获赔偿

---

① 〔日〕加藤一郎:《民法的解释与利益衡量》,梁慧星译,载梁慧星主编:《民商法论丛》(第2卷),法律出版社1994年版,第78页。
② 同上书,第84—85页。

自不必说)。当然,关于干扰他人婚姻关系所侵害的法益经常产生变更,有时认为是侵害一般法益;有时认为是侵害夫或妻的自由权;有时认为是侵害夫妻共同生活圆满、安全及幸福的权利。①

那么,是不是日本与中国大陆、台湾地区的社会观念和法律制度有着根本的不同呢?不是。从社会伦理观念上看,日本一向比较注重婚姻关系的稳固,反对离婚,更是反对第三者干扰婚姻关系。②从日本的婚姻法律制度看,《日本民法典》第739条明确规定,实行法律婚主义,正式夫妻关系须登记。同法第732条规定,已有配偶者,不得重婚。③《日本刑法典》第183条规定,有配偶者重婚的,处二年以下徒刑。④可见,加藤一郎先生对本案所作的利益衡量远远背离了日本社会的伦理观念和婚姻法律制度,不能不说利益衡量存在很大的恣意。

那么,为什么会造成这种恣意呢?说到底,这是因为利益衡量是一种主观行为。因为:第一,从本质上看,利益衡量论主张法律解释应当更自由、更具弹性,解释时应当考虑具体案件当事人的实际利益,解释所强调的正是基于解释者个人的价值判断。很久以前,著名的巴托鲁斯(Bartolus)对某一案件都是先作出决定,然后才让他的朋友底格里努斯(Tigrinus)为他的决定从《民法大全》(Corpus Juris)中找到根据。⑤德国学者拉德布鲁赫也指出,解释就是结论——他自己的结论。只有在已经得出结论时,才决定解释手段。所谓解释手段的作用事实上只是在于事后从文本当中为已经作出的对文本的创造性补充寻求根据。不论这一创造性补充内容如何,总是会存在这样或那样的解释

---

① 参见王泽鉴:《干扰婚姻关系与非财产损害之赔偿》,载《民法学说与判例研究》,台湾大学法学丛书1979年版,第291—298页。
② 参见〔日〕北川善太郎:《日本民法体系》,李毅多、仇京春译,科学出版社1995年版,第35—37页。
③ 参见《岩波大六法》,岩波书店平成4年版。
④ 同上注。
⑤ 参见〔德〕齐佩利乌斯:《法学方法论》,金振豹译,法律出版社2009年版,第17页。

手段。比如类比推理或者反面推理,可以为其提供根据。① 在利益衡量论者看来,法的解释,直截了当地说,应当依个人的价值判断。② 可见,价值判断本身显然是一种主观行为。第二,民法当事人之间的平等互换性地位,造成了利益衡量的艰难,增加了利益衡量的主观性。如房屋出租人和承租人应保护谁? 由于双方的平等地位,体现在双方当事人的具体利益上往往难分伯仲。第三,从作用领域看,一般来说,利益衡量的作用领域在于:依利益衡量弥补不确定概念和一般条款;依利益衡量排除反对解释;依利益衡量来弥补法律漏洞。一句话,利益衡量的主要作用在于选择妥当法律解释或弥补法律漏洞。正由于存在法律漏洞,没有现存的法律可适用。这实际意味着需要建立一种新的法律制度来重新平衡当事人双方的关系,或者需要打破立法业已确立的关系平衡,重新建立新的平衡关系。这种从法律空白到法律的创设,极易造成主观上的恣意。第四,从学术渊源上看,加藤先生深受来栖三郎的影响,是在来栖三郎和尾部朝雄的主观说的基础上发展而来的。③ 实际上,加藤先生自己也认为,"利益衡量论中,有不少过分任意的或可能是过分任意的判断"④。总之,利益衡量是一种主观性极强的行为。

可以说,利益衡量的主观性本质极易造成法解释的恣意。那么,如何避免这种恣意,寻求尽可能地妥当呢? 加藤先生的答案是:分清利益衡量的界限,考虑"节制的必要性""实用的可能性"以及"应与法律条文结合"⑤。透过加藤先生所举的例子,可以看出这些是极其空泛的。以至于他自己认为:"既然最终的决定不能不取决于裁判官

---

① Radbruch,1952,S.161. 转引自〔德〕齐佩利乌斯:《法学方法论》,金振豹译,法律出版社 2009 年版,第 17—18 页。
② 参见梁慧星:《民法解释学》,中国政法大学出版社 1995 年版,第 181 页。
③ 同上注。
④ 同上书,第 338 页。
⑤ 同上书,第 336—338 页。

(健)全人格的判断,因此应要求裁判官负责任地判断。"① 可以说,加藤先生把主观说推演到了极致。对主观行为的恣意用有主观思想的人来克服,来追求判决的妥当性,恐怕只能在理论上成立,在实践上很难实现。在中国,法官素质普遍不高,判案时存在武断的情况,如果进行任意的、无拘束的利益衡量,不知会出现什么样的结果。

笔者认为,加藤先生的回答不能令人满意。仔细研究加藤先生的论文发现:利益衡量作为一种法学思考方法,其本身缺乏具体的操作方法。一般来讲,几乎每一种法哲学流派都阐述了自己的认识论和方法论。很多新的法哲学流派往往从否定旧的认识论与方法论开始,并把所主张的新的认识论与方法论作为旗帜。有些法哲学流派的名称本身就带有认识论与方法论的特征。例如,纯粹法学主张从法律中排除一切意识形态和道德因素,强调纯粹的实证分析方法。② 同样,笔者认为,利益衡量论作为方法论,必须有独特的方法。如就利益衡量来说,利益衡量的基础是什么?甲、乙双方的具体利益是什么?是如何展开的?是以什么作为参照来比较双方利益的优劣的?说到底,有没有某种规则或程序?这还要从利益的层次结构说起。

二、利益的层次结构

自法律产生以来,就一直与利益有着极为密切的关系。从最一般的意义上讲,法是国家制定或认可的,以权利与义务为内容和形式并依国家强制力保证其实现的社会规范。权利的基础是利益。也就是说,权利的基本要素首先是利益。利益既是权利的基础和根本内容,

---

① 〔日〕加藤一郎:《民法的论理与利益衡量》,第68页,转引自梁慧星:《民法解释学》,中国政法大学出版社1995年版,第188页。
② 参见信春鹰:《当代西方法哲学的认识论和方法论》,载《外国法译评》1995年第2期。

又是权利的目标指向,是人们享受权利要达到的目的(以及起始动机)之所在。① 但权利由两个要素构成,即权威与利益。② 因此,法律关系实质上也是一种利益关系,是一种权威化了的利益关系。所有的法律,没有不为着社会上某种利益而生,离开利益,即不能有法的观念存在。③ 依照以公平、正义(含平等、公正、公道等意义)为核心的一定伦理道德准则保障人们应当享有的各种权利和合理地调节人们之间的各种利益关系,是隐藏在纷纭复杂的一切法律现象后面的秘密,也是立法者在制定法律时必须考虑和解决的核心问题。

(一)利益及其层次结构

利益是一个复杂的概念,存在主观说、客观说、折中说与关系说之争。主观说认为,利益是意识的属性,是人们对于满足一定需要的意志指向。④ 客观说认为,利益从内容到形式都是纯客观的东西。⑤ 利益是人们同他人周围现实中能帮助他人作为移动的社会成员而生存、发展的对象和现象的客观关系的表现。⑥ 折中说认为,利益是主观与

---

① 参见吕世伦、文正邦主编:《法哲学论》,中国人民大学出版社1999年版,第544页。

② 但是,中外法学中关于权利的本质有不同的观点。资格说认为,权利是资格,即行动的资格、占有的资格或者享受的资格;主张说认为,权利是法律上有效的、正当的、可强制执行的主张;自由说认为,权利就是意志的自由行使;利益说认为,权利的基础是利益,权利乃是法律所承认和保障的利益,不管权利的具体客体是什么,上升到抽象概念,对权利主体而言,它总是一种利益或者必须包含某种利益,而义务则是不利或者负担;法力说认为,权利是由法律和国家权力保证人们为实现某种特定利益而进行一定行为的"力";可能说认为,权利是法律规范规定的有权人做出一定行为的可能性,要求他人做出一定行为的可能性以及请求国家强制力量给予协助的可能性;规范说认为,权利是法律所保障或允许的能够做出一定行为的尺度;选择说认为,权利意味着在特定的人际关系中,法律规则承认一个人(权利主体)的选择或意志优越于他人(义务主体)的选择或意志。参见张文显:《法学基本范畴研究》,中国政法大学出版社1993年版,第73—83页。

③ 参见〔日〕美浓部达吉:《法之本质》(第2版),林纪东译,台湾商务印书馆1993年版,第37页。

④ 参见陈志龙:《法益与刑事立法》,台湾大学丛书编辑委员会1992年版,第62页。

⑤ 参见王伟光:《利益论》,中国社会科学出版社2010年版,第80页。

⑥ 参见孙国华主编:《法理学教程》,中国人民大学出版社1994年版,第85页。

客观相统一的东西,利益的内容是客观的,表现形式是主观的。① 例如,苏联学者英特列夫指出,利益具有客观的制约性,但它的体现始终是人。所以利益是主观东西与客观东西的统一。② 关系说认为,利益就是一定的客观需要对象在满足主体需要时,在需要主体之间进行分配时形成的一定性质的社会关系的形式。换言之,利益的实质是一定社会关系的体现与反映,是人与人之间的一种利害关系。③ 也有人认为,利益是主客体之间的一种关系,表现为社会发展规律作用于主体而产生的不同需要和满足这种需要的措施,反映着人与周围世界中对其发展有意义的各种事物和现象的积极关系,它使人与世界的关系具有了目的性,构成人们行为的内在动力。④ 在我国,折中说与关系说占据主流地位,虽然它们的着重点有所不同,但是基本观点是一致的。

不同学者按不同的角度,认为利益可以有不同的分类,主要包括:利益按其发生领域,可以分为物质利益、政治利益与精神利益;按其主体不同,可以分为个人利益与公共利益,公共利益又可以分为人类利益、国家利益、民族利益、阶级利益、集体利益、家庭利益等;按其时效,可以分为长远利益、短期利益与眼前利益;按其作用范围,可以分为整体利益、局部利益与个别利益;按其实现程度,可以分为既得利益与将来利益;按其合法性,可以分为合法利益与非法利益。⑤

但是,根据利益衡量的需要,笔者把利益分为"当事人的具体利

---

① 参见王伟光:《利益论》,中国社会科学出版社 2010 年版,第 80 页。
② 转引自孙国华课题组:《论法与利益的关系》,载《中国法学》1994 年第 4 期。
③ 参见王伟光:《利益论》,中国社会科学出版社 2010 年版,第 80—81 页。
④ 参见孙国华主编:《法理学教程》,中国人民大学出版社 1994 年版,第 83 页。
⑤ 同上书,第 86 页。王伟光:《利益论》,中国社会科学出版社 2010 年版,第 81—97 页。以上两书还有其他不同分类。

益""群体利益""制度利益"(法律制度的利益)①和"社会公共利益"。而且,当事人的具体利益、群体利益、制度利益和社会公共利益形成一定的层次结构。具体地说,当事人的具体利益是案件双方当事人之间的各种利益。群体利益则是类似案件中对类似原告或类似被告作相似判决所产生的利益。② 与它们不同,社会公共利益是一个抽象的模糊的概念。国外的学者关于社会公共利益的理解是多种多样的。马克思主义经典作家的作品中总是把个人利益与社会利益联系在一起考察。当代社会法学派代表人物庞德将社会利益与"个人利益""公共利益"(相当于国家利益)相对应,提出了著名的社会利益学说。③ 也有不少人把社会公共利益与"经济秩序"联系起来考察。④ 尽管如此,但有一点是共同的,这就是它是一种独立的利益存在形式,它拥有自己的特定的主体和内容。社会公共利益的主体是公众,即公共社会。社会公共利益的主体既不能与个人、集体相混淆,也不是国家所能代替的。从内容上看,社会公共利益基本上涉及经济秩序和社会公德等

---

① "法律制度"一词在中国的法学著作中有不同的含义。有时,法律制度指有共同调整对象从而相互联系、相互配合的若干法律规则的组合,如所有权制度、合同制度等具体制度。相当于英文中的"legal institution"。有时,法律制度的含义比上述含义大得多,它包括(法律规则)又大于法,是一个国家整个法律上层建筑的系统,相当于英文的"legal system"。参见孙国华:《法理学教程》,中国人民大学出版社1994年版,第112页。本书仅指具体制度。

② 这里的群体利益与其他书籍所说的群体利益的含义有所不同。例如,王伟光认为,人们可以组成各种形式的群体,每一个特定的群体都有其相对的共同的利益。比如妇女利益、家庭利益、企业利益等。参见王伟光:《利益论》,中国社会科学出版社2010年版,第84—85页。

③ 美国学者庞德把社会利益理解为"是包含在文明社会生活中并基于这种生活的地位而提出的各种要求、需要、或愿望"。参见〔美〕罗斯科·庞德:《通过法律的社会控制》,沈宗灵译,商务印书馆2010年版,第41页。

④ 比如,认为"公共利益就是指包括产业利益在内的国民经济的健康发展,或指保护经济上的弱者";有的认为是指"以自由竞争为基础的经济秩序本身。妨碍这种经济秩序的事态,就是直接地违反公共的利益"。参见〔日〕丹宗昭信等编:《现代经济法入门》,谢次昌译,群众出版社1985年版,第91—92页。

方面。① 但是，就社会公共利益而言，我们认为，仅仅把它概括为经济秩序和社会公德是不够的，它还涉及深层的公平正义等法律理念，包含着其他如热爱和平等抽象理念。同时，社会公共利益具有整体性和普遍性两大特点。换言之，社会公共利益是整体的而不是局部的利益，在内容上是普遍的而不是特殊的利益。我国《宪法》《民法通则》等把社会公共利益与国家利益、集体利益和个人利益并列使用了，可以说是对"社会公共利益"独立性的法律承认。② 与社会公共利益相类似，制度利益也是一个模糊的、抽象的概念。它是指一项法律制度所固有的根本性利益，如婚姻制度的一夫一妻制和禁止重婚制度所表现出来的利益；著作权所要求的作品具有独创性等制度所表现出来的利益；交通法律制度所表现出来的交通安全利益。

值得注意的是，当事人的具体利益、群体利益、制度利益和社会公共利益形成一个有机的层次结构。在这个结构中，当事人利益、群体利益、制度利益和社会公共利益是一种由具体到抽象的递进关系，也是一种包容和被包容的关系。具体地说，群体利益是联系当事人利益与制度利益、社会公共利益的桥梁。因为民事主体双方地位平等，极易陷入当事人双方的具体利益的细微衡量之中，在利益取舍上产生"保护谁的利益可以或不保护谁也可以"的境地。群体利益具有把当事人的具体利益"放大"的功能，能结合制度利益和社会公共利益作出保护与否的判断。就制度利益而言，由于法律的价值在于追求安定性

---

① 西方法学理论上之所以有时把社会公共利益等同于经济秩序，有时又理解为"公序良俗"，是因为经济秩序和社会公德往往是相互包容、相互交叉的；经济秩序中就包含社会公德，社会公德又影响着经济秩序；经济秩序中的混乱也意味着社会公德的破坏，社会公德的破坏也就意味着经济秩序的混乱。

② 我国现行《宪法》第51条规定，公民在行使自由和权利的时候，不得损害社会的利益；第53条规定，公民必须尊重社会公德。这些是宪法原则对社会公共利益政策的概括表达。我国《民法通则》也对社会公共利益作了规定，该法第7条规定，民事活动应当尊重社会公德，不得损害社会公共利益；第55条也规定民事法律行为应当不违反社会公共利益。

和妥当性,要考虑未来类似案件的判决后果,特别是利益衡量往往因法律漏洞而出现,必然对未来类似案件产生影响。所以,对具体案件进行审判时,对制度利益所带来的影响进行评估是必要的。但是,不管怎样,所谓的群体利益、制度利益都是一定社会的存在物,必须放到特定的社会中去考察和评估。此时,当事人具体利益、群体利益、制度利益就与社会公共利益紧密地联系在一起了。而且,社会公共利益为利益衡量的支点和根基,离开了社会公共利益,就谈不上妥当的利益衡量。唯一应注意的是,社会公共利益在每个具体案件中所指的具体利益可能不同。另外,它也是随着整个社会的进步而发展变化的,不能离开具体的社会环境而空泛地谈论社会公共利益。

总之,在利益衡量时,要克服恣意,保证案件的妥当性,必须遵循利益的层次结构的规律。这种层次结构要求法官在判案过程中遵循这样的一种思维过程:以当事人的具体利益为起点,在社会公共利益的基础上,联系群体利益和制度利益,特别是对制度利益进行综合衡量后,从而得出妥当的结论,即对当事人的利益是否需要加以保护。

(二)利益层次结构的术语解释

1. 利益概念的广义性

从利益法学的学术谱系看,利益的概念从来都是采取广义的。最早的英国功利主义者边沁认为,决定法律与非法律只能根据一个对所有的利益——物质的与精神的、暂时的与永存的、限制的与将来的、个人的与普遍的等利益——谨慎的衡量,才能达成。每一个特有的法律关系都是透过这个利益特有的团体而创设下来的……这样的思想,长久以来一直是我的……基本思想。[1]边沁的利益思想深刻影响了德国

---

[1] 参见〔英〕边沁:《民事与刑事的立法原则》。转引自吴从周:《概念法学、利益法学与价值法学:探索一部民法方法论的演变史》,中国法制出版社2011年版,第9页。

利益法学的创始人耶林（Jhering）的利益观。耶林也采取利益的广义概念。他认为，用处（Nutzen）、财货（Gut）、价值（Wert）、享受（Genuß）、利益（Interesse）……概念绝对不是仅指经济上的（ökonomisch）概念而已，亦即仅指金钱及金钱价值而已；财产并不是人类必须被确保的唯一权利，在这些财产之上还有其他更高伦理形式的利益（andere und höhere Güter ethischer Art）：人格（persönlichkeit）、自由、名誉（Ehre）、家庭关系（Familienverbindung）——没有这些权益，外部可见的利益将根本毫无价值。耶林还认为，罗马人将财货的概念局限于经济意义下之利益，没有采取广义利益概念的权利定义是错误的。① 类似地，德国学者耶林的利益观不但深刻地启发了该国学者赫克（Heck），也深刻地影响了美国学者庞德关于利益的思想。② 庞德认为，利益可以看作人们——不管是单独地还是在群体或社团中或其关联中——寻求满足的需求、欲望或期望。③

的确，我们生存的社会是一个复杂社会，人们生活中的需求各不相同，利益形态也呈现千姿百态。法律保障的绝不仅仅是经济利益，而是所有不同的利益。从通常的最基本的保护纯粹的个人安全直至保护纯粹的精神物品，例如自己的荣誉和那些神权。它尤其保护着政治体制、教堂权威、家庭或者其他的权威机构，也保护着所有形式的社会优先地位。④ 同样，司法活动的客观公正性、国家工作人员职务行为的不可收买性等都属于利益。⑤ 当然，法律保障直接为经济利益提供最广泛的服务。尽管表面看来不是这种情况，或者事实上并不直接是

---

① 转引自吴从周：《概念法学、利益法学与价值法学：探索一部民法方法论的演变史》，中国法制出版社 2011 年版，第 9—10 页。
② 参见〔美〕罗斯科·庞德：《法理学》（第 3 卷），廖德宇译，法律出版社 2007 年版，第 13 页。
③ 同上书，第 14 页。
④ 马克斯·韦伯语。参见〔德〕托马斯·莱塞尔：《法社会学导论》，高旭军等译，上海人民出版社 2011 年版，第 87 页。
⑤ 参见张明楷：《法益初论》（2003 年修订版），中国政法大学出版社 2003 年版，第 172 页。

这种情况,但是,经济利益属于法律建构过程中最具有影响力的因素。因为每一个保障法律秩序的权力作出决定,都会以一定的方式得到该权力所属的社会团体的同意,而社会团体的构成又在很大程度上取决于物质利益的结构情况。① 从法律方法论的角度看,只有将利益作广义上的理解,才能使利益衡量方法的功能真正发挥出来。② 总之,对利益的概念采取广义说是可取的。

2. 利益的变形

在利益衡量中,一般是对争议各方所涉及的利益进行衡量,但时常也会出现一些"利益变形"的情况。这是因为我们所在的社会生活是复杂的,存在多种多样变化,我们对法律的认识也是多方面多角度的。观察法律问题的角度不同,意味着我们会从不同侧面对某一法律问题作不同的表述,所使用的语言也可能会有所差别。这样,在利益衡量方法的应用过程中,虽然都是关于利益方面的权衡,也就是说,其核心内容是一致的,但法官在遣词造句或者对法律问题侧重点上会有所不同,出现了"利益"的变形问题。

在有的案件中,法官是对一方所得利益与另一方所受损失之间的关系作衡量,并没有对原被告双方"纯粹意义上的利益"进行衡量。例如,在台湾地区的国王大饭店案③中,被上诉人所有的国王大饭店 11 层楼房逾越疆界,占用上诉人所有的面积为 2 平方米土地。上诉人主

---

① 马克斯·韦伯语。参见〔德〕托马斯·莱塞尔:《法社会学导论》,高旭军等译,上海人民出版社 2011 年版,第 87 页。

② 赫克认为,"利益法学使用利益这个词……只有这种包括理想利益在内的最广意义,对法学方法的目的才是有用的,它也只有在主要的意义上被使用。我必须强调,任何一种对这个词所作的质的限制(Qualitative Einschränkung)都必然会造成而且也已经造成了对这个方法彻底的误解"。转引自吴从周:《概念法学、利益法学与价值法学:探索一部民法方法论的演变史》,中国法制出版社 2011 年版,第 10 页。

③ 1994 年台上字第 2701 号。参见王泽鉴:《举重明轻、衡平原则与类推适用》,载王泽鉴:《民法学说与判例研究》(第 8 册),中国政法大学出版社 1998 年版,第 2—7 页。

张其权益受侵害。依第767条①规定,请求被上诉人拆屋还地,并赔偿相当于租金之损害金63.456万元新台币;如法院认为其不得请求被上诉人拆屋还地,则其依照第796条②但书之规定,请求被上诉人以相当之价额363.456万元购买其土地。法院认为,权利之行使,以是否损坏他人为主要目的,应就权利人因行使权利所能取得之利益,与他人及社会因其权利之行使所受之损失,比较衡量定之。倘若其权利之行使,自己所得利益极少,而他人及社会所受损失甚大者,非不得视为损害他人为主要目的,此乃权利社会化之基本内涵所必然之解释,1982年台上字第737号著有判例。③ 上诉人所有系争土地全部面积仅为3平方米,邻接于台北南京东路一段的红砖行人道,国王大饭店11层楼(大柱子)占用2平方米(其余1平方米为案外人靓师皮鞋店所占用)。上诉人索回该2平方米土地,需拆除高达11层楼的房屋(大柱子),而上诉人取回该2平方米土地后又非可供大用,其所得极少,但被上诉人所受损害甚大。据此,原审法院认为拆屋还地构成权利滥用,不应准许,上诉法院维持原判。④ 可见,在该案中,法官是对适

---

① 我国台湾地区"民法"第767条规定:"所有人对于无权占有或侵夺其所有物者,得请求返还之。对于妨害其所有权者,得请求除去之。有妨害其所有权之虞者,得请求防止之。"

② 我国台湾地区"民法"第796条规定:"土地所有人建筑房屋逾越疆界者,邻地所有人如知其越界而不即提出异议,不得请求移去或变更其建筑物。但得请求土地所有人,以相当之价额,购买越界部分之土地,如有损害,并得请求赔偿。"

③ 1982年台上字第737号案例涉及权利滥用。我国台湾地区"民法"第148条规定:"权利之行使,不得违反公共利益,或以损害他人为主要目的。"其实,在该判例前,我国台湾地区的1967年台上字第1621号判决已经基本采取了相同见解,该判决认为:"权利滥用禁止原则,于适用时,除须注意权利人于行使权利时,在主观上有无以损害他人为主要目的外,在客观上尚须综合权利人因行使权利所能取得之利益与其权利之行使对他人及整个社会可能予以之损失,加以比较衡量。"

④ 我国台湾地区"民法"第796条规定:"土地所有人建筑房屋逾越疆界者,邻地所有人如知其越界而不即提出异议,不得请求移去或变更其建筑物。但得请求土地所有人,以相当之价额,购买越界部分之土地,如有损害,并得请求赔偿。"据此,法院认为,知情而不异议,不得请求移去或变更其建筑物者,尚且得请求土地所有人购买越界部分之土地,举重明轻,并依衡平原则,不知情而得请求移去或变更其建筑物之邻地所有人,当然更不得请求移去或变更其建筑物,而请求以相当之价额购买越界部分之土地。

用某一法律规范所造成的法律后果,即"所得与所失"之间进行利益衡量,从而得出是否适用的结论。

有的案件中,法院没有对双方当事人之间的利益进行衡量,而是对双方应当承担的"责任"进行综合地衡量。这方面的适例是我国新疆亚坤案。① 在该案中,上诉人新疆亚坤公司与新疆康瑞公司于2004年1月2日签订一份《棉花购销合同》,约定康瑞公司向亚坤公司提供229级(二级)皮棉1370吨,单价每吨16 900元,皮棉质量按国家棉花质量标准 GB 1103—1999 执行,康瑞公司对质量、重量负责到底,质量、重量出现重大问题,以公证检验为准。2004年1月7日,康瑞公司向亚坤公司指定仓储地交付皮棉,其中一级棉3900包,计337.109吨;二级棉9620包,计836.838吨,两者合计1173.947吨,并提交了全部皮棉批次的出厂检验报告单。亚坤公司未就质量与数量问题提出异议,并已付清全部货款。2004年6月至2005年2月,亚坤公司将皮棉销售到广东、新疆、四川、湖北等地的公司,各地都对皮棉作了公证检验。依据皮棉公证检验证书、棉检证书,康瑞公司向亚坤公司所供皮棉为:二级皮棉1.618吨;三级皮棉523.416吨;四级皮棉564.525吨;五级皮棉21.643吨,合计重量为1111.202吨,亏秤62.745吨。双方就合同问题发生争执,起诉到新疆维吾尔自治区高级人民法院,最后上诉到最高人民法院。最高人民法院认为,"综合亚坤公司在与康瑞公司结算六个月之后才(陆续)提出质量异议、《公证检验证书》未能通知康瑞公司到场、棉花品质在次年十月以后会随着时间推移而发生变异、减等等客观情况,在兼顾平衡各方责任的基础上,本院将亚坤公司的损失确认为重量亏吨损失1 060 390元本金及利息(自2004年1月12日起至实际给付之日止按照中国人民银行同期活期存款利息计付),质量

---

① 新疆亚坤商贸有限公司与新疆精河县康瑞棉花加工有限公司买卖合同纠纷案,中华人民共和国最高人民法院民事判决书(2006)民二终字第111号,载《最高人民法院公报》2006年第11期。

减等损失 444 480.8 元"①。对于亚坤公司的其他诉讼请求,最高人民法院予以驳回。② 可见,在本案中,法官并没有对所谓的"利益"进行衡量,而是对双方的责任进行衡量,但不可否认的是,其实质是对双方当事人的利益衡量进行衡量。

3. 利益衡量的"质"与"量"

在许多国家的法学理论与法律实践中,往往存在"全有或全无原则"(Alles oder nichts Prinzip)的法律思维。依据这一原则,损害分配责任或是完全的,或是根本没有。类似地,在运用利益衡量方法时,我们也会潜意识地采取"全有或全无"规则。当然,这在大多数案件中是妥当的。但是,法律生活的复杂性决定了这种方法会存在一些问题。这是因为,每一个案件的法律事实是不完全相同的,其所处的时空背景也是不同的,在绝对的"对与错"之间,难免会出现中间地带或灰色地带。这时,利益衡量就不是"质"上的衡量,而是"量"上的衡量。所以,利益衡量除了质量上的衡量,还存在数量上的衡量。

关于"量"的利益衡量方面,"恒升电脑"案③是一妥当的案例。该案的事实是:1997 年 8 月,被告王某以所在公司名义从北京安特明公司(恒升公司代理商)购买恒升 SLIM-I 笔记本电脑一台。1998 年 6

---

① 最高人民法院认为:"关于质量减等损失的赔偿问题,本案《棉花购销合同》约定,康瑞公司向亚坤公司提供单价为 1.69 万元/吨的 229 级(二级)皮棉。根据《公证检验证书》认定的棉花普遍下降一至二个等级以及康瑞公司向亚坤公司实际交付 1111.202 吨棉花的客观事实,参照原审法院向新疆棉麻公司的咨询情况以及二审承办人向双方委托代理人的询问情况,应认定本案合同签订时的棉花等级差价为 200 元左右。在平衡双方利益的基础上,本院认定棉花减等的差价损失为 400 元×1111.202 吨=444 480.8 元,应由康瑞公司向亚坤公司作出赔偿。可见,这其实也是利益衡量的应用。"

② 双方的主要争点为:(1)关于供货数量与质量的认定。(2)关于棉花亏吨损失的赔偿问题。(3)关于质量减等损失的赔偿问题。(4)关于本案合同是否应予解除问题。(5)关于定金的认定问题。本书只就第(1)—(3)争点进行讨论。需要注意的是,在案件所涉及时间段内市场行情变化很大,与签订合同时相比,2004 年 5、6 月份以后,棉花市场价格回落,每吨相差 5000—6000 元。

③ 参见祝晓风、夏翔:《恒升电脑案余波未平》,载《中华读书报》2000 年 3 月 18 日,第 5 版。

月,王某因故障将电脑送交安特明公司维修,但被要求交纳7300元成本费。王某认为电脑尚在保修期内,应免费修理,双方发生争执。他觉得自己上当受骗,6月9日在互联网上发表《请看我买恒升上大当的过程》。同时,王某在互联网上设立名为"声讨恒升,维护消费者权益"的个人主页。恒升于同年8月免费修理好电脑。1998年8月10日,《微电脑世界周刊》发表《谁之过？ 一段恒升笔记本的公案》一文称,王某在接受采访时直言:"恒升笔记本死机频繁、温度烫手、娇气得像块豆腐。"1998年7月28日,《生活时报》发表题为《消费者网上诉纠纷,商家E-MAIL律师函》一文称:"据网上反映大多数消费者认为恒升在产品出现问题的前提下对消费者采取不负责任的态度,构成了对消费者侵权……"恒升公司认为上述三方行为侵害其名誉权,向北京市海淀区法院提起诉讼。该院根据《民法通则》第120条的规定,作出判决:(1)王某停止侵害、赔礼道歉;(2)王某赔偿恒升集团经济损失50万元;(3)微电脑世界周刊社刊登道歉声明;(4)微电脑世界周刊社赔偿恒升集团经济损失240 356.8元;(5)生活时报社刊登道歉声明;(6)生活时报社赔偿恒升集团经济损失240 356.8元。而二审法院则改判为:(一)维持一审判决(1)、(3)、(5)项;(二)撤销一审判决(4)、(6)项;(三)变更一审判决(2)项为:王某赔偿北京恒升集团经济损失9万元。就王某的赔偿数额来说,从一审50万元改为二审9万元,其实质是利益衡量的结果。有人认为,该案不仅涉及消费者利益与企业利益的衡量,也涉及个人行使权利的界限及如何建立互联网上的法律秩序问题。① 确实,王某开设个人主页的行为已超越权利行使的合理界限,构成权利滥用,但考虑到原告未履行应尽质量保证责任与维修义务而导致被告的过激行为,应认定原告也有过错,可适用《民法通

---

① 参见梁慧星:《裁判的方法》,法律出版社2003年版,第193页。

则》第131条的过失相抵规则,减轻其金钱赔偿。① 显然,就王某的赔偿数额来说,从一审50万元改为二审9万元,虽然两级法院都判定构成侵权,但赔偿数额相差很大,究其实质是对赔偿数额进行利益衡量的结果。

需要注意的是,是否存在"全有或全无"的利益衡量观念与该国的法律制度、学术传统、司法实践等存在密切关系。这可以从《德国民法典》与《瑞士民法典》的适用情况的比较中看出。就《德国民法典》而言,19世纪末的法律家阶层处处受到学说汇纂学派的渗透,而且还由此着手于技术上精雕细刻从而为未来的法典提供法律确定性。②《德国民法典》在努力谋求法律安全和法院判决的可预见性时大量地使用了精确限定的构成要件,法官的裁量范围因此受到限制。③ 与此不同,《瑞士民法典》却运用了较多的一般条款,留给法官相当大的裁量权,着意于法官的填补。④ 例如,倘若某人因为侵权行为造成一项损害,那么在瑞士依据《债法》第43条第1款规定,确定以何种方式、何种程度上给予损害赔偿便是法官的事情,法官在此"不仅对事实情况而且对过错大小予以判断"。倘若赔偿义务人既非故意又非重大过失致其损害,而其"全面履行"的履行义务又将使之陷入"危困境地"时,法官可以减轻其赔偿义务。这种为利益衡量提供便利的做法获得了广泛好评。就我国而言,《民法典》第585条第2款规定,约定的违约金低于造成的损失的,当事人可以请求人民法院或者仲裁机构予以增加;约定的违约金过分高于造成的损失的,当事人可以请求人民法院或者仲裁机构予以适当减少。这一规定很好地体现了可以进行"数

---

① 有人认为,可以判决责令王某撤销网站,并发表认错道歉声明以消除影响,但免于承担金钱责任。参见梁慧星:《裁判的方法》,法律出版社2003年版,第194页。
② 参见〔德〕K.茨威格特、H.克茨:《比较法总论》,潘汉典等译,贵州人民出版社1992年版,第321页。
③ 同上书,第316页。
④ 同上书,第316—318页。

量"上的利益衡量,我们的法官应该在司法裁判中加以灵活运用,以适应社会发展的要求。

(三) 利益层次结构的法理再解析

1. 为什么需要这样的利益层次结构

在加藤一郎的利益衡量理论中,只衡量甲乙双方当事人的利益,经过对甲乙双方的具体利益进行衡量后,得出哪一方可以获得法律保护的结论。① 但是,这种方法有时会造成困难或带来恣意,这是因为没有指出利益衡量的具体方法。换言之,如何进行利益衡量?根据什么标准进行衡量?衡量的程序或者步骤是什么?要避免这种恣意情况的出现,可以采取什么办法呢?可以从下面简单的物理问题与数学问题获得启发。

曾经的一个物理问题是,电影《闪闪的红星》的插曲《红星照我去战斗》的歌词写道:"小小竹排江中游,巍巍青山两岸走。"请问站在竹排上的小主人公潘冬子是运动的还是静止的?事实上,这一问题很难回答。为什么?众所周知,判断"某一物体运动还是静止"是需要参照物的。如果参照物是两岸青山,那么潘冬子是运动的;如果参照物是小小竹排,他又是静止的。可见,参照物的选择直接影响对运动还是静止的判断。所以,没有参照物是无法对运动与静止进行判断的。

类似的数学问题是,如何确定 A、B 点以及直线 AB 的位置?要判断 A、B 两点以及直线 AB 的位置,我们必须确定其所在的由 x 轴与 y 轴共同组成的坐标系。在该坐标系中,A 的位置处于 x 轴 1 与 y 轴 3 的交叉点上,可以表示为:A(1,3);类似地,B 点可以写为:B(2,5);AB 可以表示为:$y = 2x + 1$。它们的具体位置,可以图 2 平面直角坐标系直观地表示出来:

---

① 参见〔日〕加藤一郎:《民法的解释与利益衡量》,梁慧星译,载梁慧星主编:《民商法论丛》(第 2 卷),法律出版社 1994 年版,第 78 页。

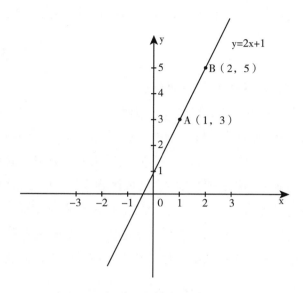

图2　确定具体位置的平面直角坐标系图

　　以上两个问题给我们的启发是：对双方当事人的利益进行衡量时，需要找到妥当的参照物或者坐标系。只有把双方当事人的利益纳入妥当的参照物或者坐标系中，才会给我们提供恰当的衡量准据。这里的参照物就是某一具体的法律制度的"制度利益"。在每一个具体的法律制度中，其需要努力实现的制度利益是客观存在的。而且，法官经过审慎判断是可以寻找到该制度利益的。在这个利益结构中，双方当事人的利益需要与该制度利益进行比对与查验，只有与该制度利益匹配或者吻合的当事人利益才能获得法律保护。此时，群体利益扮演着放大当事人利益的功能，以帮助法官发现该制度利益。但是，法律制度是存在于社会之中的，其本身也是社会存在物。在这一流动的、复杂的社会时空环境中，其是否符合社会对它的期待也是需要加以评价的。这样一来，在利益结构中，制度利益本身从原来的评价参照物转变成为一种利益客体，也成为被评价的对象。在对它的评价过程中，社会利益同样扮演着重要的参照物或坐标系角色。反观加藤的利益衡量理论,之所以会出现利益衡量恣意问题,是因为缺少用来衡量的"天平"。没有据以衡量的天平,难免会造成法官裁判的恣意。可见,如果遵循这一利益的层次结构进行审慎的利益衡量,可以有效避免利益衡量中的恣意。

2. 利益层次结构与利益的价值秩序

为避免利益衡量可能存在的恣意,许多学者提出了利益位阶理论。根据该理论,把利益分为不同的位阶,有的利益的价值位阶较高,有的利益价值位阶较低。当高阶利益与低阶利益相冲突时,高价利益获得保护,低阶利益则不能获得保护。特别是当利益位阶理论与宪法的价值秩序相连接时,可以获得很大正当性。事实上,许多国家的宪法都规定了利益的价值秩序。例如,德国《基本法》第1条就指出,"人之尊严"不可侵犯,并认为"不可侵犯与不可让与之人权,为一切人类社会以及世界和平与正义之基础"[①]。基本权利包括自由权、平等权与社会基本权利。自由权涉及言论自由、集会自由、财产自由等权利;平等权涉及男女平等、选举权等;社会基本权利要求国家提供工作岗位、适当的住房或者其他社会服务,但是会受制于国家在某一具体时期的社会经济条件。另外,还有从基本权利中生长出来的具体权利。但是,对权利位阶或者利益位阶的规整并不局限于宪法。一方面,宪法上的基本权利需要其他法律、法规的具体化规范才能真正实现;另一方面,其他法律也需要通过自身法律内部的价值秩序来使该法体系化,以彰显其规整秩序。例如,《法国民法典》第16条明确规定,法律确保人的首要地位,禁止任何侵犯人之尊严的行为。[②] 可见,人是法律

[①] 德国《基本法》第1条规定:"1.人之尊严不可侵犯,尊重及保护此项尊严为所有国家机关之义务。2.因此,德意志人民承认不可侵犯与不可让与之人权,为一切人类社会以及世界和平与正义之基础。3.下列基本权利拘束立法、行政及司法而为直接有效之权利。"

[②] 《法国民法典》第16条规定:"法律确保人的首要地位,禁止任何侵犯人之尊严的行为,并且保证每一个人自生命一开始即受到尊重。"参见《法国民法典·民事诉讼法典》,罗结珍译,国际文化出版公司1997年版。

的中心,具有最高的地位,其尊严与生命不容侵犯。而且,与个别的人相关的人类与人种也具有重要的价值位阶。① 更为重要的是,《法国民法典》明文规定,这些权利都具有公共秩序的性质。② 显然,这些是财产性权利所难以比拟的。所以,就利益的价值位阶而言,人身性权利大于财产性权利,基本权利优先于非基本权利。

就利益的价值位阶对利益衡量的影响而言,妥当的实例是"背债儿"案。③ 有一个小孩子,他父亲死后留下大笔债务,但是因为他母亲不懂法律,没有在3个月内向法院申报限定继承,也没有任何人告知他可以在继承后两个月内办理抛弃继承。在概括继承的规定下,造成该小孩没有成年就已经负担了上千万元的债务。这样的结果是,一个小孩必须在债务的阴影下生活一辈子,实在让人于心不忍。该法院认为,其父亲死亡时,小孩还只是年仅10岁的儿童,心智尚不成熟,无法正常处理其事务,其成长、发育均需要父母照顾抚育,需要仰赖明文制

---

① 《法国民法典》第16-4条规定:"任何人均不得侵害人种之完整性。旨在组织对人进行选择的任何优生学实践,均予禁止。除为预防与治疗遗传性疾病之目的进行研究外,旨在改变人的后代,对人的遗传特征进行任何改造,均予禁止。"参见《法国民法典·民事诉讼法典》,罗结珍译,国际文化出版公司1997年版。

② 《法国民法典》第16-9条规定:"本章之规定具有公共秩序之性质。"参见《法国民法典·民事诉讼法典》,罗结珍译,国际文化出版公司1997年版。

③ 台湾地区彰化地方法院2006年继1302民事裁定,法官张德宽。该裁定指出:"查本件继承人即声明人乙××(1986年10月28日生)于被继承人1996年11月4日死亡时,仅系10岁之未成年人,有户籍誊本在卷可查,其法定代理人即其母洪莉容无论系因其对被继承人遗产多寡无法了解或受家族内压力逼迫下,消极不作为而未向法院提出抛弃继承或限定继承之声明,依当然继承,使其未成年子女需承受被继承人遗留庞大之负债,客观上,已违反作为通常一般理性之人注意义务,未尽法定代理人保护未成年人利益之责。唯当通常人自身遇到危难已危及生命、身体时,本能自会抵抗或避难,以维护其基本生存之权利,遑论通常合理之一般人,认知将有不利益负担于己身,或可预见其身陷于贫困境遇,理当发挥其本能而主张其基本权利。查声明人于被继承人死亡时,仅年约10岁之儿童,其成长、发育均待父母之照顾抚育,尚无相当之智识或相当能力,得以评估继承之利益与否及责任,原有赖……明文之制度性保障其利益,唯竟因其法定代理人消极不作为或滥用亲权之行使,致使无法保护自身权益之未成年人,承担非可归责于己之不利益,显然有失……对于上述情形,本件应视为疏漏,尚难依当然继承法理而将该不利益径由未成年人之继承人完全承受,依前述法理,类推适用得于其满20岁即成年之日起二个月内,决定是否抛弃继承。"

度来保障其利益。由于其法定代理人消极不作为或滥用亲权之行使,致使无法保护自身权益。此时,相对于债权人的交易安全利益而言,未成年人利益需要获得优先保护。所以,法院认为,本案应视为法律上存在疏漏,应该类推适用中国台湾地区"民法"第 1174 条①,可以在其年满 20 岁(即成年)之日起两个月内,决定是否抛弃继承。应该说,该法确实存在法律漏洞,法院作出的这一裁定是合理的,正确处理了不同位阶的利益之间的关系,很好地保护了高阶利益。后来,该法第 1153 条②已经修改为:"继承人对于被继承人之债务,以因继承所得遗产为限,负连带责任。继承人相互间对于被继承人之债务,除法律另有规定或另有约定外,按其应继分比例负担之。"这就从根本上解决了"背债儿"的问题。

需要注意的是,利益之间抽象的价值秩序难以进行抽象比较,是因为或者涉及位阶相同的权利(例如同种人格权)之间的冲突,或者涉及的权利如此歧异,根本无法比较。例如,个人自由权与社会法益(如国民健康)的冲突,新闻自由与联邦共和国的安全利益之间的冲突。③ 所以,需要在具体的案件进行个案式利益衡量。也就是说,在承认利益与利益之间存在一定的价值位阶的基础,更应该寻找该案所指向的制度利益,强调利益之间在层次结构上的递进关系,根据不同层次上的评价标准与参照体系,对不同利益之间的冲突进行衡量。

---

① 中国台湾地区"民法"第 1174 条规定:"继承人得抛弃其继承权。""前项抛弃,应于知悉其得继承之时起二个月内以书面向法院为之。并以书面通知因其抛弃而应为继承之人。但不能通知者,不在此限。"
② 中国台湾地区"民法"第 1153 条修改前的文字为:"继承人对于被继承人之债务,负连带责任。""继承人相互间对于被继承人之债务,除另有约定外,按其应继分比例负担之。"
③ 参见[德]卡尔·拉伦茨:《法学方法论》,陈爱娥译,商务印书馆 2003 年版,第 285 页。

三、利益层次结构的生成

(一)利益层次结构的生成

实际上,在成文法国家,立法过程也是一个利益衡量的过程。因为社会是一个矛盾的复杂体,也是一个利益的复杂体。立法的目的也就在于公平合理地分配与调节社会利益、不同群体的利益和个人利益以协调社会正常秩序,促使各种不同利益各得其所,各安其位,避免相互冲突,做到相互协调,从而促进社会的进步和发展。在成文法国家,法律条文不是孤立制定的,是立法者对社会上各种现存的利益和将来可能产生的利益加以综合平衡的结果,其本身就包含一定社会整体对公平和正义的具体理解。这种经过各方平衡的利益凝固于具体法律制度之中,通过制度利益表现出来。并且,一旦凝固于具体法律制度之中,其制度利益也就成为该法律制度的一个不可分割的属性。而且,该法律制度利益就成为脱离于立法时的平衡的各种利益的独立存在物。这种利益衡量,相对于法律适用中的利益衡量,可以称为"第一次利益衡量"。

需要指出的是,在我国情况有所不同。长期以来,中国国家和社会不分,国家垄断社会一切资源,各个不同阶层、群体并未能够形成具有强大社会权力的利益集团(即外国所谓的议会之外的"压力集团")。人民作为一个利益一致的主体,同对立阶级的利益相区别,人民内部利益矛盾较单纯也不突出。因此,立法机关并不受这些利益集团的影响。现在,由于改革开放的不断前进,人民内部出现利益分化、利益群体多元化的格局;社会各种利益要求也处于不断变动之中。今后,随着市场经济的发展,不同的利益群体乃至有组织的利益集团的形成,如企业家协会、消费者协会以及原有的工会、妇联等人民团体都能独立自主地行使自己的社团权利和社会权力,以维护其所联系的社会成员的利益,必然会向立法机关提出其利益主张,要求立法的保障,从而影响立法的决策。从这个意义上讲,立法是各种利益衡量的结果。这种结果最后就凝固在具体法律制度之中,并且通过制度利益表现出来。

事实上,我国已经发生不同利益主体在立法过程中为本集团利益而互相争夺的现象。其中,典型例子是破产法立法过程中关于破产企业职工工资与银行抵押贷款的清偿顺序问题。第一种方案是,经抵押的银行贷款应当优先于职工工资等债权。这是由中国人民银行等银行界代表提出的,代表的是银行界的利益。其思路是,将职工债权放在破产清偿顺序中的第一顺位。也就是说,破产财产在支付破产费用和共益债务后,首先要清偿职工债权。但是,银行等担保权人享有优先受偿权,即对破产人的特定财产享有担保权的权利人,对该特定财产享有优先受偿的权利。担保权人的这一权利称为别除权,可以不依照破产程序行使,享有绝对优先的地位。事实上,破产企业破产财产中的大部分都设定了担保。在担保权人行使了优先受偿权以后,破产财产所剩无几。职工债权虽然享有优先地位,但实际上仍然难以得到真正清偿。第二种方案是,职工工资应当优先于银行抵押权。这是由中华全国总工会等社会团体代表提出的,代表的是职工利益。其存在的缺点是,如果法律规定职工债权可以优先于担保权人受偿,又会损害有担保的债权人的优先受偿权利,影响交易安全。

经过利益集团的激烈争论与讨价还价,最后达成妥协,体现在我国《企业破产法》第 132 条中。该条规定,破产人在本法公布之日前[①]所欠职工的工资和医疗、伤残补助、抚恤费用,所欠的应当划入职工个人账户的基本养老保险、基本医疗保险费用,以及法律、行政法规规定

---

① 《中华人民共和国企业破产法》于 2006 年 8 月 27 日公布,2007 年 6 月 1 日实施。

应当支付给职工的补偿金,依照本法第113条①的规定清偿后不足以清偿的部分,以本法第109条②规定的特定财产优先于对该特定财产享有担保权的权利人受偿。发生在本法公布后的职工债权不得在担保权人之前受偿。这是双方勉强可以接受的方案,具有以下特点:第一,从立法角度而言,由于双方的争执造成了立法上的困境,直接影响了立法的进程。如果这一状况继续下去,对双方都是不利的,需要找到一个双方都能接受的方案。第二,对《企业破产法》公布前企业拖欠的职工工资等费用,作为历史遗留问题,是客观存在的。这需要采取一些特殊措施较为彻底地解决,为以后发展开拓空间。第三,利益上的妥协是最好的解决方案。其分为两部分:就职工工资等历史欠账而言,已经是一个固定的量。其优先于有担保的债权受偿可能带来的风险,对银行来讲基本上是可预期、可控制的。就《企业破产法》公布后新形成拖欠的职工工资问题而言,是一个不确定的量,则不能优先于银行担保债权受偿。所以,职工工资优先权是基于一定期间产生的固定的债权额,是有数量上的限制的。

在我国,根据《立法法》的规定,最高人民法院可以对法律适用中遇到的具体问题进行司法解释。这种司法解释也具有立法的性质,也存在利益衡量的问题。例如,原《合同法》(1999年)第286条规定,发包人未按照约定支付价款的,承包人可以催告发包人在合理期限内支付价款。发包人逾期不支付的,除按照建设工程的性质不宜折价、拍卖的以外,承包人可以与发包人协议将该工程折价,也可以申请人民

---

① 《企业破产法》第113条规定,破产财产在优先清偿破产费用和共益债务后,依照下列顺序清偿:"(一)破产人所欠职工的工资和医疗、伤残补助、抚恤费用,所欠的应当划入职工个人账户的基本养老保险、基本医疗保险费用,以及法律、行政法规规定应当支付给职工的补偿金;(二)破产人欠缴的除前项规定以外的社会保险费用和破产人所欠税款;(三)普通破产债权。破产财产不足以清偿同一顺序的清偿要求的,按照比例分配。破产企业的董事、监事和高级管理人员的工资按照该企业职工的平均工资计算。"

② 《企业破产法》第109条规定:"对破产人的特定财产享有担保权的权利人,对该特定财产享有优先受偿的权利。"

法院将该工程依法拍卖。建设工程的价款就该工程折价或者拍卖的价款优先受偿。① 那么,承包人优先受偿权和银行抵押权是什么关系?何者优先?

这个问题需要最高人民法院作出司法解释,对此存在两种意见。代表银行利益的一方认为,承包人优先受偿权不能优先于银行抵押权。其理由是,银行抵押权在建设工程开设时就已经设立,承包人优先受偿权在工程竣工后才发生,法律保护设立在先的权利。如果承包人优先受偿权优先于银行的抵押权,将不利于保护银行的合法权益。代表承包方利益的一方则认为,承包人优先受偿权应该优先于银行抵押权。其理由是,原《合同法》之所以规定第286条,其立法目的就是要补救承包人的不利地位。建设工程合同在履行过程中,开发商存在拖欠承包人工程款、材料款的情况。一旦工程竣工,承包人将无法制约开发商,其债权很难获得保护。可见,建设工程合同的特殊性在于,建设工程一旦完成,承包人就处于非常不利的地位。正因为如此,到20世纪90年代中期的时候,我国许多建筑公司都被拖欠了巨额承包费和工程款,以至于严重影响到建筑公司的正常生产经营,影响到建筑工人的工资发放。

在《合同法》制定时,起草人考虑到社会上存在拖欠工程款的严重社会问题,不是仅考虑承包人一方的利益,而是斟酌权衡了发包人、贷款银行和承包人三方的利益。于是就创设第286条规定承包人的优先受偿权,用来补救承包人的不利地位。维护承包人利益就是通过立法所确立的制度利益。显然,如果采纳第一种解释意见,让银行优先实现其抵押权,制度利益难以实现;而第二种解释意见可以保障这个制度利益的实现。《最高人民法院关于建设工程价款优先受偿权问题的批复》(法释〔2002〕16号)规定:《合同法》第286条所规定的承包

---

① 《民法典》第807条延续了这一规定。

人的优先受偿权,应当优先于该建设工程上的银行抵押权。这显然是以实现该条制度利益作为判断标准的。

(二)当事人利益与制度利益的关系

加藤一郎曾说,在利益衡量时应有意识地将法律排除在外。① 这种说法是不妥当的。法律制度构建了现代社会的社会基础与行为规范,只有尊重法律才能使我们的社会井然有序,才能使我们享有自由、平等与财富,只有尊重现行法律制度才符合法治国精神。正如伯尔曼所言:"法律必须被信仰,否则它将形同虚设。"②如果不尊重法律必将对法律制度造成损害与破坏,最后"法将不法"。我们国家是成文法国家,成文法是主要的法律渊源。某一法律制度立法的过程,就是该法律的制度利益形成过程,并客观存在。从实质看,这是利益衡量的第一次生成。可见,这种置法律于不顾的态度,并没有认识到利益衡量的根本所在,是对利益衡量的扭曲,所以,在具体的利益衡量过程中,必须尊重现行制度利益的分析。从制度利益的生成过程可以看出,每一法律制度都有自己的制度利益,不同的法律制度具有不同的制度利益。当事人的利益只有与该法律的制度利益相一致时,才能获得该法律制度的保护。

这方面的适例是王海的"知假买假系列案件"③。1995 年 3 月 25 日,王海在北京隆福大厦二楼电讯商场,花 170 元买了两副标价 85 元的日本"索尼"耳机。经日本索尼公司检测,鉴定这种耳机为假货。于是,王海返回到该商场,又加买了 10 副该款耳机。王海认为这是商品

---

① 参见〔日〕加藤一郎:《民法的解释与利益衡量》,梁慧星译,载梁慧星主编:《民商法论丛》(第 2 卷),法律出版社 1994 年版,第 78 页。段匡:《日本的民法解释学》,复旦大学出版社 2005 年版,第 261 页。我国学者梁慧星教授从之。参见梁慧星:《裁判的方法》,法律出版社 2003 年版,第 186 页。
② 〔美〕伯尔曼:《法律与宗教》,梁治平译,三联书店 1991 年版,第 28 页。
③ 王海买假索尼耳机双倍赔偿争议案,载 http://china.zjol.com.cn/05china/system/2004/03/17/002549631.shtml,2013 年 2 月 21 日访问。

欺诈,根据《消费者权益保护法》第 49 条①的规定,向隆福大厦索取"双倍赔偿"。但是,隆福大厦只同意退赔(双倍赔偿)王海先买的两副"索尼"耳机,对于其后来购买的 10 副同款耳机是"知假买假",只给退货,不给赔偿。当时索赔未果,而王海却因此成为了新闻人物。时隔半年,王海又在北京的其他十家商场以这种"知假买假"的方式成功获得双倍赔偿,一个月内获赔偿金近 8000 元。1995 年 12 月 5 日,北京隆福大厦终于在拖延了 8 个月之后,同意加倍赔偿王海在隆福大厦购买的 10 副假冒耳机。关于王海后买的 10 副耳机的双倍赔偿问题,有人支持。但是笔者认为这一观点并不妥当。这是因为,《消费者权益保护法》基于消费者的弱者地位而给予消费者特别保护,是该法的制度利益之所在。② 根据该法第 2 条③的规定,消费者是"为生活需要"购买、使用商品或者接受服务的人,与经营者等其他法律主体具有完全不同的性质。如果某人购买商品不是为了生活消费的需要,那他就不是《消费者权益保护法》所保护的对象。如果他以营利为目的,还可能是经营者。这样看来,那些以打假为目的的"知假买假"行为,甚至专门成立"打假"公司,显然不是为了自己生活消费的需要,所以就不能适用"退一赔一"这个消费者保护法特有的保护手段。④ 可见,只有当事人利益与该法律的制度利益相符合时,才能获得该法的保护。

需要指出的是,有人之所以坚持认为王海是消费者,是因为担心:

---

① 1993 年《消费者权益保护法》第 49 条规定:"经营者提供商品或者服务有欺诈行为的,应当按照消费者的要求增加赔偿其受到的损失,增加赔偿的金额为消费者购买商品的价款或者接受服务的费用的一倍。"
② 1993 年《消费者权益保护法》第 1 条规定:"为保护消费者的合法权益,维护社会经济秩序,促进社会主义市场经济健康发展,制定本法。"
③ 1993 年《消费者权益保护法》第 2 条规定:"消费者为生活消费需要购买、使用商品或者接受服务,其权益受本法保护;本法未作规定的,受其他有关法律、法规保护。"
④ 参见梁慧星:《知假买假打假者不受保护》,载 http://business. sohu. com/46/87/article202328746. shtml,2013 年 2 月 21 日访问。

王海如果不能获得消费者权益保护法规定的损害赔偿,怎么办？其实,王海等人不受《消费者权益保护法》保护,并不等于他们的损失也不受其他法律保护。这是因为,在"知假买假"的情况下,王海已经不是消费者,而是十足的经营者,已与其他经营者处于平等地位,可以适用也应该适用其他民事法律。我国《民法通则》第58条,《合同法》第52条、第111条及《产品质量法》的相关条款都可用来支持他们的损害赔偿要求,只是不属于双倍赔偿的特殊保护罢了。①

职业打假者不是消费者。这是因为：

第一,消费者保护法有其固有的制度利益、制度宗旨,消费者保护法的制度利益在于：保护为生活消费者提供保护。

第二,消费者保护法是特别法,因为消费者处于信息、知识等弱者地位,需要给予特别保护。

第三,消费者有真假之分。如果是假消费者,则不能获得消费者保护法的"特别保护"。

第四,如果不是弱者,无须消费者保护法的特别保护。职业打假者不是弱者,不能获得消费者保护法特别保护。

第五,职业打假者,以营利为目的的,已经处于经营者地位,似乎不必从民商法中的普通经营者中分离出来加以特殊保护。

职业打假者的权利不是不保护,可以根据《民法通则》第58条,《合同法》第52条、第111条及《产品质量法》的相关条款用来支持他们的损害赔偿要求,只是不能三倍赔偿(或十倍)的特殊保护罢了。

---

① 《民法通则》第58条规定："下列民事行为无效：……(3)一方以欺诈、胁迫的手段或者乘人之危,使对方在违背真实意思的情况下所为的……无效的民事行为,从行为开始起就没有法律约束力。"《合同法》第52条规定："有下列情形之一的,合同无效：(1)一方以欺诈、胁迫的手段订立合同,损害国家利益；……"《合同法》第111条规定："质量不符合约定的,应当按照当事人的约定承担违约责任。对违约责任没有约定或者约定不明确,依照本法第六十一条的规定仍不能确定的,受损害方根据标的的性质以及损失的大小,可以合理选择要求对方承担修理、更换、重作、退货、减少价款或者报酬等违约责任。"

第六,如果职业打假者可以获得三倍等赔偿,其毛利润为300%(大致),其利润是惊人的。当年银行利润最高时约为18%。

第七,金融消费者既是消费者,但也是以营利为目的。然而,其从事的不是"打假"。

第八,假货泛滥确实是公敌,需要通过其他途径解决。在我国台湾地区,举报奖励是有效方法。当然,目前的行政执法等也存在很大的问题,需要很好改进。

总之,每一制度都其固有的制度属性,其是为保护真正的消费者设立的保护弱者之法。把打假等职能赋予消费者保护法,是其不能承受之重。

(三)制度利益与社会变迁

一般来讲,经过立法活动的仔细衡量,某一具体法律制度的制度利益已经固定,成为该法律不可或缺的构成部分。众所周知,法律具有稳定性,其制度利益同样具有稳定性。但是,社会不是静止的,而是运动的。所以,作为社会制度的一环,法律制度也会随着社会的发展而发展。当然,法律制度所内含的制度利益也会或者需要做相应的调整,呈现出一定的流动性。这样,制度利益将在稳定性与流动性的张力中向前进化。

我国婚姻制度的变迁可以很好说明这一点。梁山伯与祝英台的悲剧故事是我国家喻户晓的民间传说。女扮男装的少女祝英台在杭州的3年读书期间,与梁山伯朝夕相处,情投意合,产生了爱情。在离别时,亲口许配终生,并以玉扇坠为凭。但由于遵循"父母之命、媒妁之言",被迫嫁与马太守之子马文才。由此造成梁山伯含恨而死、祝英台殉情的人生悲剧。对此,有人强烈批判"父母之命、媒妁之言"的婚姻制度是吃人的制度。其实,这一批评并不妥当。在当时的社会背景下,人的预期寿命很短,大概不超过 40 岁。① 这是一个早恋、早婚、早育的时代,男女的婚龄分别是 15—16 岁与 13—14 岁。② 即使 20 世纪 40 年代出生的在农村生活的父辈,40 岁左右也已经是爷爷辈了。可见,古代这么小年龄的涉世未深的孩子并不懂得我们现代社会所谓的爱情与婚姻,需要父母为其选择配偶。一般来说,可怜天下父母心,父母是不可能伤害自己的子女的,所以遵循父母之命是合理的。另外,由于交通工具等限制,古代人的生活半径是很小的,人们并不清楚适龄青年男女的婚姻情况,需要借助巧舌如簧的媒婆来牵线搭桥。可见,遵循媒妁之言也是合理的。当然,随着时代的变迁,到了 21 世纪的今天,不能继续再坚持"父母之命、媒妁之言",遵循的应是青年男女"自由恋爱、自由婚姻、一夫一妻"的婚姻制度。所以,法律制度会随着社会的变迁而改变,同样蕴含其间的制度利益也会发生变化。

四、利益衡量的展开:法律适用中的利益衡量

与立法上的利益衡量不同,法律适用过程中的利益衡量有自己的规律与特点。在具体案件的利益衡量中,对当事人的具体利益只有放置在利益的层次结构中进行衡量,才能保证利益衡量的公正和妥当。其中,妥善处理所涉及的某一具体法律制度的制度利益和社会公共利

---

① 在新中国成立之际,中国人的平均预期寿命为 35 岁左右。而根据刘翠溶对长江中下游地区一些家族的族谱研究,在 1400—1900 年间,中国人出生时的预期寿命约在 35—40 岁波动。Liu, Tsui-jung, The demographic dynamics of some Clans in the lower Yang-Tze Area, Ca 1400 – 1900, *Academic Economic Papers*, vol. 9, No. 1, 1981, pp. 152 – 156. 转引自苏力:《法律与文学——以中国传统戏剧为材料》,三联书店 2006 年版,第 96 页。

② 在我国,中古时期的婚龄,男子一般为 15 岁,女子一般为 13 岁;在明清之后男为 16 岁,女为 14 岁。参见《清明集·立继》(卷七);郭建等:《中国文化通志·法律志》,上海人民出版社 1998 年版,第 101 页。转引自苏力:《法律与文学——以中国传统戏剧为材料》,三联书店 2006 年版,第 93 页。

益的关系是关键。由于立法过程本身就是一个利益衡量的过程,并且各种利益经综合衡量已较好地固定在了制度利益上。因此,在现行法律中寻求公平和正义,应当成为司法活动这一特定领域的原则。由此出发,对个案的具体的利益衡量首先应该寻求现行法的根据。但是,社会总是走在前面,"马车时代"的法律总不能适应"航空时代"的需要。① 因此,对制度利益的处理不能僵化,要放到整个社会中去考察。当法律出现漏洞时,应当允许由法官从事漏洞补充,由法官在当前的社会背景中寻找漏洞补充和价值补充的依据,在法律条文得到补充以后,再适用于具体的案件。

那么,根据什么判断该法律制度的制度利益是否值得维护呢? 如何发展制度利益呢? 无论我们是对既存的法律制度作出价值评判,还是对现实法律制度提出改进和完善的价值主张,都应该从维护社会公共利益的要求出发。如果放到具体的社会环境中,就可以表述为:从人民大众的利益和需要出发来判断。人民大众的利益和需要并不是纯主观的产物,它导源于人民大众在特定时代和社会所处的社会物质生活条件。所以,我们评价法律制度时,要看该制度是否有利于维护和促进社会经济的发展;是否有利于维护和促进人民大众在社会的政治生活和整个精神生活中的自由和权利;是否有利于社会稳定和社会进步。即要看该制度是否仍然适应社会的发展。简言之,法官对当事人的利益衡量必须符合公平正义的要求。法律的最高价值是公平正义,但它的基本内涵在具体的社会背景中是确定的,有着公认的准则

---

① 《法国民法典》第 1 条规定:"经国王(共和国总统)颁布的法律,在法国全境具有执行力。在王国(共和国)各部分,法律自其颁布得为公众知悉时起具有执行力。国王(共和国总统)颁布法律,对王室(政府所在地)所在省,于颁布次日,视公众已知悉;其他各省,于上述期限后,视颁布法律的城市与各省首府之间的距离,每 100 公里(约相当于旧制 20 公里)增加一日。"(《法国民法典·民事诉讼法典》,罗结珍译,国际文化出版公司 1997 年版)有意思的是,法国法律的生效日期因与巴黎的远近不同而不同。值得探究的是,"每 100 公里(约相当于旧制 20 公里)增加一日"是否就是古时马车的速度呢? 这从一个侧面说明,法律具有很强的时代特征,应随着时间的推移而发展。

的,法官对法律的解释以实现这一价值为目标。所以,要把法律制度放到利益的层次结构中来考察,特别要处理好制度利益与社会公共利益的关系。当制度能较好地体现社会公共利益时,该制度利益就不能破坏,只能作价值补充和漏洞补充。但是当制度利益已不能反映社会公共利益时,制度利益就不值得保护,应该大胆地打破它。正如早在1904年,法国最高法院院长Ballot Beaupre在纪念《法国民法典》颁布100周年时指出:

  法官具有最广泛的法律解释权:他大可不必固执地试图确定一百年前《民法典》起草者的原意。他倒不如自问一下,如果这一规定是在今天,在面对一个世纪以来法国在思想、习俗、制度、经济以及社会条件方面所发生的一切变革时由他们来起草的话,他们的意图又会是什么?他必定会向自己说,正义和理性要求该条文应更广泛地合乎人情和适应现代生活的现实和要求。①

  根据制度利益与社会公共利益的关系,利益衡量在具体案件中的展开可分为三种情形。

(一)制度利益无缺陷时的衡量:以"姘居妻"案为例

  根据本文以上提出的利益衡量的层次结构,试对"姘居妻"案再进行利益衡量。在这个案件中,我们遵循这样的思路:在现今的社会环境中,该制度所体现的制度利益是否仍然需要加以保护和维持?例如,"姘居妻"案中,社会上存在的"姘居妻"的利益是否应该加以保护?如果不保护,结果怎样?如果保护,结果又怎样?如果保护,对制度利益会产生怎样的影响?对社会公共利益又会产生怎样的影响?

---

  ① 转引自沈宗灵:《比较法总论》,北京大学出版社1987年版,第150—151页。

这种利益衡量,分为三种情形。

第一种情形,假设当司机所能支付的赔偿额处于一个固定额度(如 20 万元)。此时,选择保护"姘居妻"与否,对其他当事人的具体利益、群体利益、制度利益和社会公共利益会产生什么影响呢?如表 1 所示。

表 1　司机赔偿额固定时的利益衡量表

选择保护对象	结果							
	当事人具体利益			群体利益			制度利益	社会公共利益
	"姘居妻"利益	正妻利益	司机利益	"姘居妻"群体利益	正妻群体利益	司机群体利益	如登记制、重婚制	公平、正义利益,其他利益:如法观念
保护"姘居妻"	√	×	○	√	×	○	×	×
不保护"姘居妻"	×	√	○	×	√	○	√	√

说明:表格中的"√"表示得到法律保护,"×"表示没有得到法律保护或不能得到法律保护,"○"表示没有影响。

从表 1 中可以发现,当司机的赔偿额一定时,对"姘居妻"保护与否,对其没有直接的影响。此时,"姘居妻"与正妻形成直接的冲突。如果选择保护"姘居妻"的利益,不但损害正妻的利益,还会损害制度利益和社会公共利益。如果不保护"姘居妻"的利益则不会损害正妻的利益、制度利益和社会公共利益。可见,选择保护"姘居妻"的利益,代价极为昂贵。

第二种情形是,假如正妻所能得到的赔偿额为一定(如 20 万元)。此时,司机与"姘居妻"之间就形成直接的利益冲突。如表 2 所示。

表 2　正妻赔偿额固定时的利益衡量表

选择保护对象	结果							
	当事人具体利益			群体利益			制度利益	社会公共利益
	"姘居妻"利益	正妻利益	司机利益	"姘居妻"群体利益	正妻群体利益	司机群体利益	如登记制、重婚制	公平、正义利益,其他利益:如法观念
保护"姘居妻"	√	○	×	√	○	×	×	×
不保护"姘居妻"	×	○	√	×	○	√	√	√

说明:表格中的"√""×""○"的意义与表1相同。

从表 2 中可以发现,由于正妻得到的赔偿额一定。此时,对正妻的利益没有影响,"姘居妻"与司机的利益形成直接的冲突。如果保护"姘居妻"的利益,就不能保护司机的利益,同样会损害司机的群体利益、制度利益和社会公共利益。如果不保护"姘居妻"的利益,则不会损害司机的利益,也不会损害司机的群体利益、制度利益和社会公共利益。可见,不能选择保护"姘居妻"的利益。

与以上两种方法不同,第三种可能采取的方案是:适当减少正妻所得赔偿额,同时,适当抬高司机所给付的赔偿额,以此作为"姘居妻"的慰谢金。即可用公式表示为:"姘居妻"所得慰谢金 = 司机所增加赔偿额(与无"姘居妻"相比) + 正妻所减少慰谢金的数额(与无"姘居妻"相比)。也可用公式表示为:"姘居妻"所得慰谢金 = 司机较高赔偿额(与无"姘居妻"相比) − 正妻所得较低慰谢金(与无"姘居妻"相比)。如表 3 所示。

表3 司机、正妻赔偿额调整时的利益衡量表

选择保护对象	结果							
	当事人具体利益			群体利益			制度利益	社会公共利益
	"姘居妻"利益	正妻利益	司机利益	"姘居妻"群体利益	正妻群体利益	司机群体利益	如登记制、重婚制	公平、正义利益，其他利益：如法观念
保护"姘居妻"	√	×	×	√	×	×	×	×
不保护"姘居妻"	×	√	√	×	√	√	√	√

说明：表格中的"√""×""○"的意义与表1相同。

从表3中可以发现，如果保护"姘居妻"的利益，则会损害其他所有利益。如果不保护"姘居妻"的利益，则不会损害其他利益。因此，不能采用保护"姘居妻"的办法。

从以上三个表格可以看出，如果保护"姘居妻"，不但正妻或（和）司机的利益不能得到保护，而且，具有最根本意义的社会公共利益和制度利益也受到了根本性的损害。我们知道：法律不仅要对已发生的案件进行判决，解决当事人之间的纷争，同时，负载着另一个重要的使命——倡导一种社会行为，告诉人们何为正义，何为非正义，以构建和谐有序的社会环境。因此，刑法和民法有着统一的法观念，对刑法从维护社会公共利益出发加以禁止的重婚现象，民法也应加以否定。而且，作为一项法律制度，最重要的是在实际中有效实施，得到人们的尊重和拥护，不容轻视，不容破坏（除非该制度已不能反映社会公共利益，该制度利益不值得保护），否则会降低法律的权威，导致法律信仰的危机，减损人们的法律感情。这是一项法律制度的根本利益所在。所以，不能容忍重婚现象，不能保护所谓的"二号妻"

"三号妻"①。加藤先生在这里忽视了社会公共利益和制度利益等基本价值的判断,是导致利益衡量失误的原因所在。如能在利益的层次结构中进行衡量,就可以排除因对当事人细微的具体利益的衡量对案件公正性的干扰。

(二)制度利益存在缺陷时的衡量:以"玻璃幕墙"事件②为例

笔者认为,如果制度利益仍然能较好地反映社会公共利益的要求,但是,制度本身确实也存在一定缺陷。此时,在不损害制度根本利益的前提下,可以对制度进行漏洞补充和价值补充,以弥补制度本身存在的缺陷,全面完善和维护制度利益。在具体案件中表现为,不对制度利益造成损害的前提下,对当事人的具体利益进行衡量不但是可以,也是应该的。

2000年,发生在杭州的"玻璃幕墙曝隐私"就是一个典型的例子。杭州市环城东路的16号居民楼住着数十户居民。距该楼10米外的一幢12层的大楼的外墙采用玻璃幕墙。正是这个玻璃幕墙公开了居民的隐私:居民睡在床上的情形出现在幕墙上了;居民在房间里换衣服的情形出现在幕墙上了;穿着裤衩悠闲地摇着扇子的大妈的情形出现在幕墙上了——(此外,采光、挡风等影响生活的问题也十分突出,加上施工单位在挖地基过程中造成了部分居民家中墙体开裂)。为此,双方产生了纠纷。那么,应该如何处理呢?可以用相邻关系的法律制度来处理。但是,有关相邻关系的法律问题,我国《民法通则》只有第83条规定,"不动产的相邻各方,应当按照有利生产、方便生活、团结互助、公平合理的精神,正确处理截水、排水、通行、通风、采光等

---

① 中国目前正在开展大规模的"扫黄打非"活动,其中所谓的"包二奶"现象,当然地属于打击之列。
② 资料来源:《都市快报》2000年6月29日、30日相关报道。"中央电视台2台",2000年7月22日的《生活》栏目。

方面的相邻关系。给相邻方造成妨碍或者损失的,应当停止侵害、排除妨碍、赔偿损失"。显然,该条没有直接规定"玻璃幕墙曝隐私"的行为,该行为不在法律条文所明示的"截水、排水、通行、通风、采光"的范围内。可以说,这种行为是在制定《民法通则》时不能预见到的。同样,起草物权法的专家们也没有预见到这种行为。在他们起草的专家建议稿中所涉及的"不动产相邻关系"的 31 个条文中,对这种行为没有规定。① 可见,这是一个法律空白。那么,如果居民向法院起诉,怎么办呢? 法院不能以法律没有规定为由,拒绝判决。能否保护居民的利益呢? 我们可以民事相邻关系的法律制度框架内对涉及本案利益进行衡量。如表 4 所示。

表 4 相邻关系框架下的利益衡量表

选择保护对象	结果					
	当事人利益		群体利益		制度利益	社会公共利益
	居民利益	建筑方利益	居民群体利益	建筑方群体利益	方便生产、生活,促进相邻各方和平相处等利益	公平、正义、善良风俗等利益
保护居民利益	√	×	√	×	√	√
不保护居民利益	×	√	×	√	×	×

说明:表格中的"√""×"的意义与表 1 相同。

从表 4 中可以看出,如果不保护,显然于情于理不合适。这明显是一种侵权行为。对这种侵权行为不加保护,不但损害了相邻关系法律制度的利益,也损害了社会公共利益。这里所谓的"社会公共利益"

---

① 参见梁慧星:《中国物权法草案建议稿》,中国社会科学出版社 2000 年版,第 114—144 条。

体现在我国《民法通则》的有关规定中。例如,民事活动应当遵循公平、诚实信用的原则;民事活动应当尊重社会公德,不得损害社会公共利益;公民、法人的合法的民事权利受法律保护,任何组织和个人不得侵犯等。如果保护,结果又怎样呢?这不但维护了当事人的利益,更是制度利益的内在要求。从建立相邻关系制度的目的看,之所以制定法律,是当出现纠纷时,有法可依。凡是相邻关系都应当包括在内,不能也没有必要单独排除玻璃幕墙曝隐私的行为。所以,可以在"不动产相邻关系"的法律框架内对居民隐私进行保护。从更深意义上讲,这不但促进了相邻关系法律制度的发展,还促进了社会文明的发展,提升了社会公共利益。这样,在具体的技术处理中,可以把"玻璃幕墙曝隐私的行为"纳入《民法通则》第 83 条的"等方面"之内,加以确认。① 总之,在相邻关系的法律制度内对居民的隐私行为加以保护是可以的,也是应当的。②

需要指出的是,如果建筑方坚持认为,他们的建筑是经合法审批的,合法建筑物不存在赔偿损失的问题。此时,又应如何处理呢?与前面的"姘居妻"案不同,这里实际上涉及了不同于相邻民事法律关系的行政法律关系。因此,应该在另外的制度框架内对涉及本案利益进行衡量。如表 5 所示。

---

① 需要指出的是,"等"字含糊语言在本案中的妥当应用。应该说,法律词语是一个空缺结构,存在一个较为宽泛的语义空间。就法律安定性角度而言,这是不利的。但是,从某种意义上讲,这却可能也是优点。这一意义空间使一般性的法律词语具有伸缩空间,使它可以与丰富多彩的现实生活产生更为多样的关联性,从而使法律更有可能适应复杂的具体的案件情境,适应不断变化的社会环境,使法律能有较大弹性地与占主导地位的社会观念相一致,促进社会利益最大限度的实现。这使得人们有可能在法律安定性需要与正义需求的两者之间达到恰当的平衡。

② 有人认为,这种行为是一种光污染,可以从环保角度起诉。另外有人认为,这种行为是一种侵犯隐私的行为,根据最高人民法院的司法解释,可以以侵犯隐私权起诉。

表 5　行政关系框架下的利益衡量表

选择保护对象	结果					
	当事人利益		群体利益		制度利益	社会公共利益
	居民利益	建筑方利益	居民群体利益	建筑方群体利益	城建等审批制度利益	公平、正义、善良风俗等利益
保护居民	√	×	√	×	○	√
不保护居民	×	√	×	√	○	×

说明：表格中的"√""×""○"的意义与表 1 相同。

从表 5 中可以看出，如果保护建筑方的利益，则不但当事方居民的利益得不到保护，社会公共利益也受到了损害。如果不保护建筑方的利益，则社会公共利益得到了保护。特别需要强调的是，不管保护建筑方与否，对制度利益都没有影响。这是因为，对于审批制度而言，审批所给予的仅仅是允许建筑的行政"许可权"，"如何建筑"则不是审批所能概括的。所以，由于建筑方具体的使用"建筑材料"的方式所造成的法律后果对于审批制度利益没有影响。就建筑方而言，其获得的仅仅是一种"可以建筑"房屋的权利，但是"如何建筑"则是建筑方自身应该加以考虑的，前提是至少不能侵犯别人的利益。在本案中，建筑方使用的材料有问题，侵犯了别人的隐私，属于权利的滥用，违反了在相邻民事关系中，行使权利应该遵守善良风俗等有关原则。

综合上述分析，建筑方以该建筑是经合法审批的，不是违章建筑为由，拒绝赔偿是不允许的。其实，合法建筑仅意味着其行为不受行政机关的行政处罚。因此，在相邻关系的制度内对居民的隐私行为加以保护是妥当的。

(三)制度利益违背社会公共利益时的衡量：以医疗事故[①]为例

如果制度利益已不能反映社会公共利益，对社会公共利益已起到

---

① 即医疗过失损害赔偿责任，目前两者往往交叉使用。

阻碍作用,抑制了社会进步和发展。此时,对当事人的具体利益进行衡量时,就应该大胆地抛弃或冲破落后法律制度的束缚。这方面,由我国《医疗事故处理办法》所建立起来的医疗事故处理制度即是明证。

在医疗事故处理方面,我国有许多案例。其中,著名的案例是被称为医疗赔偿第一案的湖北省中级、高级两审法院在具体案件中对脑瘫双胞胎龚甲和龚乙权利的维护。① 在这个案件中,由于被告湖北省人民医院在护理双胞胎婴儿过程中,工作严重不负责任,两次发现温箱断电,均没有采取有效措施,致使两名婴儿受凉后发高热、脑内缺氧窒息。虽经抢救脱离危险,但目前,两名婴儿留下了严重的脑瘫后遗症。被告的行为给两原告及其父母造成了极大的经济损失和精神损失。那么,应不应当对双胞胎患者进行赔偿呢?在此,我们可以对本案所涉及的利益进行衡量。如表6所示。

表6 双胞胎医疗事故案的利益衡量表

选择保护对象	结　果					
	当事人利益		群体利益		制度利益	社会公共利益
	双胞胎患者利益	省人民医院利益	患者群体利益	医院群体利益	受案范围、医疗鉴定、举证责任等构成的利益	公平、正义、文明、进步、善良风俗等利益
保护双胞胎患者	√	×	√	×	×	√
不保护双胞胎患者	×	√	×	√	√	×

说明:表格中的"√""×"的意义同表1。

从表6中可以看出,如果保护患者利益,则社会公共利益得到保护,但制度利益得不到保护;如果保护医院的利益,则社会公共利益得

---

① 参见雪源:《国内医疗赔偿第一案始末》,载《南方周末》2000年6月30日。

不到保护,而制度利益得到保护。可见,患者利益与社会公共利益是一致的,而制度利益始终与社会公共利益、患者利益相冲突。在此,分析制度利益值不值得保护是关键。

那么,以本案为代表的整个医疗事故处理中,制度利益是如何构筑起来的呢? 根据现行(指案件审判时)《医疗事故处理办法》(1987年),主要由以下几方面促成:(1)受案范围。必须先经过医疗事故鉴定委员会鉴定,由卫生行政部门处理。实际操作中,往往要求鉴定委员会鉴定为医疗事故并且必须是医疗单位及主管部门未作民事赔偿处理,受害人仅要求医疗单位赔偿经济损失的,法院才受理。[①] 而且,"将医疗事故的范围界定得过窄,规定医疗事故只包括医疗责任事故和医疗技术事故,将医疗差错排除在医疗事故之外"[②]。也就是说,如果一个医疗事故被鉴定为"医疗差错"的话,即使医生有过错,也可以不承担责任。(2)鉴定。省(自治区)成立省、地、县三级医疗事故鉴定委员会,直辖市成立两级鉴定委员会。省级鉴定为最终鉴定,为处理医疗事故的依据,其他鉴定均为无效。[③] (3)举证责任。"谁主张谁

---

① 《医疗事故处理办法》(1987年)第11条规定:"病员及其家属和医疗单位对医疗事故或事件的确认和处理有争议时,可提请当地医疗事故技术鉴定委员会进行鉴定,由卫生行政部门处理。对医疗事故技术鉴定委员会所作的结论或者对卫生行政部门所作的处理不服的,病员及其家属和医疗单位均可在接到结论或者处理通知书之日起十五日内,向上一级医疗事故技术鉴定委员会申请重新鉴定或者向上一级卫生行政部门申请复议;也可以直接向当地人民法院起诉。"

② 杨立新:《尽快修订〈医疗事故处理办法〉》,载《南方周末》1998年12月4日。

③ 《医疗事故处理办法》(1987年)第12条规定:"省(自治区)分别成立省(自治区)、地区(自治州、市)、县(市、市辖区)三级医疗事故技术鉴定委员会。直辖市分别成立市、区(县)二级医疗事故技术鉴定委员会。医疗事故技术鉴定委员会(以下简称鉴定委员会)由有临床经验、有权威、作风正派的主治医师、主管护师以上医务人员和卫生行政管理干部若干人组成。省、自治区、直辖市级鉴定委员会可以吸收法医参加。鉴定委员会人选,由卫生行政部门提名,报请同级人民政府批准。"第13条规定:"鉴定委员会负责本地区医疗单位的医疗事故的技术鉴定工作。省、自治区、直辖市级鉴定委员会的鉴定为最终鉴定。它的鉴定,为处理医疗事故的依据。地区(自治州、市)、县(市、市辖区)鉴定委员会的鉴定,在没有争议的情况下,也是处理医疗事故的依据。中国人民解放军所属的向地方开放的医院发生医疗事故,也可以提请当地鉴定委员会进行鉴定。"

举证。"问题是,由这些因素构成的医疗事故处理制度产生了什么社会后果呢?"某些医生做手术不是靠技术而是靠胆量",听起来令人毛骨悚然,但这却是一些地方的事实。① 由于医生缺乏足够的责任心和相应的医术而导致的医疗事故在各地屡有发生,但却得不到公正的处理。受害的病人及其家属得不到应有的权利救济和经济赔偿。肇事的医生得不到应有的处罚,其他医生更不能从中汲取任何教训。为什么?一个重要的原因就是有关的法律规定不合理。1987年国务院颁布实施的《医疗事故处理办法》是法院处理医疗事故的一个专门性法律文件。这一行政法规存在严重的问题。社会各界对此反应强烈,几乎到了民怨沸腾的地步。② 可见,医疗事故处理制度已不能很好地反映社会公共利益。

基于制度利益显然已与社会公共利益相冲突,湖北两级法院在本案中作出了突破,判令被告应当承担赔偿责任。对此,湖北省高级人民法院根据《民法通则》第98条和第119条的规定作出终审判决,判令湖北省人民医院支付龚甲后续治疗康复费、护理费、住院伙食补助费及精神损失费计人民币1 464 104.78元;支付龚乙后续治疗康复费、护理费、住院伙食补助费及精神损失费计人民币1 442 204.78元。共计人民币2 906 309.56元(比一审判决赔偿数额少近100万元。但在基本事实的认定与法律适用上,两次判决没有大的差异)。在本案中,它正本清源地重申了"向医疗事故技术鉴定委员会申请鉴定不是当事人提起民事诉讼的必经程序"。而且,本案判决并没有陷入医学怪圈之中,而是以法律固有的思维逻辑,采用举证责任倒置,运用法律因果关系认定的诉讼技巧,在不能排除温箱断电与龙凤胎患脑瘫的关联,以及医院没有证据证实龙凤胎是先天性脑瘫的情况下,依过错责

---

① 参见中央人民广播电台"新闻纵横"1999年某日的报道。
② 有关这方面的报道较多,如中央电视台的"今日说法"报道的《龙凤胎与医疗事故罪》,又如《中国商法》2000年第7期所刊发的刘冬的《医疗事故:不能承受之重》。

任原则,判定医院对医疗差错所造成的损害后果承担民事责任。这种法律制度的突破是十分正当的。

与本案的个案突破不同,四川省泸州市中级人民法院于1999年11月5日出台了《关于审理医疗损害案件的若干意见(试行)》①,并于1999年11月10日起执行。该若干意见直面难点、疑点,作出多个突破。主要有:医院对受害的患者要不要赔偿,不是取决于是否构成"医疗事故",而是看医院是否"因诊疗护理造成患者人身遭受损害"(理由见后最高人民法院报告);医疗损害赔偿案件不应当实行"谁主张谁举证"②,应当实行"举证责任倒置"。医院有过错,其过错与损害事实有无因果关系,应当由医院自己来举证;《医疗事故处理办法》不适用于医疗损害赔偿等。该"若干意见"的实施获得社会广泛好评。③ 这从侧面证明了只有恰当反映社会公共利益的制度才能得到人民的拥护,该制度利益才值得维护。

令人高兴的是,在2000年年末,我们看到了最高人民法院对审理医疗纠纷的损害赔偿案件的态度转变。该院指出:

在计划经济时期对这类纠纷的处理,是采取行政处理和民事赔偿诉讼相结合的办法,更多的是将损害赔偿纳入行政处理程序中。这种处理办法,已经与社会主义市场经济条件下对民事权利的保护要求不相适应。人民法院在处理这类案件时,既要注意协调冲突,缓解矛盾,又要严格正确适用法律。要把握以下几点:一要正确区分医疗事故责

---

① 参见《南方周末》1999年12月17日。
② 关于归责原则,如果受害人选择侵权责任,应当适用《民法通则》第106条第2款规定的过错责任原则,即以医院方有过错为条件。鉴于医疗行为的特殊性,受害人往往难以举证证明医院方面有过错。因此,由医院方面对自己是否有过错负证明责任,对医疗损害的因果关系负证明责任;同时,由患者对损害事实负证明责任。这就是举证责任倒置的方法。应该说,这是科学的、公正的和合理的。
③ 有人认为,制定该"若干意见"是越权行为,应该无效。我们认为,根据利益衡量的层次结构理论,是可以对违背社会公共利益的制度加以突破的。

任与医疗过失损害赔偿责任的界限。是否构成医疗事故,构成几级医疗事故,以及对医疗事故进行处理这是卫生行政部门的职责。人民法院在审理医疗纠纷案件时,对于是否承担医疗过失损害赔偿责任,则应当根据《民法通则》的规定,按照侵权损害赔偿的构成要件,严格审查有无侵权事实、损害后果、侵权事实与损害后果是否存在因果关系以及侵权人是否存在主观过错,以此来判断侵权人是否应当承担民事损害赔偿责任。是否构成医疗事故,不是认定医疗过失损害赔偿责任的必要条件。二要慎重对待医疗事故鉴定。医疗事故鉴定结论只是人民法院审查认定案件事实的证据,是否作为确定医疗单位承担赔偿责任的依据,应当经过法庭质证。三要实事求是地确定赔偿数额。按照《民法通则》和有关司法解释的规定,根据案件的具体情况合理确定赔偿数额,既要保护公民的合法权益,又要防止赔偿数额过高,加重医疗单位负担。①

我们认为,现行的医疗事故处理制度已不能反映医疗损害赔偿制度的真正制度利益,与社会公共利益相违背。湖北两级法院的判决、泸州市中级人民法院的《关于审理医疗损害案件的若干意见(试行)》和最高人民法院的报告从实际出发,基于维护社会公共利益的需要,大胆地冲破旧的法律制度的束缚,对落后的制度利益予以抛弃。在此基础上,把当事人的利益放置于一个新的经完善的制度平台上进行衡量,最后选择保护患者的利益是妥当的。他们的行为必将极大地促进社会的进步和发展。这与"姘居妻"案是完全不同的。

随着要求修改《医疗事故处理办法》的呼声越来越高,国务院终于在 2002 年废止了该办法,并制定了新的《医疗事故处理条例》,对医疗

---

① 李国光:《当前民事审判工作中亟待明确的法律政策问题》,载《中华人民共和国最高人民法院公报》2000 年第 6 期。

事故处理的基本制度做了重大调整,主要有:(1)重新定义了医疗事故,扩大了医疗事故的范围。该《条例》第 2 条规定,医疗事故是指医疗机构及其医务人员在医疗活动中,违反医疗卫生管理法律、行政法规、部门规章和诊疗护理规范、常规,过失造成患者人身损害的事故。(2)构成医疗事故不再成为向法院起诉的前置程序。该《条例》第 46 条规定,发生医疗事故的赔偿等民事责任争议,医患双方可以协商解决;不愿意协商或者协商不成的,当事人可以向卫生行政部门提出调解申请,也可以直接向人民法院提起民事诉讼。(3)相对而言,关于医疗事故的鉴定有较大进步。① 其一,修改了以卫生行政部门为主导的医疗事故鉴定制度,改由具有较浓中介色彩的医学会来负责。其二,鉴定机构由医疗事故鉴定委员会改为专家鉴定组,鉴定方式明确规定为合议制。其三,建立医疗事故鉴定专家库,由医患双方在医学会主持下从专家库中随机抽取,并可以由法医参加。其四,鉴定机构等级的变化。原则上两级鉴定,即首次鉴定与再次鉴定。需要指出的是,医疗事故鉴定意见只是一种民事诉讼中的证据,它属于专家证言。所以,它属于事实范畴,而不是法律范畴。法院应当对鉴定意见的真实性、准确性有权进行审查。② (4)关于侵权责任的构成要件。从该《条例》的第 2 条可以看出,其采取的是过错责任的原则,未对

---

① 《医疗事故处理条例》(2002 年)第 24 条规定:"医疗事故技术鉴定,由负责组织医疗事故技术鉴定工作的医学会组织专家鉴定组进行。参加医疗事故技术鉴定的相关专业的专家,由医患双方在医学会主持下从专家库中随机抽取。在特殊情况下,医学会根据医疗事故技术鉴定工作的需要,可以组织医患双方在其他医学会建立的专家库中随机抽取相关专业的专家参加鉴定或者函件咨询。符合本条例第二十三条规定条件的医疗卫生专业技术人员和法医有义务受聘进入专家库,并承担医疗事故技术鉴定工作。"

② 全国人大常委会法制工作委员会民法室编:《侵权责任法:立法背景与观点全集》,法律出版社 2010 年版,第 741 页。

因果关系作出规定。①

五、结语

加藤先生的利益衡量论揭示了法官适用法律进行判案的过程实际就是利益衡量的过程,具有积极的意义。但是,利益衡量本质上是一种主观行为。正由于利益衡量的本质是一种主观行为,要增强它的妥当性和科学性,就有必要从外部程序上去考察,要建立客观的科学的规则体系来完善它。正像只有实体法,没有程序法,仍然无法进行公正的判决一样,没有完善的衡量规则是难以做到客观公正的。笔者提出的四个层次的利益层次结构的构建,意在充当程序法的角色。总之,坚持遵循这样的按部就班的利益衡量规则的过程,可以避免衡量的任意,可以在法律条文语义上所产生的若干解释中,选择现在最合目的的解释。

---

① 但是,在此之前的 2002 年 4 月实施的《最高人民法院关于民事诉讼证据的若干规定》第 4 条第 1 款第(8)项规定:"因医疗行为引起的侵权诉讼,由医疗机构就医疗行为与损害结果之间不存在因果关系及不存在医疗过错承担举证责任。"可见,采取的是过错推定原则。也就是说,在医疗行为引起的侵权诉讼中,因果关系和过错都实行举证责任倒置。遗憾的是,根据 2010 年实施的《中华人民共和国侵权责任法》第 54 条规定:"患者在诊疗活动中受到损害,医疗机构及其医务人员有过错的,由医疗机构承担赔偿责任。"可见,本案以及泸州市中级人民法院等规定对医疗机构及其医务人员采用的"过错推定原则"并没有获得《侵权责任法》的认可。2020 年颁布的《民法典》第 1218 条延续了该法的规定。从国外看,美国对医疗侵权行为虽然采取过失责任原则,但经常使用"事实自证"(resipsa loquitur)的证据规则来减轻原告的举证责任。日本采取的是"过失大概推定",德国适用"大概证明"理论,他们的规则与美国的事实自证规则大致相当。参见全国人大常委会法制工作委员会民法室编:《侵权责任法:立法背景与观点全集》,法律出版社 2010 年版,第 742—743 页。但是,我国侵权责任法并没有规定事实自证等规则,会给患者维权带来很大的困扰。

下篇

阐释

第六章 制度利益的衡量

> 目的是全部法律的创造者。
>
> ——耶林

在司法审判活动中,特别是疑难案件审判,往往需要进行利益衡量。但是如何进行利益衡量,避免法官在利益衡量中的主观恣意,是德国、日本、美国等国家的利益衡量理论在实践中遇到的最大困扰。① 利益衡量的层次结构理论②,阐述了利益衡量的具体展开方法与步骤。

---

① 关于利益衡量的研究,并不局限于日本。英国功利主义学者边沁(Bentham)在《民事与刑事的立法原则》一书中对利益做了研究,它所采取的广义利益观深刻地影响德国学者耶林(Rudolf von Jhering)。参见吴从周:《概念法学、利益法学与价值法学:探索一部民法方法论的演变史》,中国法制出版社2011年版,第9页。德国以耶林、赫克、拉伦茨等为代表的学者对利益衡量理论做出了重要贡献。以庞德为代表的美国学者对利益衡量理论的研究也成绩斐然,特别是在司法实践中积累了丰富经验。

② 该理论虽然最早是针对日本加藤一郎的利益衡量理论存在的不足而提出,但也能弥补赫克等其他学者理论存在的不足。加藤一郎的利益衡量论,参见〔日〕加藤一郎:《民法的解释与利益衡量》,梁慧星译,载梁慧星主编:《民商法论丛》(第2卷),法律出版社1994年版,第78页。

在一个具体的待决疑难案件中,应当解析当事人具体利益、群体利益、制度利益和社会公共利益等四个不同层次的利益构成,这些不同利益在构造上是存在递进关系的。利益衡量时,一方面,当事人的具体利益、群体利益与制度利益应当协调一致;另一方面,制度利益与社会公共利益应当有妥当的整合。这种构造要求法官层层深入,有步骤地分析、比对不同利益,经过综合性的利益衡量,最终得出妥当的裁判结果。这一分析过程实际扮演的是程序法的角色,可以弥补利益衡量理论存在的不足。① 需要强调的是,制度利益直接联结当事人利益与社会公共利益,对它的衡量是利益衡量的核心所在。② 但是,对制度利益的描述与分析还不够具体。③ 制度利益作为一客观存在,如何才能变得具体而可以被感知?在司法活动中以什么方式可以恰当地展现到世人面前?在法律制度的社会变迁中扮演什么角色?如何与社会利益相协调?特别在当前,我国社会面临的问题和矛盾较之以往更加复杂、更加突出,统筹兼顾各方面利益的难度不断加大,这也使制度利益与社会公共利益的关系问题更加现实地摆在了我们面前。妥善解决制度利益与社会公共利益的关系问题,已成为我国法律不断成长、进步与发展的必然要求。

一、制度利益的解构与铺陈

从社会实践的规律看,权利与法律制度是密切相关的。权利存

---

① 参见梁上上:《利益的层次结构与利益衡量的展开》,载《法学研究》2002年第1期。
② 同上注。
③ 关于制度利益,国内外学者作了一些研究。例如,有人指出,人们赋予法的制度(如婚姻)以一种超越其实定法规定范围的价值已经是一种事实(参见〔德〕迪特尔·梅迪库斯:《德国民法总论》,邵建东译,法律出版社2000年版,第56页)。又如,有人认为,实在的法或法律体系所体现和保护的价值是制度化价值(即制度利益),它具有外在性与客观性。参见舒国滢:《法哲学沉思录》,北京大学出版社2010年版,第257—258页。

在于法律制度中,权利不能离开法律制度而单独存在。① 某一权利的制度属性深刻地影响着权利的归属与性格。所以,需要在具体的案件裁判中把制度利益这一"黑匣子"打开,把它精致的内核暴露在灿烂的阳光下。这对利益衡量在司法实践中的妥当适用是很有帮助的。

(一)制度利益的性格

法律制度是理性构建的产物,也是利益平衡的产物。"法律是社会中各种利益冲突的表现,是人们对各种冲突的利益进行评价后制定出来的,实际上是利益的安排和平衡。"②某一法律制度本身所追求的或者所凝固的制度利益是其核心价值,深刻地影响着该制度的生存与发展。这体现为制度利益的根本属性。笔者认为,制度利益的根本属性在于社会性。这是因为它深深地植根于社会,是在与社会政治、经济、文化等现象紧密结合中、频繁而深刻地互动中产生发展起来的。从制度利益的社会性出发,制度利益的具体特征可以体现为:其一,制度利益既是历史的又是现实的。制度利益总是与社会发展状况相联系。制度利益不是人们头脑中凭空产生的抽象概念,而是随着社会产生而产生、随着社会发展而发展的。在不同的历史条件下,人们对制度利益的认识是不同的。例如,我国封建社会婚姻的制度利益体现为"父母之命、媒妁之言"等。这一婚姻制度在当时是符合社会现实的,是合理的。但它已经不符合现代社会的实际情况了,现代社会婚姻的制度利益凝固为"婚姻自愿、一夫一妻"了。这说明,制度利益是一种历史现象,在不同的历史时期,人们对法律制度有着不同的衡量标准,制度利益也呈现不同的内涵。所以,看待制度利益问题,需将其放到

---

① 参见梁上上:《利益衡量的界碑》,载《政法论坛》2006 年第 5 期。
② 赫克语。转引自何勤华:《西方法律思想史》,复旦大学出版社 2005 年版,第 255 页。

一定的历史条件下、结合具体的历史背景来分析。其二,制度利益既是抽象的又是具体的。确实,制度利益看上去是抽象的、难以捉摸的,但它总是与具体的法律制度联系在一起的,在具体的领域总是存在具体内涵和具体标准的。这意味着,只要注意与具体的法律制度联系起来,是可以铺陈、列举该制度的具体利益样态的。如果不注意具体领域、具体人群、具体问题的区别,简单套用抽象的制度利益概念,往往容易导致认识上的偏差。这是我们应当避免的。其三,制度利益既是广泛的又是有限的。法不可避免地反映着社会制度的复杂性。① 法律必须对所有重要(社会典型的)生活实践和利益冲突进行调整。涉及社会经济、民众生活的方方面面似乎都可以成为制度利益的规范对象,但是对于某一具体的法律制度而言,涉及的制度利益是有限的、特定的、有章可循的。

(二)制度利益的解构:类型化与利益细分

我们知道,某一法律制度总是存在制度利益的。正是这一共同的制度利益与理念形成某一法律制度,使它具有与其他法律制度不一般的性格与特征。然而,法律制度的构造是复杂的,还需要对其内部进行解构。最好的解构工具就是类型化。这是因为从法律制度构造的一般规律看,其内部往往可以根据某一标准分为若干类型,使这些类型各具特色。而这一具体类型的内部又可能再根据某一标准再次细分,并依此不断地循环。可以说,正是类型化使法律制度的构造更有条理、更为清晰,使法律制度不同类型的特色得以保持与伸张,增进立法的科学性与法律适用的妥当性。与法律制度构造的类型化相适应,制度利益的衡量也需要区分内部不同的具体类型进行衡量。从类型化的一般规律看,可以从两个方面展开:

---

① 参见〔德〕伯恩·魏德士:《法理学》,丁小春、吴越译,法律出版社2003年版,第22页。

(1) 从种属关系看,可以分辨一般制度与具体制度各自所固有的制度利益。这里有两种途径。一是利用枝分方式由上而下进行类型化。一个一般制度可以在其可能的范围内向下枝分以获得下位制度,这些下位制度又可以一再地往下枝分,从而获得所需制度的制度利益。二是利用总结方式由下而上进行类型化,其过程与前一程序刚好相反。例如,我国合同法表明,不同的合同类型总体上都具有一般合同的共同特征:合同当事人的法律地位平等,一方不得将自己的意志强加给另一方。当事人行使权利、履行义务应当遵循诚实信用原则。但是,不同类型的合同还具有各自的具体特征,其体现的制度利益也不同。例如,作为买卖合同的买方如果为了生活消费而购买商品,其就是消费者,他的权利受到消费者权益保护法律制度的调整与规范。这与一般商品买卖合同中作为平等主体的买方权利是不同的。此时,我们关注的是消费者权益法律制度所固有的制度利益及其对消费者权利的影响。

(2) 从平行关系看,可以分辨两个或两个以上并列制度所固有的特殊制度利益。这主要基于认识活动的对比能力而获取,是对极思考的一种体现。当然,对极的构成基于一定标准,以满足特定的类型化的目的:或者用来说明,或者用来作为针对下位类型的特征,给予必要的分别对待的基础。① 例如,在合同法中,租赁是单独的一种合同类型。但其内部又可以分为生活租赁(residential lease)与商事租赁(commercial lease),它们各自有不同的制度利益。

从美国的 Hilder v. St. Peter② 案可以看出生活租赁的制度利益之所在。1974 年 10 月,原告 Hilder 租用了被告 Peter 位于拉特兰市的教堂路 10—12 号公寓大楼的一间公寓。原告口头同意支付被告每月租金 140 美元,押金 50 美元。在搬进前,原告支付第一个月的租

---

① 参见黄茂荣:《法学方法与现代民法》,中国政法大学出版社 2001 年版,第 477 页。
② Hilder v. St. Peter, Supreme Court of Vermont, 1984, 478 A.2d 202.

金与押金。此后,原告按租赁协议支付了所有的租金。搬进后,原告发现厨房玻璃损坏,卫生间马桶堵塞,灯与排气口不能使用,厨房与后卧室漏水等许多问题。对于所有这些问题,被告都答应修理,但实际从未修理过,都是原告花钱修理的。被告认为,租赁关系受承租人自行小心规则(the Doctrine of Caveat Lessee)的调整。出租人没有义务保证房屋的可居住性,除非合同明确规定了维修义务。只有房屋本身构成租赁的根本特征,而房屋的居住性并不是租赁的根本特征。

拉特兰市高级法院认为,被告所提供的公寓的破损状况已经严重减损了公寓的价值,违反了房屋可居住性的默示担保责任(the Implied Warranty of Habitability),违反了租赁合同义务,判决他承担赔偿责任。被告上诉到佛蒙特州最高法院。佛蒙特州最高法院认为,不论书面合同还是口头协议,房屋可居住性的默示担保在整个生活租赁期间始终存在,出租人有义务移转占有和维护出租房的干净、安全和适合居住。而且,可居住性默示担保责任涵盖房屋基本设施明显的和潜在的缺陷。所谓基本设施是实现房屋的居住目的极为重要的设施。这意味着,即使订立合同的承租人知道房屋基本设施存在缺陷,也不能假设为自冒风险而失去可居住性担保责任的保护,这种担保也不能通过合同条款或者口头协议而免除。最后,佛蒙特州最高法院维持了原判。

相反,美国的 Kendall v. Ernest Pestana, Inc.①一案则很好地说明商事租赁的制度利益。Kendall 案的事实②是:1981 年,Bixler 计划把机库(hangar space)转租给上诉人 Kendall。与 Bixler 相比,Kendall 资

---

① Supreme Court of California, 1985, 709 P. 2d 837.
② 本案案情较为复杂,还涉及美国法中的 Assignment 与 Sublease 的区别。Assignment 是剩余期间的完全转租。Sublease 是只转租剩余期间的部分时间段,或者权利义务范围可能比原租赁合同规定的要小。在不影响分析的基础上,本书对本案情节做了简化,对 Assignment 与 Sublease 也基本不做区分,把它们作为同义词处理。

金状况更好,净资产更多。租赁合同规定,合同转租前应当获得出租人的书面同意,否则出租人可以解除转租合同。为此,Kendall 请求出租人 Pestana 予以同意,但遭到了拒绝。为此,Kendall 请求法院判决其拒绝同意是对自由转租的非法限制,并赔偿损失。

  本案的重大争议是,在合同没有明文规定出租人不能不合理拒绝的情况下,出租人是否可以不合理地随意地拒绝转租。① 但法院认为,出租人的拒绝同意不能是无条件的、专断的,应当具有合理的商业上的理由。在本案中,如何判断出租人的拒绝是否构成"合理拒绝"？加利福尼亚州最高法院始终把"营业场所租赁"放置在商事租赁的制度框架中加以处理。判断商事上的合理拒绝的主要要素有:第三人的资金状况,对特定财产使用的妥适性,财产使用的合法性,是否需要改变建筑物的用途,占用方式的性质(如作为办公室、工厂、医院)等。此外,仅仅建立在个人偏好、方便或者鉴赏力之上的拒绝也不具有商事上的合理性。同时,为了获得更高租金也不能成为合理理由而拒绝转租。事实上,与 Bixler 相比,Kendall 资金状况更好,净资产更多。这样,Pestana 没有商业上的合理理由加以拒绝,加利福尼亚州最高法院判决 Kendall 胜诉。

  从以上的 Hilder 案与 Kendall 案的比较中可以看出,即使都属于租赁法律制度,但其内部还可以继续类型化。商事租赁与生活租赁就属于不同类型,具有不同的特征。商事租赁着眼于"商事",以"营利性"作为构建制度利益的起点与终点,只要能获得切实的商业上利益,就可以较为灵活地处理。但在生活租赁中,房屋的可居住性就成为

---

  ① 其实,在租赁合同的转租行为中,许多国家的物权(财产)法、合同法都规定承租人在转租前应当获得出租人的同意。承租人未经出租人同意转租的,出租人可以解除合同。我国《民法典》第 716 条规定:"承租人经出租人同意,可以将租赁物转租给第三人。承租人转租的,承租人与出租人之间的租赁合同继续有效,第三人对租赁物造成损失的,承租人应当赔偿损失。承租人未经出租人同意转租的,出租人可以解除合同。"

首要问题,一切其他问题都是以此为中心展开。为此,不但房屋在租赁开始时要具有可居住性,而且在整个租赁期间,出租人也有义务维持房屋的可居住性。可居住性就是生活租赁的制度利益的生动体现。①

但就我国而言,由于采取民商合一的立法模式,我国《合同法》并不区分民事租赁与商事租赁。虽然民事租赁与商事租赁都有租赁合同的共性,但两者的差异性也是很明显的。我国《民法典》合同编的立法模式掩盖了两者的区别,造成了法律适用上的困扰,应当借鉴美国的司法经验,对这两种不同的租赁方式做适当的区隔。

(三)制度利益的铺陈

那么,具体的待决案件所涉及的某一法律制度的制度利益究竟是什么?使用什么方法可以使其展现出来?我们可以 Grutter 案为例进行分析。

在 Grutter 案②中,Grutter 是一个密歇根州的白种人。1996 年,她以 GPA3.8 分和 LSAT161 分的成绩申请密歇根大学法学院。她起初在候选人名单上,但最后没有被录取。为此,她起诉了密歇根大学、法学院及招生人员。她主张他们的招生政策是建立在种族歧视之上的,违反了美国宪法第十四修正案和 1964 年的《民权法案》第 6 条。她指出,其申请被拒绝是因为法学院把"种族"作为决定性因素,给予特定种族足够多的机会。

---

① 与美国法在财产法中对租赁加以规定不同,我国是在《民法典》合同编中规定的。此外,我国合同编没有区分商事租赁与生活租赁,适用相同法律条款,这将会造成司法裁判中的困难。《民法典》第 712 条规定:"出租人应当履行租赁物的维修义务,但当事人另有约定的除外。"第 713 条规定:"承租人在租赁物需要维修时可以要求出租人在合理期限内维修。出租人未履行维修义务的,承租人可以自行维修,维修费用由出租人负担。因维修租赁物影响承租人使用的,应当相应减少租金或者延长租期。因承租人的过错致使租赁物需要维修的,出租人不承担前款规定的维修义务。"

② Grutter v. Bollinger,539 U.S. 306(2003).

密歇根大学招生主任 Dennis Shields 认为,他并没有命令他的员工给予少数族群学生特定比例或者数量,只是把种族作为考虑的因素之一。但是需要确保少数族群学生具有"关键性数量"(Critical Mass)。这一数量可以鼓励少数族群学生参加到班级活动而且没有孤单的感觉。被告主张在学生录取中考虑种族因素有利于实现教育利益。这种利益来源于学生的多元化。换言之,高等教育需要法律强制保护的国家利益(Compelling State Interest①)体现在学生的多元化之中。

美国联邦最高法院多数法官认同被告观点。其认为,学校对学生多元化具有强制性国家利益(社会公共利益)。② 多元化是教育制度的基本属性。在宪法所载明的限度内,应当对大学的学术决定权给予尊重,这是一种长期以来的传统。基于公共教育的重要目标,广泛的言论自由与思想自由的重要性,大学在我们的宪法中占据着特殊地位。Powell 法官指出,一个大学的自由决定权包括选择学生的自由,即有权选择最有利于促进思想交流的学生。这对实现教育使命是最为重要的。最高法院的结论是,学生多元化上的强制利益在法学院各种任务中居于核心地位。如无相反证据,就可以推定其是善意的。为了组建具有卓越的学术能力和学生多元化的班级,法学院可以寻求"关键性数量"的少数族群。

法学院仅因为学生的种族来源不同而使其在学生中具有一定比例的代表,这会构成明显的种族歧视,显然是违宪的。但在本案中,法学院是为了使学生多元化。这些利益需要获得强制性保护的理由是

---

① Compelling-State-Interest test 是宪法上的术语,是判断某一法律是否合宪的一种方法。根据这一方法,需要对法律所含有的国家利益、法律目的与受该法影响的个人宪法权利进行权衡。只要法律所保护的国家利益足够大,该法就会获得支持。See Compelling-State-Interest test, *Black's Law dictionary*, 9th, 2009, p. 321.

② 笔者认为,国家利益与社会公共利益虽然称谓不同,但是在大多数情况下两者存在"交集"。当然,当国家作为一个实体时,国家利益与社会公共利益是不同的。在本书所涉及范围内,可以把两者作为同一概念来处理。

充分的。法学院的招生政策促进了种族间的理解,有利于打破对不同种族的刻板印象,使学生更有能力理解不同种族的人们。

法学院具有强制利益的主张获得法庭之友①的支持。大量证据表明,学生的多元化提高了学习效果,面对不断提高的劳动力多元化和社会多元化,学生有更好的准备。在全球化浪潮中,美国的主要公司需要具有多元化思维的员工。美国国防也需要多元化将士。学生多元化对学生将来就业、成为美国市民具有极端重要性,对保持美国的政治传统与文化传统具有重要性。教育是一个市民具有良好素质的最重要基础。为此,通过接受高等教育的方式来传播知识、获得机会,对每个人都是相同的,无关民族或者种族。这是政府的首要目标。

特别有意思的是,法院指出大学特别是法学院扮演着为美国培养大量领导人的重要角色。在美国,持有法律学位的人占据着大约 1/2 的州长位置,超过 1/2 的联邦参议员位置,超过 1/3 的联邦众议员位置。对于顶尖的法学院而言,这一现象更为突出。一小撮法学院毕业生占据 100 个联邦参议员中的 25 个,74 个上诉法院法官,600 多个地方法院法官中的近 200 个。就培养一批具有法律意识的领导人而言,成为领导人的道路对于每一个种族、民族的具有天赋的人都是开放的、看得见的。

以上列举的利益可以用图 3 展示出来:

---

① 参见翁国民:《法庭之友制度与司法改革》,法律出版社 2006 年版,导语。所谓"法庭之友"(amicus curiae)制度,是指在法院审理案件的过程中,由当事人以外的第三人向法院提供与案件有关的事实或者适用法律方面的意见,以影响法院判决的一项制度。

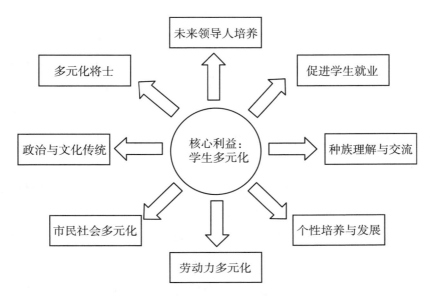

图 3　学生多元化制度利益的铺陈图

从本案可以看出,需要强制保护的国家利益的立论基础在于学生的多元化。学生多元化是高等教育的根本性利益,是该法律的制度利益。围绕该制度的核心利益又生长出广泛的其他利益。这些利益不是理论上的抽象利益,而是实实在在的具体利益。它不但涉及学生的学习生活,而且涉及学生将来的就业。它不但涉及学生个性的培养,而且涉及军队、商界领袖的培养。它不但涉及一般市民素质的培养,更涉及国家未来领导人(如总统)的培养。

(四)小结:制度利益可分两个步骤剖析

以上分析启示我们,在利益衡量时需要对潜藏于法律制度背后的制度利益做深入剖析。其可以分为两个步骤:

(1)厘清核心利益。如 Grutter 案中的核心利益是学生多元化。实际上,法律制度所蕴含的利益可以划分为核心利益与非核心利益。核心利益是该法律制度所固定的能体现该制度本质属性的制度利益。

该利益往往通过一些具体的利益体现出来,如婚姻制度中的"一夫一妻"、法律婚主义。一般意义上的制度利益指的就是核心利益。核心利益处于主导地位,非核心利益从属于核心利益。一般地,核心利益较为明确,容易判断;而非核心利益有时可能较为模糊,给利益衡量带来困难。当非核心利益与核心利益矛盾时,应当保护核心利益,围绕核心利益对非核心利益进行分析衡量、作出取舍。这是我们应当遵循的原则。

(2)以该制度涉及的社会广泛性为依据,对所涉及该制度的具体利益作广泛地"铺陈"与"罗列",以便作出妥当的利益衡量。① 不管核心利益的厘清还是其他利益的分解,都是利益衡量得以妥当展开的基础。遗憾的是,我国一些法院判决在涉及利益衡量方法的运用时,并不在判决书中详细阐明利益衡量的具体过程,更缺少对制度利益及相关利益的深入剖析。这一过程的缺失极易造成利益衡量的滥用或不当。

二、制度利益衡量的规则

(一)制度利益衡量的基准:应当与社会公共利益相协调

众所周知,给予法律制度生命和活力的是外面的精彩世界。法律制度不是隔绝的、孤立的,它完全依靠外界的输入。最一般而言,司法制度的职能是分配与维护社会认为是正确的价值的分派。② 制度利益要与社会公共利益相一致,这是社会对法律制度的要求。这是对某一

---

① 从利益法学的发展看,自英国学者边沁开始,德国耶林、赫克等学者都对利益采取广义说。

② 参见〔美〕弗里德曼:《法律制度》,李琼英、林欣译,中国政法大学出版社1994年版,第17页。

法律制度是否"合意"的一种价值评判。其实质是要求各种权利在社会成员之间合理分配,每个人都能得到其所应得的;各种义务由社会成员合理承担,每个人都应承担其所应承担的。这一要求既体现为一种价值理念,也体现为一种制度安排;既可视为一种原则和标准,也可视为一种状态和结果。从法律体系的内部看,不同的法律制度之间也应当共同本着社会公平、正义的精神而各司其职、协调配合、共存共荣。特别是法官对具体问题进行利益衡量时,要注意到该具体问题的价值判断不应当与基本的法律价值相矛盾。为什么这么说?因为每一个具体的价值判断若不与体系保持统一性,那么具体的价值判断的最终结果就会导致否定根本的或重要的法律价值。

在美国,许多判例表明制度利益与社会利益之间的互动关系。例如,1886年的一个案件中,一个采矿公司用本公司的汇单来支付矿工工资。这一行为遭到了立法机关的禁止。立法机关不但禁止这类行为,而且命令超过雇佣一定数量雇员的雇主们需用现金支付工资。但是,这一禁止性规定是否构成对合同自由的干涉呢?是否构成对当事人订立这类合同的权利给予了不合理的限制而无效呢?审理该案的法院立足于采矿工个人与矿主个人之间的抽象关系,认为这个限制不是最大限度地促进权利的自我行使,反而限制了这种自我权利的行使,同时也为了使其他人可以有相似地行使自我权利的自由,这种限制是不必要的。所以,法院认为这是对一种自然权利的不正当干涉。[①]但是,庞德对此提出了批评。他认为,如果从个人道德和社会生活中的社会利益来考虑,规定矿主只能用金钱来支付雇员工资并没有侵犯其人格尊严,也没有极力干涉矿主生活,只是通过强加这样一个限制来达到一些冲突的化解,保护矿工的人格尊严并使他们能够过上一种文明社会的人类生活。按照社会功利主义的标准,尽量少的牺牲其他

---

① 参见〔美〕罗斯科·庞德:《普通法的精神》,唐前宏、廖湘文、高雪原译,法律出版社2001年版,第140页。

利益来使我们获得尽可能多的利益或者可以获得一样多的利益,那么对合同自由的限制是公正的。① 笔者认为庞德的批评是合理的。矿工与矿主的合同关系并不属于真正的平等关系,矿工已经成为一个特殊的群体,需要构建特殊的制度——劳动法律制度来分析解决纠纷。在这个劳动法律制度中,对矿主的不当支付工资的行为加以限制是妥当的,其维护弱势群体的制度利益是与社会公共利益相一致的。

在我国司法审判中曾出现与此不同的情形,也很能说明问题。最高人民法院 1995 年 3 月 6 日颁布实施的一则批复②规定:"未经对方当事人同意私自录制其谈话,系不合法行为,以这种手段取得的录音资料,不能作为证据使用。"但是,这一规定给司法实践带来了困扰。例如,1995 年,华南某中级人民法院受理一起借款合同纠纷。③ 该案原告诉请被告返还欠款 30 万元,并以借条为据。被告辩称已还 20 万元,只欠 10 万元,并称还款时已经在借条下方注明"还款 20 万元"。后来双方关系恶化,原告将借条下方注明"还款 20 万元"的部分裁剪了。借条下方确实也有被裁剪的痕迹。庭审中,被告向法院提供一份录音材料,录音内容与被告所述相符。在此,该录音资料是关键证据,但苦于批复规定不能作为证据使用。这造成被告利益无法保护,抱怨法律不公。可见,最高人民法院的批复显然没有把握好制度利益的恰当内涵,对录音的法律规范失当。如果录音前需要征询对方意见,那么恐怕没有人会同意录音。应该说,"未经对方同意即构成不合法录音行为"的规定并不科学。其实,"证据取得必须合法"的制度利益在于防止适用不正当手段获取证据,损害对方人身等合法权益。该批复所确定的制度利益超越了必要限度,并不符合社会公共利益。所以,

---

① 参见〔美〕罗斯科·庞德:《普通法的精神》,唐前宏、廖湘文、高雪原译,法律出版社 2001 年版,第 141 页。

② 参见 1995 年 3 月 6 日颁布实施的《最高人民法院关于未经对方当事人同意私自录制其谈话取得的资料不能作为证据使用的批复》规定。

③ 参见徐昕:《司法过程的性质》,载《清华法学》2010 年第 2 期。

2002年的《最高人民法院关于民事诉讼证据的若干规定》第68条规定:"以侵害他人合法权益或者违反法律禁止性规定的方法取得的证据,不能作为认定案件事实的依据。"这是对原批复的修正,私自录音材料只要不违反第68条规定,便可以作为证据使用。

此后,"北大方正公司、红楼研究所与高术天力公司、高术公司计算机软件著作权侵权纠纷"案①是关于民事诉讼非法证据排除规则的一个标志性案件。最高人民法院在再审判决书的裁判摘要中指出:"尽管法律对于违法行为作出了较多的明文规定,但由于社会关系的广泛性和利益关系的复杂性,除另有明文规定外,法律对于违法行为不采取穷尽式的列举规定,而是确定法律原则,由法官根据利益衡量、价值取向做出判断。"这一裁判要旨对于今后正确适用这一规则具有指导意义。②该裁判摘要还强调:"鉴于计算机软件著作权侵权行为具有隐蔽性较强,调查取证难度较大,被侵权人通过公证方式取证,其目的并无不正当性,其行为并未损害社会公共利益和他人合法权益。同时该取证方式也有利于解决此类案件取证难问题,起到威慑和遏制侵权行为发生的作用,有利于加强知识产权的保护。故其公证取证的方式应认定为合法有效,所获得的证据亦应作为认定案件事实的依据。"从这一案例中可以看出,"制度利益是否与社会公共利益相一致"是进行利益衡量所必须仔细权衡的。

卡多佐(Cardozo)曾说,当法官"奉命去确定在多大程度上延伸或限制现行规则,他们必须根据社会利益(social welfare)确定路径、方向和远近"。卡多佐解释说:"社会利益是一个模糊词。一方面,它可以指通常所说的公共政策、集体利益。在这样的案件中,社会利益的要求往往就是出于单纯的便利或审慎的要求。另一方面,该词可以指遵

---

① 参见北大方正公司、红楼研究所与高术天力公司、高术公司计算机软件著作权侵权纠纷案,载《最高人民法院公报》2006年第11期。
② 参见李浩:《利益衡量的杰作·裁判方法的典范》,载《人民法院报》2007年3月26日。

守正当行为标准带来的社会效益——表现为大众的 Mores（风尚）。在此类案件中，其要求是出于宗教、伦理、社会正义感的要求，无论是表述在信条、体系还是植根于普通人的心中。"①

（二）制度利益衡量的三大支撑

1. 在复数制度中选择妥当制度，避免误入歧途

事实上，人类的集体生活需要不同秩序。不同的人类群体在长期的共同生活中发展出了不同的秩序范式，这些秩序范式的不同在于其中蕴含着不同的规则。从深层次角度看，不同的规则背后隐藏着不同的价值。正是这些不同的规则和不同的价值形成了不同性质的法律制度。可以说，法律制度应当是事实、逻辑与价值的结合体。② 但从法律适用的角度看，法律制度的这种构造意味着选择不同的制度可能会导致不同的法律结果。这要求我们在适用法律时应当仔细分析法律制度的内在制度利益，把该法律制度所蕴含的价值贯彻到具体的司法裁判中去。但事实上，我们的审判活动强调更多的是逻辑推理的方法。而逻辑推理本身是一种无价值分析的过程，与该法的制度利益无涉。这样，如果过分强调逻辑而忽视价值等因素的考量，就可能会发生不当的裁判结果。所以，应当选择妥当的法律制度作为裁判的制度框架。这从 Hynes 案可以看出来。

Hynes v. New York Cent. R. CO. 一案的基本事实是，纽约的 Harlem 河边，被告拥有铁路，铁路上竖有电线杆、横杆等。铁路一侧紧靠 Harlem 河，一块木板从铁路隔墙伸到河面上方。1916 年 7 月 8 日，一名叫作 Harvey Hynes 的 16 岁少年站在木板上准备跳水时，刚好被

---

① 〔美〕A. L. 考夫曼：《卡多佐》，张守东译，法律出版社 2001 年版，第 216—217 页。
② 参见〔日〕北川善太郎：《日本民法体系》，李毅多、仇京春译，科学出版社 1995 年版，第 3—4 页。

被告土地上倒塌的电线杆不幸击中,落水身亡。二审法院①认为,根据纽约州的法律规定,必须先确定本案中 Hynes 的身份——侵入者还是过路人,才能确定被告的责任。二审法院认为,Hynes 是不法侵入者。② 这是因为木板是被告的财产,与其不动产紧密相连,已经成为其不动产的一部分。Hynes 进入铁路,站到木板上准备跳水的行为就是入侵行为。所以,电线杆的倒塌如果不是故意或者恶意侵害造成的,被告对死者就没有责任。

Hynes 母亲不服,上诉到终审法院。③ 卡多佐法官代表终审法院发表了意见。④ 其认为,我们过于把注意力集中于木板的所有权上,而忽视了水体上下的公共所有权。从船上跳到水中,他是游泳者。而从伸到河面上方的木板一端跳到水里,他不是游泳者,却变成了侵入者。这显然是矛盾的。法律制度中的权利与责任不能建立在这样的流沙上。发生灾难那天,航道中的游泳者依法享有从被告的电线杆倒塌中获得合理保护的权利。同样,Hynes 不能因为使用跳板而失去了游泳者的权利。使用木板,仅仅是实现其主要目的——在河道中享受游泳的次要方面、辅助行为。卡多佐指出,二审判决是概念法学的典型例子,是无视结果的逻辑推理的极端。现行法律应当进行重新调整以适应社会现实。本案中,被告主张在每一个事件中附着物的所有权与土地所有权是同一的,但事实上有许多重要方面是不同的。被告主张的是高度技术化的规则,即站在跳板一端的跳水人是附着物的侵入者。而原告主张的规则是,他可以在公共水道中行使公共权利。在行人经

---

① Hynes v. New York Cent. R. CO., Supreme Court, Appellate Division, Second Department,176 N. Y. S. 795,1919.

② 在美国侵权法上,地主对不可预见的入侵者不承担责任。See trespasser, *Black's Law Dictionary*,9th ed.,2009,p.1643.

③ 纽约州法院系统的称呼较为特殊。该州的一审叫"Supreme Court",二审叫"The Appellate Division of New York",终审法院叫"Court of Appeals"。

④ Hynes v. New York Cent. R. CO.,231 N. Y. 229,131 N. E. 898,17 A. L. R. 803(Court of Appeals of New York,May 31,1921)。

过临近的公用道路的场合,土地所有人存在控制其行为的义务,其免责只能是一种例外。从法律制度的视角看,这其实是两种完全不同的制度:一是规范"侵入者"的法律制度;一是规范"过路人"的法律制度。两者的制度构成不同,凝固于其上的制度利益也各不相同。如果Hynes是不动产的不法侵入者,被告无须对其承担责任。如果是经过航道的人,不论他是在游泳还是乘坐船只通过水道,被告应当对此承担责任。被告对这两种不同的人承担不同的责任。法律必须对被告是否适用这一规则或者那一规则进行选择,以适应社会现实。基于公共政策、社会正义等考虑,应当把被告从免责的例外中排除出去,而赋予其义务与责任。

应该说,卡多佐的说理是透彻的、可信的,获得了美国社会的认可,成为美国侵权法上的经典案例。虽然该案的一审与二审法院对于法律的逻辑推理都没有问题,但是判决的结果却是不公平的,不能为社会所接受。终审法院也利用逻辑推理来分析事实,但认为除了以法律逻辑推理得到判决结果外,还应该考虑其他相关的因素,找出可以为社会所接受的最恰当判决。究其实质,是使用了利益衡量的方法,比较了原告与被告的行为、双方的利益,分析了不同法律制度背后的利益,然后把不同的制度利益与整个社会观念等社会利益进行比对,作出了合乎社会公正的结果。所以,每一法律制度都包含特殊的制度利益,每一法律制度也都存在"合理边界",选择合理的制度框架进行制度利益衡量是十分重要的。

2. 结合法律情境探寻制度利益,避免利益误判

从法律存在方式看,法律规则是抽象的,其赖以存在的载体——法律语言也是抽象的。一般地,立法者在制定法律时往往会对纷繁复杂的具体案件事实进行取舍,形成所谓的典型案件,并以该典型案件为模型结合法律原理、规则等进行立法。从某种意义上讲,这种立法方式裁剪了法律事实的丰富性、多样性与复杂性,也使法律变得刻板、

僵硬,甚至冷冰冰。但是,法院所面对的案件事实却又是具体的、多变的、复杂的。从法律适用的过程看,其实就是把抽象的法律条文还原到具体的案件事实中去。在这种具体—抽象—具体的循环反复中,很容易发生法律适用上的不当或偏差。为了弥合或者减少两者之间的冲突或者不匹配之处,需要从情境出发对该法律的制度利益进行适当调适。这可以从 Roe v. wade① 案得到启示。

1969 年,一位名叫 Roe 的女子向得克萨斯州刑法发起了挑战。得克萨斯州刑法规定,除了依照医嘱而为挽救母亲生命进行堕胎外,其他一切堕胎行为都构成刑事犯罪。原告 Roe 诉称,她遭受强奸导致怀孕却不能堕胎,得克萨斯州禁止堕胎的法律侵害了她的隐私权,该法律违宪。②

在承认妇女堕胎权为宪法所保护的个人隐私权③的同时,美国联邦最高法院 Blackmun 法官代表多数意见指出,决定堕胎与否的个人隐私并不是绝对自由,存在两种"重要而正当"的国家利益(社会利益)的限制,政府为实现这两种利益可以制定限制堕胎的法律。一是保护孕妇生命健康,二是保护胎儿潜在生命。这两种利益在妊娠期间分别存在,各自在某一时段内成为需要强制保护的国家利益。其中,存活性是划分保护胎儿潜在生命的国家利益和妇女堕胎选择权的一条基本界线。所谓存活性,就是胎儿脱离母体后能够借助人工辅助技术生存下来。法院认为,得克萨斯州法律对堕胎进行了广泛的限制:没有区分妊娠早期与晚期的堕胎;将抢救母亲生命作为允许堕胎的唯一理由,而排除堕胎所涉及的其他利益。因此,得克萨斯州法律违反

---

① Roe v. Wade, 410 U.S. 113, (1973).
② 需要说明的是,本书仅在利益衡量的方法论意义或相关的法律问题上来使用该案例。因为关于堕胎权、胎儿保护等问题涉及美国的政治、法律、宗教等不同领域的问题,关系错综复杂。这种情况在德国等西方国家同样存在。参见〔德〕N. 霍恩:《法律科学与法哲学导论》,罗莉译,法律出版社 2005 年版,第 289 页。
③ 美国的隐私权与中国的隐私权并未完全一一对应。在 Roe 案中,法院以堕胎权主要涉及私生活,属于隐私权范畴。其概念的外延似乎比我国更宽。

了美国宪法第十四修正案的正当程序条款。

为了进一步明确孕妇隐私权（堕胎权）和孕妇健康权、胎儿潜在生命权两种需要强制保护的国家利益的界线，Blackmun法官将妊娠期划分为三个阶段，即（1）妊娠的最初3月，即第1周至第12周之间：堕胎危险性小于正常分娩风险，政府没有必要为了保护孕妇的健康而限制堕胎，医生与孕妇协商后，可以自行决定是否堕胎，不受法律限制。（2）妊娠头3月之后到胎儿获得母体外存活性（第24/28周）之前，即第13周至第24/28周之间：堕胎危险性增加，已经超过正常分娩风险，政府可以保护孕妇健康为目的而限制堕胎，但是限制措施只能以保护孕妇健康为必要。（3）在胎儿获得母体外存活性之后到分娩之前，即第24/28周至分娩之前：政府可以为了保护潜在生命或者孕妇健康而采取包括禁止堕胎在内的措施，除非堕胎是为了挽救孕妇生命。这可以用图4表达出来：

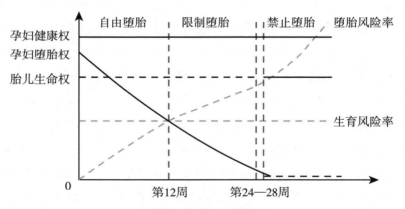

图4 孕妇堕胎权、健康权与胎儿生命权关系的动态变化图

以情境区分为基础而引申出不同的规则，这正是法律的智慧，也是制度利益衡量中应当体现的精神。例如，就环境保护中的利益衡量而言，不同的情境会有不同的结果。在日本，一种意见是"环境忍受论"。其认为只要不超过忍受的限度，对环境的利用原则上并不违法，

应当在忍受限度内对各种利害关系进行衡量。另一种意见是"环境权论"。其认为应当把良好环境的保护当成利益衡量之际具有第一位选择价值的原则,但承认有一定的例外。哪一种观点较为妥当?如何进行利益衡量?日本学者大须贺明认为,这需要将其放到不同的阶段分别进行利益衡量。第一阶段是环境破坏能够通过自然的净化能力自行治愈的阶段,而第二阶段则是环境破坏已经无法靠自然的净化能力自行治愈、破坏了自然循环的阶段。可以说,"忍受限度论"者所持的利益衡量论,是在第一阶段形成的,在该阶段是妥当的理论;而"环境权论"所持的利益衡量论,属于第二阶段为基础形成的理论。大须贺明认为,这两个阶段应当分别遵循不同的利益衡量的基准。①

其实,制度利益需要与具体情境相联系是普遍存在的规律。契约自由原则是以双方当事人经济实力相当为基本社会条件的。这里的双方当事人是抽象的人,并不考虑当事人之间的具体差异。当社会发生重大变化,出现严重两极分化,贫穷的劳工已经丧失了与富裕的雇主自由缔约的可能性时,就不应当再盲目坚持。19 世纪末 20 世纪初,美国联邦最高法院不顾社会情境的变迁而一味地保障契约自由,从根本上失去了社会正义。这种对不同情境的案件作相同处理也破坏了"相同案件相同处理、不同案件不同处理"的基本原则。② 所以,劳动法、消费者权益保护法等从传统的民法中独立出来,形成了蕴含独特制度利益的法律制度。总之,制度利益衡量与法律情境相结合是应当遵循的原则。

3. 围绕制度利益,分清一般与例外

一项法律制度在通过法律规范表述出来的过程中,有时会出现过度一般化的问题。这时,需要把案件所涉及的不同利益进行铺陈与分类,紧紧联系该法律的制度利益,把不应该由该制度规整的部分作为

---

① 参见〔日〕大须贺明:《生存权论》,林浩译,法律出版社 2001 年版,第 203—207 页。
② 参见陆宇峰:《美国法律现实主义:内容、兴衰及其影响》,载《清华法学》2010 年第 6 期。

其例外情形剔除出去。这是因为根据法律的正义精神与平等原则，相同案件需要适用相同法律规范，不同案件需要适用不同法律规范。在法律制度对现实生活的规整过程中，有时可能会涵盖两种不同的案件类型：一类是适用该规范符合其制度目的，与其制度利益相契合；另一类是适用该规范不符合其制度目的，与其制度利益相抵触。也就是说，一个法律规范根据其字面意思可能过于宽泛，以致从正义的角度来看，不应适用该规范的情形也被纳入其适用范围。在这里，将实质上不同的情形从该规范的适用范围中排除出去是正当的。这种排除可以引入专门的例外规定，或者添加限制性规定来实现。[①] 这可以形成一条例外规范作为利益衡量中的正当化的理由。[②]

有时适用某一法律规范会与法律基本原则或精神相抵触，需要排除一些例外情形。这方面妥当的例子是：我国《刑法》第310条规定，明知是犯罪的人而为其提供隐藏处所、财物，帮助其逃匿或者作假证明包庇的，处以刑罚。[③] 同时，《刑事诉讼法》（2012年）第52条第1款规定了"有关单位和个人应当如实提供证据"[④]。但是刑法与刑事诉讼法的这一规定与我国长期以来形成的"亲亲相隐"传统相违背。早在春秋时期，孔子曾说"父为子隐，子为父隐，直在其中矣"[⑤]。历朝法典（如《唐律疏议》）也大多秉承这一思想，一直到民国时期《刑法》仍规定藏匿犯罪的亲属可减轻处罚。但后来，亲亲相隐被大义灭亲所代替。其实，亲亲相隐体现了对人性的理解和对人的关怀。亲属、家庭

---

① 参见〔德〕齐佩利乌斯：《法学方法论》，金振豹译，法律出版社2009年版，第94页。
② 同上书，第100页。
③ 《刑法》第310条规定："明知是犯罪的人而为其提供隐藏处所、财物，帮助其逃匿或者作假证明包庇的，处三年以下有期徒刑、拘役或者管制；情节严重的，处三年以上十年以下有期徒刑。犯前款罪，事前通谋的，以共同犯罪论处。"
④ 《刑事诉讼法》（2012年）第52条第1款规定："人民法院、人民检察院和公安机关有权向有关单位和个人收集和调取证据。有关单位和个人应当如实提供证据。"第4款规定："凡是伪造证据、隐匿证据或者毁灭证据的，无论属于何方，必须受法律追究。"
⑤ 《论语·子路》。

是人类感情的皈依和社会关系的基础。如果法律为了实现个别正义而不惜伤害亲属之间至真的感情,甚至不惜制裁这种感情,则有违法律保护社会风纪的本意。孟德斯鸠说过:"不应该为保存风纪,反而破坏人性;须知人性却是风纪之源泉。"如果在家庭关系中,用法律强迫出卖和揭私,则使人与人之间毫无信任的底线。所以,很多国家的法律都有这方面的限制性规定。例如,《日本刑法典》第105条规定:"犯人或者犯人的亲属,为了犯人或者脱逃人的利益而犯前两条之罪(即藏匿犯人、隐灭证据)的,可以免除刑罚。"可见,我国法律在处理原则与例外的问题上存在不妥当之处,没有把应该剔除的主体排除出去。[①] 虽然在2012年的《刑事诉讼法》修改中,该法第188条第1款已经规定被告人的配偶、父母、子女可以不出庭作证。[②] 但是,这并不是真正意义上的亲亲相隐。它只是涉及被告人配偶、父母、子女的不强制出庭作证问题,只要法院、检察院和公安机关向他们收集与调取证据,他们依然应该如实提供。在刑事实体法上,也没有把他们从窝藏罪、包庇罪中排除出去。所以,应当把一定范围内的近亲属对实施某些类型犯罪的罪犯的藏匿等行为从窝藏等罪中排除出去。

有时对一些例外情形排除适用反而有利于该法律所确立的制度利益的实现。这方面的适例是德国联邦最高法院的一则裁判。[③]《德国民法典》第400条规定:"债权禁止扣押的,不得让与。"本案的问题是,第三人(如雇主)基于照顾的目的对权利人承担给付相应金额的义务,权利人可否将其对加害人的意外事故年金请求权让与第三人呢?显然,从《德国民法典》第400条的字义看,这是不允许的。但德国最高法院认为,假使是受领各该期给付之后的让与,或者,虽然是在此之

---

① 但是,也有人认为这不是法律漏洞,是法律选择的结果。
② 《刑事诉讼法》(2012年)第188条第1款规定:"经人民法院通知,证人没有正当理由不出庭作证的,人民法院可以强制其到庭,但是被告人的配偶、父母、子女除外。"
③ BGHZ 4,153;13,160;59,115.转引自〔德〕卡尔·拉伦茨:《法学方法论》,陈爱娥译,商务印书馆2003年版,第269页。

前的让与,但以给付为停止条件的,这些让与都属于有效。该院认为:"在一般情况下,立法者之所以依民法典第400条禁止请求权之让与,盖欲借此确保年金请求权人必要的生计……虽然与《民法典》第400条清楚的字义相反,仍应肯定此种可能性,盖如若不然,则将与法律原拟追求的目标(保护年金请求权人)背道而驰。"显然,《德国民法典》第400条所确立的制度利益在于保护债权人。但在本案中,权利人把年金请求权让与雇主,雇主则对权利人给付相应金额,并由雇主向加害人行使请求权。这对权利人而言,获得了更好的保护。相反,如果固守《德国民法典》第400条则会对权利人造成不利益,因为如果权利人不把债权让与给雇主,雇主是不可能对他给付相应金额的。所以,在这一特定情况下应该允许债权人让与债权。当然,正如德国最高法院所指出的那样,对禁止规范作变更文字内容,但忠于目的之限缩时,自应极度审慎从事。

有时为实现某一法律的制度利益需要一定的例外,以排除相互矛盾。2003年全国高考作文题目是根据《韩非子》中的一则寓言:"智子疑邻"①,要求考生就"感情亲疏和对社区的认知"这一话题写一篇作文。作文的基本要求是:(1)所写内容必须在话题的范围之内;(2)立意自定;(3)文体自定;(4)题目自拟;(5)不少于800字;(6)不得抄袭。陕西考生吴斌在作文中另辟蹊径,写出了一首名为《无题》②的现代诗歌,虽然只有209字,但阅卷老师认为这首诗既切合题意,又具有

---

① 《韩非子·说难》。原文为:宋有富人,天雨墙坏,其子曰:"不筑,必将有盗。"其邻人之父亦云。暮而果大亡其财,其家甚智其子,而疑邻人之父。

② 《无题》的全文:拉开窗帘,阳光只有一种颜色——题记/拉开窗帘,阳光只有一种颜色/不论你喜欢/赤橙黄绿青蓝紫/当然情感无罪/但它好像变色墨镜/把整个世界/染得非喜即悲/把所有面孔扭曲/给你看/于是无知的你伸出指头/"这个丑,那个美"/别总给理智放假/如果感情像雾/那么当心它遮住了/真理的彼岸/如果感情像月光/那么要知道/它剽窃不了太阳的光线/不是说感情总在欺骗/只是它总有失真的一面/时常擦拭你的双眼/别让理智离开身边/拉开窗帘/你是否看得清暗礁/如果是/那么撑起帆/起风了,你看那是岸。

优美的诗韵,便判为满分。① 但有人认为,其字数 209 字远远低于 800 字的要求,应该被判为不及格,引起了很大争议。从作文的基本要求看,从立意到文体,都给考生以很大的自由空间,其目的就在于通过作文这一考试形式发现具有优秀语言文字运用能力的各种人才。这也是设置作文考试的制度利益所在。当然,诗歌是允许的。但是,诗歌字数的计算方法显然不同于议论文等其他文体,是按行数计算的。就我国古代诗歌而言,五言诗、七言诗大多是四句,也有八句的。现代诗的行数会多一些,但 20 行的诗歌也已经不短了。其实,从诗歌稿酬标准,惯例是 20 行计为 1000 字。而吴斌的诗有 27 行,可以认为已经超过 1000 字,符合"不少于 800 字"的要求。可以说,出题者没有注意诗歌这一文体的特殊性,没有在字数上做出例外规定,妨碍了制度利益的实现。所以,阅卷者对这一漏洞加以填补,判吴斌作文满分是可取的。

有时适用某一法律规范的后果将对社会造成其他重大的不合理损害,基于保护其他重大利益的需要,适用该规范应该有所例外。根据瑞士法律,当被告被科以散布猥亵物品罪时,应该判决将该物品销毁。但是,该案涉及的是一些极具艺术价值的日本浮雕及印刷品。瑞士联邦法院认为,鉴于其艺术上的价值,将其销毁未免太甚。为达到法律目的,将之交付美术馆,并规定仅艺术专家才能阅览即可。沃尔夫斯认为,法院对"销毁"的理解已经逾越该文字的字义范围。法院已经不是在解释法律,而是基于利益衡量,以目的论限缩的方法修正了该法律。②

---

① 参见《209 字诗歌得高考满分,作者估分 400 做好落榜准备》,载 http://news.21cn.com/zhuanti/domestic/2012gkzw/2012/06/06/12075309.shtml,2012 年 6 月 6 日发表,2012 年 7 月 26 日访问。

② 参见〔瑞〕沃尔夫斯:Logische Grundformen der jurisischen Interpretation,1971,S.30。转引自〔德〕卡尔·拉伦茨:《法学方法论》,陈爱娥译,商务印书馆 2003 年版,第 272 页。

三、制度利益衡量的动态性功能：牵引法律制度演进的内在动力

(一)制度利益衡量推动现存法律制度向前进化

众所周知，法律制度是社会制度的一环。人们需要不断地从周围环境中吸收新鲜空气，与其生存的环境不断地进行交流。法律也一样，需要从社会环境中吸收营养，进行新陈代谢，跟随社会的进步而进步，变化而变化。法律必须稳定，却不能静止不变。① 我国的"荷花女"案②很好地说明了这一点。在该案中，体现了制度利益应当随着社会发展做适当调整，从而牵引名誉权制度向前进化。

该案事实是，被告魏锡林所著小说《荷花女》使用了原告陈秀琴之女吉文贞(艺名荷花女)的真实姓名及其艺名，在有些章节中仅根据一些传闻及当时旧报上的消息进行了虚构，主要集中在以下三处：一是小说虚构了"荷花女"先后同许扬、小麒麟、于仁杰三个男人谈过婚事并表示愿做于仁杰的姨太太以及其母陈秀琴曾收过聘礼；二是小说中写了"荷花女"曾分别到过当时天津有名的流氓恶霸袁文会、刘广海的家中唱堂会，并被袁、刘二人强奸污辱过；三是小说以暗示的手法告诉读者"荷花女"是因患性病致死。原告陈秀琴认为这是对吉文贞及自己的污辱、侵权，而且也确无证据证明被告魏锡林所写上述内容属实。

本案的争议焦点是，荷花女死亡后，其名誉权是否应依法保护？《民法通则》第 101 条规定："公民、法人享有名誉权，公民的人格尊严

---

① Roscoe Pound, *Interpretation of Legal History*, p. 1. 转引自〔美〕本杰明·N. 卡多佐：《法律的成长——法律科学的悖论》，董炯、彭冰译，中国法制出版社 2002 年版，第 4 页。

② 参见《最高人民法院关于死亡人的名誉权应受法律保护的函》(1988 民他字第 52 号)。

受法律保护,禁止用侮辱、诽谤等方式损害公民、法人的名誉。"但是,《民法通则》第 9 条又规定:"公民从出生时起到死亡时止,具有民事权利能力,依法享有民事权利,承担民事义务。"根据这一规定,死者荷花女没有名誉权,无法获得法律保护。但是,这样的观点与社会公众所持的通行观念是冲突的。社会主流的观念是,名誉是社会对某一特定人员的社会评价,体现对人的尊重,对社会的尊重。名誉并不随着生命的消亡而消失。相反,死者名誉在相当长的时间内依旧存在,并对一定范围内的亲属、朋友产生精神上影响。应该说,小说情节是允许虚构的,但是以真人真名来随意加以虚构并涉及个人隐私则是法律、道德所不允许的。可见,我国在名誉权法律制度的设置上不尽完善,需要依照社会利益对制度利益做适当的调整,从而牵引名誉权制度向前发展。

天津中院对此作了妥当分析。吉文贞已死亡,对死者名誉权是否给予保护,目前我国尚无法律明确规定。但天津中院认为,公民死亡只是丧失了民事权利能力,其在生前已经取得的具体民事权利仍应受到法律保护。比如我们对在历次政治运动中遭受迫害致死的人,通过适当方式为死者平反昭雪、恢复名誉即是对死者名誉权的保护;而被处决的死刑罪犯,《刑法》明确规定剥夺政治权利终身,也从另一个方面说明公民死亡后其生前的民事权利受法律保护。当死者名誉权受到侵犯时,可参照文化部颁发的《图书、期刊版权保护试行条例》第 11 条关于作者死亡后,其署名等权利受到侵犯时,由作者的合法继承人保护其不受侵犯的规定精神。"荷花女"之母陈秀琴有权提起诉讼。被告魏锡林以虚构事实、散布隐私等方式毁损死者吉文贞的人格,构成侵犯名誉权,故应承担民事责任。最高人民法院作出了《关于死亡人的名誉权应受法律保护的函》(1988 民他字第 52 号)的批复,同意天津中院的意见。

在该案中,由于法律没有对死者名誉保护问题作出规定,名誉权制度并不完整，其制度利益还存在缺失，与社会公共利益还不完全匹配。天津中院在法律技术上采取类推适用方法弥补了名誉权制度在法律供给上的不足，把名誉权的保护期限从公民一生扩展到了死后，并肯定一定范围内亲属的停止侵害请求权。这对死者名誉进行保护是可取的。① 在这里，法院的判决弥补了立法对死者名誉缺乏保护的疏漏。其实，在1993年8月的《最高人民法院关于审理名誉权案件若干问题的解答》中得到进一步确认：死者名誉受到损害的，其近亲属有权向人民法院起诉。2001年2月《最高人民法院关于确定民事侵权精神损害赔偿责任若干问题的解释》第3条作了更为明确的规定。② 这是名誉权制度的进化过程。从本案中可以看出"制度利益"随着社会的变迁而变化，法律制度随着制度利益的变化而进化。

综合以上分析，就一般的制度利益衡量与法律制度进化的关系而言，为了作出理智的选择，必须明白两件事。面对一个问题，无论我们沿着这条路线还是那条路线来遵循一个原则、规则或先例的指导力量，都必须明白该原则、规则或先例如何发挥作用，我们需要达到的目的是什么。③ 在这种情况下，法院应当仔细分析隐藏于法律制度背后的制度利益，提出切实可行的措施，使制度利益与社会公共利益相协调，把法律的精神"技术性"地融入裁判，牵引法律制度不断完善，向前发展。

---

① 参见王泽鉴：《侵权行为》，北京大学出版社2009年版，第57页。
② 《最高人民法院关于确定民事侵权精神损害赔偿责任若干问题的解释》(2001年)第3条规定："自然人死亡后，其近亲属因下列侵权行为遭受精神痛苦，向人民法院起诉请求赔偿精神损害的，人民法院应当依法予以受理：(一)以侮辱、诽谤、贬损、丑化或者违反社会公共利益、社会公德的其他方式，侵害死者姓名、肖像、名誉、荣誉；(二)非法披露、利用死者隐私，或者以违反社会公共利益、社会公德的其他方式侵害死者隐私；(三)非法利用、损害遗体、遗骨，或者以违反社会公共利益、社会公德的其他方式侵害遗体、遗骨。"
③ 参见〔美〕本杰明·N.卡多佐：《法律的成长——法律科学的悖论》，董炯、彭冰译，中国法制出版社2002年版，第45页。

(二)制度利益衡量与法律制度创设的关系

如果说 Kendall 案是运用新的社会视角来审视既存法律制度的演化。那么,当我们面对的是全新的现实问题时,法院应当如何处理?如何创设一种新的法律制度呢?以什么来判断这种新创设的制度的妥当性呢?

1. 欲建法律的制度利益违背社会利益的,不应创设

美国加利福尼亚州最高法院判决的 Moore v. Regents of the University of California① 案是很能说明问题的例子。

Moore 案的事实是这样的。1976 年,原告 Moore 因患白血病去加州大学医疗中心就诊。经过诊断,医师告诉他该疾病直接威胁其生命,需做脾脏切除。但他们没有告诉 Moore,其细胞非常独特,具有重大的科研与商业价值。Moore 同意做切除手术,医院在手术后取走了其脾脏。在接下来的大约 7 年时间里,Moore 继续在该医院做术后治疗。每次治疗,他的一些人体组织、细胞和其他体液会被医院取走。医院对 Moore 的细胞等开展研究,建立了细胞系(Cell Lines)②,申请到了专利,签订了大量合同,到 1980 年中期已经有几亿美元的收入,潜在市场高达几十亿美元。1984 年,Moore 知道这些情况后将医生与医院起诉到法院,请求法院判决被告侵占财产(conversion)、侵害知情同意权、违反受信义务等,一审法院驳回了 Moore 的请求。他不服判决,提起上诉,二审法院支持了其请求,判决医生与医院构成侵占财产。被告不服,上诉到加利福尼亚州最高法院。

在本案的诉请中,侵害知情同意权等并不存在太多的争议,加利

---

① Moore v. Regents of the University of California, Supreme Court of California, 1990, 793 P. 2d 479, cert. denied, 499 U. S. 936(1991)。
② 细胞系(Cell Lines),在水产学上,指原代细胞培养物经首次传代成功后所繁殖的细胞群体。在细胞生物学上,指可长期连续传代的培养细胞。载 http://baike.baidu.com/view/193322.htm,2011 年 1 月 28 日访问。

福尼亚州最高法院也认为被告行为构成侵害知情同意权。但是Moore认为,他继续拥有从他身上切除的组织、细胞的权利,至少有权对细胞的使用做出指示。他从来没有同意用他的细胞去从事营利性医学研究。这样,被告构成侵占其财产,Moore有权分享由此产生的适当利益,不论它是直接源于他的细胞还是获得专利的细胞系。根据美国加利福尼亚州的现行法律规定,被告行为不构成侵占财产。

需要加利福尼亚州最高法院作出判决的争议难题是,是否应当扩大侵占财产的范围？法院认为,需要进行制度利益衡量。在相关的政策考虑中,两个问题最为重要。首先,保护患者在医疗上的自主决定权。这一权利是建立在长期以来获得广泛认可的受信义务和知情同意权的原则之上的。当医生怀着可能影响其职业判断的未披露的动机从事医疗活动时,对患者提供保护的政策会占上风。其次,不能用不健全的民事责任去威胁从事对社会有用的活动的无过错人(主要指其他研究人员)。这些政策考量之间获得适当的平衡是极为重要的。

由于侵占是一种严格责任,它将对所有的侵占人科以责任。把侵占法扩展到这一领域,将严格限制研究人员获得必要的原材料,必将妨碍医学研究。在人类组织库(Tissue Repository)①中,已经存在成千上万的人类细胞系。目前,以实验为目的的人类细胞系通常被免费复制并分发到其他研究人员手中。这种研究材料的交换方式依然是相对自由与高效的。如果每一种细胞样本都包含潜在的法律诉讼,那么这种交换方式将会变得很复杂。② 将侵占责任扩展到这个领域还有更大的影响。美国众议院科学与技术委员会发现,虽然不是全部,但大

---

① 组织库(Tissue Repository),人体各种组织的储存库。采用深低温储藏组织以保持其活力,供移植用。根据存储组织的不同分为皮库、骨库、眼库等。载 http://baike.baidu.com/view/325578.htm,2011年1月28日访问。

② 法院引用资料:美国技术评估办公室在提交给国会的报告中强调,"……对由标本所产生的权利主张,不但会影响获得原始标本的研究人员,也可能会影响其他研究人员。生物材料通常会分散到以实验为目的的其他研究人员手中……而且,这种不确定性也会像影响研究一样影响产品开发(Product Development)……"

多数人类治疗产品都源自于人类组织与细胞,或者人类细胞系或克隆基因。①

法院认为,在决定是否创设新的侵权责任时,我们要考虑它对社会非常重要的活动(研究活动)的影响。如果判决 Moore 胜诉,将破坏从事医学研究的经济激励机制。有没有迫切地需要在司法上去创设一种严格责任? 法院认为,信息披露对患者权利保护已经足够。最后,法院判决让侵权人承担侵占责任是不合适的。

2. 欲建法律的制度利益符合社会利益的,应该创设

法律制度的构建应当与社会利益相一致的另一个适例是 Metro-Goldwyn-Mayer Studios Inc. v. Grokster, Ltd. ②案。

被告 Groskter 公司与 StreamCast Network 公司向公众分发了免费软件产品。这些产品允许计算机使用人通过 PTP 方式来分享电子文档。所谓的 PTP 是指计算机之间可以直接交流,而不必通过中央服务器的交流。Grokster 使用一种名叫 FastTrack 的技术,该技术由其他公司开发后许可其使用。SteamCast 公司分发类似产品,其软件叫 Morpheus,依靠 Gnutella 技术支持。任何一个下载并安装了这款软件的人,都拥有一种计算机协议(protocol),据此向其他兼容这些技术的计算机用户发出请求获得文档资料。MGM 公司委托一位统计师作了系统调查,他的研究报告显示用户通过 FastTrack 系统获得的近 90%的文档是受著作权保护的作品。当然,Groskter 公司与 StreamCast Network 公司对这一数据存在争议。地方法院认为用户运用 Grokster 和 Morpheus 软件下载受著作权保护的电子文档侵犯了 MGM 公司的著作权。但是,Groskter 公司与 StreamCast Network 公司应当对分发软件承担责任的请求,法院没有支持。二审法院维持原判。但是,终

---

① Moore v. Regents of the University of California, Supreme Court of California, 1990, 793 P. 2d 479, cert. denied, 499 U. S. 936(1991).

② Metro-Goldwyn-Mayer Studios Inc. v. Grokster, Ltd. , 125 S. Ct. 2764(2005).

审法院推翻二审法院的判决。

终审法院为什么判决 MGM 胜诉呢？法院认为 MGM 公司的证据表明存在大规模侵犯著作权的行为,已经有超过 1 亿次的复制行为。法院还发现,Groskter 公司与 StreamCast Network 公司分发免费软件时,都清楚地表达了他们的意图,领用人可以用此下载受著作权保护的作品,并采取积极措施鼓励他们侵权。Napster 是臭名昭著的电子文档分享服务商,被著作权持有人起诉并承担了责任。但是,Groskter 公司与 StreamCast Network 公司依然故意采取与 Napster 兼容的软件,从而获得大量的 Napster 用户信息,使之成为 Napster 公司的最佳替代商。虽然两公司并没有直接从用户手中获得好处,但是他们通过出售广告获得收益。也就是说,用户越多,广告机会就越多越有价值。此外,没有证据证明公司采取任何措施去过滤下载受著作权保护的作品或者采取其他措施去阻止分享电子文档。

法院认为,两种价值的冲突是本案的主题。一种价值是通过著作权来保护支持作品创新的追求;另一种价值是限制侵犯著作权来促进研发新的通信技术。受著作权保护的作品的电子化分发方式对著作权持有人的威胁前所未有。因为每一份复制品都与原件一模一样,质量上没有任何区别,复制也很容易,许多人特别是年轻人经常使用电子分享软件复制作品。这些软件的使用广泛把公众直接拉进到著作权政策的争论中。这种争论表明:使用 Groskter 等公司的软件使复制很容易。这促成了公众对著作权保护的蔑视。这可以用科以责任来加以限制,不但科以侵权人责任,也科以导致非法使用可能的软件分发商相应责任。

考虑到每天大量存在的使用 Groskter 与 StreamCast Network 软件而产生的下载行为,对被告科以间接责任的主张是有说服力的。当可以广泛分享的服务或产品被用来从事侵权行为时,以规制直接侵权人——用户,来保护著作权的方法来实现著作权价值,已经成为不可能。唯一的现实选择是通过次位责任①来规范分发商。次位责任是间接侵权责任,是基于共同侵权或者替代侵权理论(a theory of contributory or vicarious infringement)产生的。② 在本案中,被告通过明确表述或者其他激励措施来激发侵权。所以,法院判决被告销售以促使侵犯著作权为目的的产品时,应当对第三人的侵权行为负责。

3. 小结:利用制度利益创建法律制度的步骤

从制度利益衡量的角度看,当出现一个新的法律现象时,可以分两个步骤来处理。一是分析在既有的法律框架内能否处理这个法律问题。二是当现行法律制度不能提供法律救济时,是否需要创设新的法律制度来规范新出现的法律问题。换言之,在这些案件中,法院需要考虑的是:(1)创设新的法律制度应当具有必要性。为此,需要对现有法律中的其他救济方式进行评估。是否存在其他救济方式?如果存在其他救济方式,该救济方式对受害人的保护是否足够?如在 Moore 案中,除了争议的侵占责任外,还存在知情同意等其他保护措施。这些措施对受害人的救济已经足够,扩大侵占责任就没有必要了。(2)创设新的法律制度应当具有妥当性。当我们讨论引进新的救济途径或者扩大现有救济途径的范围时,需要对新创制度的社会影响进行评估。新创法律制度的社会影响是正面的还是负面的?其影响范围有多大?涉及面有多广?如果评估结果是正面的或者制度利益应当朝这一方向发展,就可以创设新的制度。否则,就不能贸然创设。用卡多佐的话说,分析各种社会利益及其相对重要性,是律师与法官

---

① Secondary liability, or indirect infringement, arises when a party materially contributes to, facilitates, induces, or is otherwise responsible for directly infringing acts carried out by another party. There are liability developed by courts-vicarious liability and contributory liabilitygenerally two kinds of secondary. Although the line between these categories of liability is blurry, a precondition for all forms of secondary liability is the underlying act(or acts) of infringement. See, http://en.wikipedia.org/wiki/Secondary_liability,visit on 02 – 11 – 2011.

② 根据美国侵权法,侵害人通过引诱、教唆产生直接侵权的,构成共同侵权。侵害人通过从直接侵权中获取利益,但怠于行使阻止、限制直接侵权行为的,构成替代责任。

在解决问题时必须利用的线索之一。① 这就是制度利益的衡量,正是通过这种途径来判断是否需要产生新的法律。

总之,法官应当结合现实,对法律作出符合当下社会需求的解释。"现代法学之使命,端在促进吾人之社会生活。"②这是历史上智慧的立法者在移至今天后也同样会做出的选择,因而必须以立法者出于当下社会所应有的意思来进行解释。利益衡量的最终目的在于完善法律,使法律更契合社会、伦理、经济的发展与变迁。

四、制度利益衡量的静态性功能:判断法律制度效力的实质准据

(一)违宪审查的实质是制度利益衡量③

在现代社会,宪法是根本大法,具有最高法律效力,法律法规应当与宪法保持一致。这不但是宪法权威问题,也是宪法实施问题,宪法的权威通过宪法的实施体现出来。许多国家或地区都把各自的宪法变成可以裁判的法律。"违宪无效"并不是一句空话,是有实实在在内容的。法律的违宪审查不仅是法官在个案审判时适用法律过程的一部分,而且是法官在个案审判时所不可或缺,必须行使的权力与法律论证过程。④ 由于宪法确立了基本的法律价值,规定了该国或地区某

---

① 参见[美]本杰明·N.卡多佐:《法律的成长——法律科学的悖论》,董炯、彭冰译,中国法制出版社2002年版,第33页。
② 参见杨仁寿:《法学方法论》,三民书局1986年版,第88页。
③ 一般认为利益衡量方法是所有法律领域都可以运用的方法,并不局限于民商法领域。但是,法域不同,利益衡量的方法会有相当的差异。参见[日]加藤一郎:《民法的解释与利益衡量》,梁慧星译,载梁慧星主编:《民商法论丛》(第2卷),法律出版社1994年版,第79页。
④ 参见黄昭元:《司法违宪审查的制度选择与司法院定位》,载社团法人台湾法学会主编:《台湾法学新课题(一)》,元照出版公司2003年版,第46页。

一阶段的社会共同利益,它是当前社会共同生活的基础。某一法律是否合宪,表面逻辑是某一法律规范是否符合宪法规定。但实质是,该法律制度所确认或试图实现或保护的制度利益是否符合社会公共利益。所以,某一法律制度是否合宪的命题就转换成了该法律的制度利益是否符合社会公共利益的衡量。

但是由于法律制度千差万别,不同内容的法律法规所包含权利属性不同、内在的制度利益与社会公共利益的关联程度不同导致制度利益衡量的方法会有所不同。那么,如何进行违宪审查呢?美国在这方面的许多经验可以给我们以启示。在美国,针对不同内容的法律法规有不同的审查标准,这些标准都与利益衡量密切相关。具体地,分三种不同的情况来处理。

1. 严格审查(Strict Scrutiny,或 Strict Scrutiny Test)

这一审查标准主要适用于对种族歧视等可疑类别(Suspect Classifications)的平等保护的审查和对投票权等基本权利(Fundamental rights)的正当程序的审查。[①] 根据严格审查规则,政府必须对争议法律建立起需要强制保护的利益(Compelling State Interest)。[②] 如果该争议法律对这个强制性利益的保护是合法的、必要的,那么该法律就是合宪的。严格审查一词由美国最高法院大法官 William O. Douglass 于 1942 年在一起案件中首次使用。尽管先前对该标准多有歧见,但

[①] See strict scrutiny, *Black's Law Dictionary*, 9th ed., 2009, p. 1558.

[②] Compelling State Interest,必要的国家利益,是指国家必须保护的、较个人权利更为重要的利益。当国家为保护这种利益而采取的国家行为因侵犯了公民所享有的受平等保护或者宪法第一修正案赋予的权利而受到攻击时,该国家行为为应予支持。参见《元照英美法词典》,法律出版社 2003 年版,第 268 页。Also see, Compelling-state-interest test. Constitutional law. A method for determining the constitutional validity of a law, whereby the government's interest in the law is balanced against the individual's constitutional rights to be free of the law, and only if the government's interest is strong enough will be uphold. *Black's Law Dictionary*, 7th ed, 1999, p. 277. 关于 Compelling-state-interest 的翻译,有的把它译为"必要的国家利益",有的译为"不可抗拒的国家利益",有的译为"令人信服的国家利益"。本书把它译为"需要强制保护的国家利益",有时简称为"强制性国家利益"或"强制性政府利益"等。

近年来美国最高法院对其表达渐趋一致。① 我们可以 Croson 案为例进行分析。

Croson② 案的事实是,Richmond 市政委员会实施了少数族群商业利用计划(Minority Business Utilization Plan)。该计划要求该市建设项目的主要承包人将不少于合同金额 30% 的项目转包给一个或更多的少数族群工商企业。这 30% 预留不适用于由少数族群所有的企业作为主要合同方的市政合同。该计划将少数族群工商企业定义为"一个工商企业中至少 51% 的份额由少数族群成员所有和控制"。而"少数族群成员"则定义为"美国公民中的黑人、西班牙裔、亚裔、印第安人、爱斯基摩人或阿留特人(Aleuts)"。这个计划宣称它本质上是补偿性的,是为了让更多的少数族群企业更广泛地参与公共建筑项目。地方法院认可该纠偏措施(affirmative action③),主要基于以下事实:(1)法令宣称它是补偿性的;(2)若干拥护该措施的人认为建筑业中一直存在歧视;(3)少数族群企业只能从政府获得 0.67% 的承包合同,而它们的人口却占该市人口总数的 50%;(4)当地和州的承包人协会中只有极少的少数族群企业等。

但是,以种族为基础的分类具有造成耻辱性伤害的危险。除非它们被严格限于补偿性措施,否则可能促进劣等种族观念和导致种族敌对政治。所以,法院需要对基于这一可疑分类的政府行为进行严格审查,除非该行为对实现需强制保护的国家利益(社会公共利益)是必要的。

联邦最高法院认为,如果 Richmond 市能够证明它在当地建筑业

---

① "Strict Scrutiny Test"词条,载《元照英美法词典》,法律出版社 2003 年版,第 1298 页。
② City of Richmond v. J. S. Croson Co. ,488 U.S.469(1989).
③ Affirmative Action, A set of actions designed to eliminate existing and continuing discrimination, to remedy lingering effects of past discrimination, and to create systems and procedures to prevent future discrimination. See, *Black's Law Dictionary*, 9th ed. ,2009,p. 68.

的种族排斥制度中基本上是被动的参与者,它就可以采取纠偏行动去摧毁这个制度。毋庸置疑的是,在确保来源于市民税收的公共财富不能用于具有私人偏见的恶行上,任何公共实体——州或者联邦——对此具有"强制性国家利益"。虽然一般性结论是"这个地区、州乃至全国的建筑业过去都存在着种族歧视",但是如果立法机构选择使用一个可疑分类,就不能依靠"该分类与立法目的相关"这样的一般性观点,而应当对具体歧视现象进行分析。从证据角度看,以上数据也不能说明问题。为证明少数族群被歧视性排斥,其相关的统计口径应当是少数族群中有资格获得工作的人,而不是人口总数。另外,少数族群企业在当地承包人协会中数量少也不能说明问题。如果具有会员资格的少数族群企业与少数族群企业会员之间的数量差距足够大,则歧视性排斥的推论也可能存在。但这一现象并不存在。此外,少数族群企业面临的流动资金不足、无法满足合同要求、不熟悉报价程序等问题,属于非种族因素,应当采取"种族中立"措施加以解决,由市政府为小公司筹措资金来提高少数族群的参与可能性。所以,政府对可疑分类并不存在需要强制保护的国家利益。联邦最高法院最后判决,由于 Richmond 政府不能证明在公共建筑承包中采取救济措施的必要性,它以种族为基础对待其市民违反了平等保护条款,该法律关于30%的预留条款是无效的。

2. 中度审查(Intermediate Scrutiny)

这是一种介于严格审查与合理基础审查之间的违宪审查。如果某一法律含有准可疑类别(如性别、子女合法地位),那么它对实现重要的政府目的必须具有实质性关联。[①] 如果这样,那么这一法律就是合宪的。

[①] Also termed Middle-level Scrutiny, Mid-level Scrutiny, Heightened Scrutiny. See intermediate scrutiny, *Black's Law Dictionary*, 9th ed., 2009, p. 890.

在 Craig 案①中,联邦最高法院以绝对多数票确立了中度审查标准。Graig 案采取了这样的一个分析框架:推定以性别为基础而作出的政府行为是违宪的。要使以性别分类为基础的政府行为合宪,政府必须证明使用性别标准与实现政府的重要目标之间存在实质性关联。在 Graig 案中,Oklahoma 法律允许 18—21 岁的女孩购买淡啤(near-beer),但不允许 18—21 岁的男孩购买。一个年轻男人主张该法律违反平等保护原则。联邦最高法院支持了他的请求。其理由是政府所提供的不同性别在醉驾中的比例差异的证据不能充分证明基于性别不同而制定的管制方案是合法的。Graig 案突出了法院对基于群体得出的一般性结论应用到个体上的怀疑。但在合理基础审查中,法院通常允许政府基于一般性结论对不同群体进行利益与负担的分配。② 这一中度审查标准在 Graig 案的采用,使之与严格审查标准得以并列。严格审查标准要求政府必须证明基于种族分类的政府行为对实现需要强制保护的政府利益是必须的,而中度审查标准则只需证明其与实现政府重要目的之间有实质性关联。

3. 合理基础审查(Rational-Basis Scrutiny)

如果某一法律对达到政府的合法利益存在合理关联,那么法院会基于平等保护原则支持这一法律是有效的。③ 这一审查标准适用于政府对人们及其活动的大多数分类基础,例如财产(或无财产)等经济和社会因素。它往往不涉及基本权利、可疑类别或准可疑类别问题。需要指出的是,法院在确定被诉法律或者政府行为的有效性时,必须集中在政府目的之上,而不仅仅是政府的行为结果。

这三种审查标准见表 7。

---

① Graig v. Boren, 429 U. S. 190(1976).

② Paul Brest, Sanford Levinso, Jack M. Balkin, Akhil Reed Amar, Reva B. Siegel, *Processes of Constitutional Decisionmaking*: *Cases and Materials*, fifth ed. , Aspen Publishers, p. 1214.

③ Also termed Rational-purpose Test, Rational-relationship Test, Minimal Scrutiny, Minimum Scrutiny. See rational-basis scrutiny, *Black's Law Dictionary*, 9th ed. , 2009, p. 1376.

表7 严格审查、中度审查与合理审查的对照表

审查类别	审查对象	利益状态与审查标准	审查结果	
严格审查	可疑类别：平等权利、基本权利	实现强制性国家利益是否必要	是：合宪	否：违宪
中度审查	准可疑类别	与实现政府合法利益是否具有实质性关联	是：合宪	否：违宪
合理审查	其他一般分类	与实现政府合法利益是否具有合理关联	是：合宪	否：违宪

(二) 比例原则是制度利益衡量的另一种表达①

在以德国为代表的宪法、行政法中，比例原则的适用与法律制度的利益衡量紧密地联系在一起。② 比例原则旨在强调国家进行行政干预时，不得为达目的而不择手段。③ 其又分为三个子原则，即适当性原则、必要性原则和狭义比例原则。④ 适当性原则指所采取的措施必须能实现行政目的或至少有助于目的的达成。必要性原则要求"适当性"原则获得肯定后，在能达成法律目的的各种方式中，应当选择对人民权利最小侵害的方式。狭义比例原则是指所选择的手段，虽然是达成目的所必要的，但在此必须进一步考虑，是否所欲达成的目的与采取该手段所造成的对人民的负担明显不合比例。⑤ 其实，一项法律制

---

① 美国似乎没有使用"比例原则"一词，有时会用 End and Means 来表述。但利益衡量在其司法实践中的广泛适用正是比例原则的生动体现。
② 在我国，通常以德国的比例原则为样本进行论述。但也有学者指出该原则最早出现于1215年6月10日的英国《大宪章》。目前，许多国家和地区都认可该原则在宪法与行政法上的地位。事实上，目的与手段之间应当相互平衡的思想在刑法、民法等许多领域都以某种方式存在。当然，在规则的表达与适用上会有相当不同。
③ 参见李惠宗：《案例式法学方法论》，新学林出版股份有限公司2009年版，第149—152页。
④ 有的学者以"禁止过度原则"代替"狭义比例原则"，参见李惠宗：《案例式法学方法论》，新学林出版股份有限公司2009年版，第149—152页。
⑤ 参见城仲模：《行政法之一般法律原则（一）》，三民书局1997年版，第106页。

度是由两部分构成的,一是立法欲实现的目的,是制度利益之所在;二是实现该目的欲使用的手段。目的与手段(end and means)之间应当有妥适的配合,制度利益的获取应当采取适当的手段。所以,手段不当不但会直接影响制度利益的实现,甚至直接影响该制度的法律效力。这是因为手段不当不仅会损害当事人的利益,也会损害与此有联系的社会公共利益。可见,比例原则的本质正是从"制度利益与社会公共利益"的互动中对法律制度进行利益衡量。

在我国台湾地区有许多实例。例如,台湾地区"大法官释字第584号"对有关限制有犯罪前科的人从事计程车驾驶业作了规定。那么,该限制是否妥当呢?该解释文称:"道路交通管理处罚条例"第37条第1项规定:"曾犯故意杀人、抢劫、抢夺、强盗、恐吓取财、掠人勒赎或'刑法'第221条至第229条妨碍性自由之罪,经判决罪刑确定者,不准办理营业小客车驾驶人执业登记。"乃基于营业小客车营运及其驾驶人工作之特性,就驾驶人个人应具备之主观条件,对人民职业选择自由所为之限制,旨在保障乘客之安全,确保社会之治安,及增进营业小客车之职业信赖,与"宪法"意旨相符,与法律保留原则尚无抵触。营业小客车营运之管理因治安状况而不同。相关机构审酌曾犯上述之罪者,其累再犯比例偏高,及其对乘客安全可能之威胁,衡量乘客生命、身体安全等重要公益之维护,与人民选择职业应具备主观条件之限制,而就其选择职业之自由为合理之不同规定,与平等原则,亦属无违。

该"大法官解释"的实质是对相互冲突的利益进行衡量并作出取舍。对从业人员资格限制是对择业自由的一种限制。对职业自由的限制是否符合社会公共利益?该法规对此进行限制,能获得什么制度利益呢?是否与社会公共利益相一致呢?该法采取限制措施,可以获得的制度利益是:(1)保障乘客安全。相对而言,具有这些犯罪前科的人,累犯、再犯的比例比较高,如果他们成为出租车司机,将直接面对乘客,必然对乘客的安全构成较大的威胁。"衡量乘客生命、身体安全等重要公益之维护",对出租车司机的资格条件采取限制措施是可行的。(2)有利于维护社会治安。出租车行业属于公共服务行业,每天都为市民提供交通服务,对千千万万市民的出行安全影响很大,直接涉及社会治安。所以,应当采取措施维护社会治安。(3)有利于计程车行业的发展。出租车行业的发展有赖于每一位司机良好的职业道德。由于这些犯罪人员具有较高的累犯、再犯可能性,可能发生概率较高的犯罪行为会影响该行业的健康发展。(4)从采取的手段上,只对累犯、再犯可能性较高的犯罪人员进行限制,范围控制较为适当。而且,不是完全禁止其就业,只是对其选择职业的自由作了一些限制。这些限制对实现制度利益是必要的。所以,这一制度利益的设置符合社会对该行业的期待,符合公共利益。

在我国大陆的法律制度中也存在类似情形。2005年北京市人大常委会对《烟花爆竹安全管理规定》做了修订,将京城自1993年以来的"全面禁放"烟花爆竹修改为"局部限放"。该《规定》第12条规定:"本市五环路以内的地区为限制燃放烟花爆竹地区,农历除夕至正月初一,正月初二至十五每日的七时至二十四时,可以燃放烟花爆竹,其他时间不得燃放烟花爆竹。五环路以外地区,区、县人民政府可以根据维护公共安全和公共利益的需要划定限制燃放烟花爆竹的区域。国家、本市在庆典活动和其他节日期间,需要在限制燃放烟花爆竹地区内燃放烟花爆竹的,由市人民政府决定并予以公告。"这一规定使被禁止12年的烟花爆竹重新回到京城百姓的节日生活。的确,燃放烟花爆竹可能会造成人员伤亡、引发火灾、增加环境噪声等问题。特别是五环以内,文物保护单位众多,燃放还可能使文物受损,对社会危害更大。禁止燃放当然可以很好地避免这些危害,给市民提供安宁的环境。但是,燃放烟花爆竹作为中国传统民俗不可分割的一部分,没了鞭炮似乎也没了年味,鞭炮在民俗中的地位不是一个安全问题就可抵消的,"禁而不止"更成为法律的尴尬。所以,禁止燃放烟花爆竹从法律目的上看是妥当的,但在控制措施上过于严厉,直接影响了百姓的节日生活,"禁而不止"更损害了法律目的的实现,出现了目的与手段之间的失衡。北京市修改了这一规定。在放弃禁止燃放的同时,对燃放时间、地点、范围等多方面做了限制。这种有限制的燃放是社会可以容忍的,也是应该容忍的。应该说,这一措施不但使公共安全等社会期待获得最大限度保护,也使百姓燃放烟花爆竹的权利获得一定限度的实现。可见,这一修改符合比例原则,使目的与手段之间达到了恰当平衡。究其实质,是通过把不同主体之间的相互冲突的利益达成平衡从而构建恰当的制度利益。所以,这一制度利益的设置是可取的。

五、结语

我们知道任何一个法律都有一个确定的立法目的,有明确需要法律保护的制度利益。同时,法律制度又与其生存环境、社会状况紧密地联系在一起,更与社会公共利益存在紧密关联。事实上,人类社会的历史已经证明,社会公共利益对于法律制度犹如空气对于人一样,都是一种必需品,须臾不可离开。社会公共利益对法律制度发展具有重要的引领作用。社会公共利益就像一座灯塔,引领着法律制度的发展方向。而且,社会公共利益是法律制度发展的最强动力,牵引着法律制度沿着符合社会公共利益的道路向前演进。但是,制度利益与社会公共利益的矛盾、脱节问题是"法律成长中的烦恼",它们之间矛盾的深度与广度还可能直接影响着这一法律本身的效力裁量。但若不能妥善解决,就会极大阻碍法律的"成长"与"成熟"。我们强调理性看待制度利益与社会公共利益的关系问题,目的就是妥善解决法律制度的生存和发展中出现的问题,以更好地促进法律与社会的协调发展,实现这一法律制度的制度利益。

第七章　社会公共利益的衡量

> 法律是一种阐释性的概念。
>
> ——R. 德沃金

在利益衡量的层次结构中，社会公共利益①是需要加以衡量的对象。作为利益层次结构中的社会公共利益，在利益衡量中是需要加以阐释的概念。与制度利益的衡量一样，在具体案件的法律适用中，应该对社会公共利益做仔细的铺陈与衡量。但是，基于社会公共利益的模糊性，许多问题仍然需要进一步厘清。例如，应该如何看待公共利益既是评价对象又是评价标准的问题？如何看待社会公共利益在抽象利益与具体利益之间，以及在未来利益与现实利益之间的区别与勾连？如何妥当处理它与国家利益、共同利益等不同利益之间的互相转换？但是，从社会公共利益的法律表达看，它是以法律

---

① 在本书中，社会公共利益、社会利益与公共利益具有同一含义。

基本原则的方式存在的。为此,需要探讨其作为基本原则,对法律漏洞填补与利益衡量产生怎样的影响。基本原则是法律构成重要方式,在法律充满漏洞的今天,它们在法律适用中扮演日益重要的角色。不得损害社会公共利益原则是《宪法》《民法通则》《物权法》《合同法》等法律早已确立的基本原则,在司法实践中也已经得到广泛应用,但是仍然存在许多问题等待理论上的厘清。例如,该原则与公序良俗原则的关系如何?该原则在法律适用过程中,取得了哪些进展?存在什么问题?特别是,在法律漏洞填补过程,作为基本原则的社会公共利益原则与利益衡量是怎样互动的?这些问题都需要认真对待,仔细研究。

一、公共利益的概念与特质

(一) 公共利益概念的厘清

公共利益一直是政治学、法学与经济学日常用语的一个重要部分,但对其内容却无统一意见。① 在法律上,社会公共利益一般是指不特定社会成员的利益。社会公共利益原则在许多国家的法律中都有明文规定。我国《民法通则》(1986年)第7条也规定,民事活动应当遵守社会公德,不得违反社会公共利益。② 在普通法中,人们习惯于在"公共政策"(public policy)的名义下谈及社会利益③,但其在司法实

---

① 参见〔英〕迈克·费恩塔克:《规制中的公共利益》,戴昕译,中国人民大学出版社2014年版,第1页。
② 《民法通则》第7条规定,民事活动应当尊重社会公德,不得损害社会公共利益,扰乱社会经济秩序。
③ 参见〔美〕罗斯科·庞德:《法理学》(第3卷),廖德宇译,法律出版社2007年版,第204页。

践中的含义并不是完全连贯一致的。①

有人认为，社会公共利益是指全体社会成员的公共利益。法律保障社会公共利益，也就是保护人们的共同利益，保护每一个公民的自身利益。② 这一观点与公共利益的内涵有一定的差异。其实，社会公共利益涉及的是不特定多数社会成员的利益③，并不是全体社会成员的利益，也不是特定多数社会成员的利益。

也有人认为，社会公共利益由"社会""公共""利益"三个抽象模糊概念构成。④ 其实，"公共利益"与"社会公共利益"在我国法律语境中基本上是以同一概念来使用的。有些法律采用"社会公共利益"一词，如《民法通则》(1986年)第7条、《合同法》(1999年)第7条，有些法律则采用"公共利益"一词，如《物权法》(2007年)第7条、《土地管理法》第58条第1款第(1)项。所以，公共利益与社会公共利益之间基本没有区别，前者是后者的方便说法。⑤

需要注意的是在不同的社会背景下，有的学者可能区别公共利益与社会利益，并以不同含义分别用在不同的场合。例如，美国法理学家庞德的概念体系中，"公共利益"与"社会利益"是不同的。在他的利益纲目列表中，把利益分为三类，即个人利益、公共利益与社会利益。公共利益是指从政治生活——有组织的政治社会的生活——的

---

① 参见〔美〕E. 博登海默：《法理学：法律哲学与法律方法》，邓正来译，中国政法大学出版社1999年版，第464—465页。
② 参见王利明主编：《中国民法典学者建议稿及立法理由·总则编》，法律出版社2005年版，第19页。
③ 参见王泽鉴：《民法总则》(增订新版)，2014年自版，第622页；施启扬：《民法总则》，三民书局2005年版，第363页。
④ 参见熊谞龙：《私法中的"社会公共利益"》，载王利明、郭明瑞、潘维大主编：《中国民法典基本理论问题研究》，人民法院出版社2004年版，第102页。
⑤ 为方便表述，采用"公共利益"一词。但基于忠实原文的考虑，保留了部分"社会公共利益"的说法，即引用的文献或者法律条文使用该词的，继续保留。

立场提出的请求、需求和要求。简单地说,就是国家利益。① 社会利益则是事关社会维持、社会活动和社会功能的请求,是以社会生活的名义提出、从文明社会的角度看待得更为宽泛的需求与要求。② 庞德的公共利益概念只存在于其特定的概念体系中,不符合中国学者的一般认知。所以,本书是在一般意义上使用社会公共利益的概念,不采取庞德的概念。

(二) 公共利益概念的特质

社会公共利益属于不确定概念,它具有以下特征:

1. 模糊性

在法律适用中,人们期待精确的法律概念,但也存在极为模糊的概念。德国学者赫克把不确定概念分解为概念核与概念晕。概念核是清晰的,而出现疑惑的地方就是概念晕出现的地方。③ 就公共利益而言,不论是内涵还是外延都存在模糊性,属于典型的不确定性概念。我们不要期待给公共利益下一个一劳永逸的定义。④ 这既不可能,也与我们的目的相违背。因为我们需要的恰恰是其概念模糊性,以及由此而产生的广泛适应性。

2. 变动性

在法律社会中,我们期待同一文字有相同的含义,但相同的文字也可能有不同的含义。公共利益在不同的法律规范中也可能存在不同的表述、具有不同的内涵。例如,在我国《对外贸易法》第 16 条中,

---

① 参见〔美〕罗斯科·庞德:《法理学》(第 3 卷),廖德宇译,法律出版社 2008 年版,第 180—182 页。
② 同上书,第 18—19 页。
③ 参见〔德〕赫克:《制定法解释与利益法学》,第 173 页,以及《概念形成与利益法学》,第 52 页、第 60 页。转引自〔德〕卡尔·恩吉施:《法律思维导论》,郑永流译,法律出版社 2004 年版,第 133—134 页。
④ 参见〔英〕迈克·费恩塔克:《规制中的公共利益》,戴昕译,中国人民大学出版社 2014 年版,第 32 页。

"保护人的健康或者安全,保护动物、植物的生命或者健康,保护环境"是与公共利益相并列的情形,不属于公共利益的范畴。而《国有土地上房屋征收与补偿条例》第 8 条则明确规定:"为了保障国家安全、促进国民经济和社会发展等公共利益的需要,有下列情形之一,确需征收房屋的,由市、县级人民政府作出房屋征收决定:(1)国防和外交的需要;(2)由政府组织实施的能源、交通、水利等基础设施建设的需要;(3)由政府组织实施的科技、教育、文化、卫生、体育、环境和资源保护、防灾减灾、文物保护、社会福利、市政公用等公共事业的需要;(4)由政府组织实施的保障性安居工程建设的需要;(5)由政府依照城乡规划法有关规定组织实施的对危房集中、基础设施落后等地段进行旧城区改建的需要;(6)法律、行政法规规定的其他公共利益的需要。"可见,在这一法规中,环境保护是公共利益的一种。但是,这些不同法律之间的差异并不是法律不完善的表现,而是法律适应社会的必然要求。同样,在不同个案的法律适用中,其内涵也很有可能是不同的。这是公共利益的不确定属性决定的。

3. 阐释性

美国法理学家德沃金指出,法律是阐释性概念。公共利益概念充分地体现了法律的这种特性。在法律适用中,需要把公共利益与具体的案件事实紧密地联系起来,对具体个案所涉及公共利益的内涵作出明确而详细的阐述。阐述越清晰,越有利于法官作出准确的裁判,也越有利于当事人接受法院的裁判。公共利益的概念与框架性权利相类似。框架性权利只有通过利益衡量,才能认定是否存在侵害这些权利。而在进行利益衡量时,还必须考虑到其他人之与这些权利相冲突的权利。[①] 同样,公共利益的适用也应与利益衡量同步展开。

[①] 参见〔德〕迪特尔·梅迪库斯:《德国民法总论》,邵建东译,法律出版社 2000 年版,第 107 页。

4. 适应性

在复杂社会中,法院将会不时面临全新的法律问题、疑难的法律案件,需要在法律适用中对法律规范作出适应性解释。① 不确定概念的莫大优点在于其适应性。其模糊的意义空间使一般性的法律语词具有了某种与其所规范之多样性的生活状态以及法律问题,并且尤其是与整个事实情境及占主导地位的社会伦理观念的变迁相适应的能力。② 正是公共利益的模糊性,使其内涵具有变动性,在法律适用中可以根据具体个案进行阐述,抽离出对本案最为恰当的解释。所以,公共利益的概念在法律适用中具有很强的适应性,可以根据具体案件的时空背景作出相应的调整与衡量。这是复杂社会的法律所需要的。

二、公共利益的法律表达:作为基本原则而存在

(一)公共利益的产生:权利与网状社会

近代社会以来,自由、平等的观念深入人心,已经成为基本的行为准则。但是 19 世纪末和 20 世纪初,西方主要国家先后由自由资本主义阶段进入垄断资本主义阶段。贫富差距拉大、战争、经济危机频繁发生,各种社会矛盾突出。为缓解尖锐的社会矛盾,国家运用法律和行政手段干预经济和社会生活,采取了一系列福利政策,制定了大量劳工法、环境法等社会立法,出现了"法律的社会化"(socialization of law)现象,即法律由个人本位转向社会本位,私法也呈现出公法化趋向。③ 在私法领域,权利的过度自由也有其弊端,不能损害社会公共利

---

① 参见梁上上:《未出资股东对公司债权人的补充赔偿责任》,载《中外法学》2015 年第 3 期。
② 参见〔德〕齐佩利乌斯:《法学方法论》,金振豹译,法律出版社 2009 年版,第 67 页。
③ 参见夏勇主编:《法理讲义——关于法律的道理与学问》(上),北京大学出版社 2010 年版,第 147 页。

益的理念随之涌现。

20世纪80年代在美国兴起的社群主义思潮,为社会公共利益的导入提供了新的理论支持。社群主义是一种后自由主义哲学,是对主流自由主义传统的批判。① 社群主义与新自由主义形成了当代西方政治哲学两相对峙的局面。② 它强调社区联系、环境和传统的积极价值及公共利益,致力于社群价值观与个人价值观的相互协调,力图遏止由自由主义的过分发展所带来的个人主义消极影响。③ 人是合群的社会动物,绝不可能离开群体而正常生存。脱离社会关系的人是抽象的人,先于社会生活的人是超验的人,这样的人在现实生活中是不存在的。社群主义对人的认识给独立的自我划定了一个适当的范围。人的言行总是受到环境的一些限制,这些限制决定故事如何继续进行。④ 自我不但现实地存在于社会的语境之中,而且自始至终依赖于这种语境。个人与社会难舍难分,他们之间会存在各种对抗,但是这些对立并非水火不容。个人权利是社会活动的产物,是历史地形成的,并不具有对各种社会价值的优先性。社群主义努力将"权利政治学"转向"公益政治学"。他们大胆地主张包括政府在内的各种社群应当在保护和促进公民的公共利益方面更加有所作为,甚至为了社群的普遍利益可以不惜牺牲个人的利益。⑤ 可见,社群主义强调了公共利益的重要性,它改变了自由话语的结构,使"自由"变为"自由,但也必须注意

---

① 较为普遍的观点是社群主义对自由主义的批判是有其合理性的,但是自由主义与社群主义各有利弊,两者应该相互补充才能促进社会健康发展。
② 参见俞可平:《从权利政治学到公益政治学:新自由主义之后的社群主义》,载《自由与社群》,三联书店1998年版,第66页。
③ 参见韩震:《后自由主义的一种话语》,载《自由与社群》,三联书店1998年版,第15—16页。
④ 参见容迪:《在自我与社群中的自由主义》,载《自由与社群》,三联书店1998年版,第53页。
⑤ 参见俞可平:《从权利政治学到公益政治学:新自由主义之后的社群主义》,载《自由与社群》,三联书店1998年版,第80—81页。

公共利益"①。

(二)公共利益的地位:是原则而非例外

不得损害公共利益与权利自由行使的关系是什么呢？它是权利自由行使的例外,还是与之并列的基本原则？

不得损害社会公共利益是与权利自由行使并列的基本原则,而不仅仅是后者的例外。这是因为:(1)公共利益原则是权利社会化的历史回应。在自由、平等观念引导下,传统社会奉行的是私法自治精神,权利行使的方式没有限制,存在所谓"行使自己的权利,对他人不构成侵权"的规则。到19世纪末期,出现了权利社会化与权利相对化思潮,权利不再仅仅具有"私人"的性质,还具有"公共"的性质。(2)公共利益原则是互联社会的必然要求。人类是群居动物,现代社会更是网络社会。地球上的每一个人都与别人紧密地联系在一起,而且地球上可供人类使用的资源极为有限,这需要人们互相合作、互相依赖。互联社会要求权利人在行使权利时,必须顾及其他社会成员的利益。(3)公共利益原则作为法治社会的根本理念,得到许多国家或地区立法例的支持,从宪法到部门法都确立公共利益原则的地位。我国也不例外。总之,在现代社会,权利不再局限于个人利益,不再仅仅以个人利益为最终依归。相反,行使权利应以公共利益为指导原则,尊重社会公共利益,注重个人利益与公共利益的相互调和,并且期望超越个人利益,以公共利益为重。

(三)公共利益的规范类型

由于公共利益对整个社会的和谐发展具有根本价值,不但私法将其规定为基本原则,而且从宪法的高度对公共利益作出规范。所以,

---

① 韩震:《后自由主义的一种话语》,载《自由与社群》,三联书店1998年版,第22页。

公共利益原则既是宪法规则,也是民法原则。

从法律对公共利益的规范方式看,可以分为两种类型:

1. 基于实现公共利益的需要限制财产权利,是公共利益原则的积极行使。例如,《日本宪法》第29条第2款规定,"法律可以基于公共利益限制财产权"。我国《宪法》第10条第3款规定,国家为了公共利益的需要,可以依照法律规定对土地实行征收或者征用并给予补偿;第13条第3款规定,国家为了公共利益的需要,可以依照法律规定对公民的私有财产实行征收或者征用并给予补偿。

除了宪法性规范外,其他法律法规中也大量出现积极性规范。例如,我国的《行政许可法》《土地管理法》《传染病防治法》《对外贸易法》等法律中均有关于公共利益优先的规定。

2. 基于防御公共利益受损的需要限制财产权利,是公共利益原则的消极行使。例如,我国《宪法》第51条规定,中华人民共和国公民在行使自由和权利的时候,不得损害国家的、社会的、集体的利益和其他公民的合法的自由和权利。我国《民法通则》(1986年)第7条、《专利法》(2008年)第5条第1款也都是从"不得损害社会公共利益"的消极角度对公共利益进行保护。

(四)增进公共利益不是私权的积极义务

增进公共利益是否为私权的积极义务?在现代社会,有些国家的宪法和民法规定,私权的行使应当增进公共利益。例如,《日本民法典》第1条第1款规定,"私权必须适合公共福祉"[①]。又如,德国《基本法》第14条第2款规定,"财产权负有义务。财产权之行使应同

---

① 《最新日本民法》,渠涛编译,法律出版社2006年版,第3页。

时有益于公共福利"①。

德国的实践对理解这些法律规定提供了有益的经验与启示。德国宪法的规定是宪法意义上的促进公共利益原则的宣示性规定,其地位比民法上的原则更高,适用的范围不局限于民事领域。但是,德国《基本法》第 14 条第 2 款是限制权利行使的极为抽象的规定。如果直接适用该条款来限制权利行使是很成问题的。就所有权负有义务而言,该条款没有规定所有权有什么义务,也没有规定所有权对谁负有义务。就权利行使应促进公共利益而言,目标过高,不太现实。② 为此,所有权承担的义务应该由立法机构予以具体规定。③ 德国联邦宪法法院明确指出,"《基本法》第 14 条第 2 款意义上的所有权的社会约束,说明了所有权的义务与限制。立法者根据其依《基本法》第 14 条第 1 款第 2 句取得的委托立法权,以一般的和抽象的方式,对这些义务和限制进行规定"④。可见,德国《基本法》第 14 条第 2 款的意义主要在于为具有相应立法权的立法者提供宪法依据,不宜作扩大化解释。换言之,增进公共利益不是私权行使时的积极义务。

三、公共利益为独立的法律原则

社会公共利益是与权利自由行使相并列的原则,具有独立的内涵

---

① 德国《基本法》第 14 条规定,财产权及继承权应予保障,其内容与限制由法律规定之。财产权负有义务。财产权之行使应同时有益于公共福利。财产之征收,必须为公共福利始得为之。其执行,必须根据法律始得为之,此项法律应规定赔偿之性质与范围。赔偿之决定应公平衡量公共利益与关系人之利益。赔偿范围如有争执,得向普通法院提起诉讼。
② 参见〔德〕迪特尔·梅迪库斯:《德国民法总论》,邵建东译,法律出版社 2000 年版,第 111 页。
③ 参见〔德〕迪特尔·施瓦布:《民法导论》,郑冲译,法律出版社 2006 年版,第 175 页。
④ 《联邦宪法法院裁判集》(第 52 卷),第 1 页、第 27 页以下,附有其他说明;《新法学周报》1980 年,第 985 页。转引自〔德〕迪特尔·梅迪库斯:《德国民法总论》,邵建东译,法律出版社 2000 年版,第 111 页。

与外延。在私法领域,其独立性还涉及与其他邻近法律原则之间的相互关系。①

(一)公共利益与公序良俗的关系

1. 公序良俗原则

公序良俗原则具有悠久的历史,在古罗马法中就已存在。在罗马法中,基于违反善良风俗的法律行为,或是不能产生请求权,或是可以基于请求权提出恶意抗辩。②《法国民法典》第 6 条规定,任何人不得以特别约定违反有关公共秩序与善良风俗之法律。③ 这样,《法国民法典》在罗马法的"善良风俗"之外增加了"公共秩序",形成了完整的公序良俗原则。受此影响,大陆法系民法典中普遍存在公序良俗原则。例如,《德国民法典》第 138 条第 1 款规定,违反善良风俗的法律行为无效。④《日本民法典》第 90 条规定,以违反公共秩序或善良风俗事项为目的的法律行为,无效。⑤ 我国台湾地区"民法"第 72 条也规定,"法律行为,有背于公共秩序或善良风俗者,无效"。我国通说认为,公序良俗包括两个方面的内容,即公共秩序与善良风俗。

---

① 一方面,公共利益原则不是从属于公序良俗等其他法律原则,而是并列原则;另一方面,普遍认为公序良俗可以成为公共利益所包含的对象,成为公共利益的构成要素。这其实是在不同层面上表达不同的问题,也是我们所处的社会生活与社会关系的多样性、复杂性所决定的。

② 参见〔德〕马克斯·卡泽尔、罗尔夫·克努特尔著:《罗马私法》I §60 N.26 及引注。转引自〔德〕维尔纳·弗卢梅:《法律行为论》,迟颖译,法律出版社 2013 年版,第 430 页。

③ 参见《法国民法典·民事诉讼法典》,罗结珍译,国际文化出版公司 1997 年版,第 1 页。

④ 在德国,《民法典》第一草案第 106 条曾经规定,"内容违反善良风俗或公共秩序的法律行为无效"。但第二草案删除了违反"公共秩序"。其理由是,人们无法对公共秩序这一概念"进行准确无误的描述,且违反公共秩序的法律行为大多可以被视为违反法律或善良风俗的法律行为"。参见〔德〕维尔纳·弗卢梅:《法律行为论》,迟颖译,法律出版社 2013 年版,第 430—431 页。关于公共秩序与善良风俗的关系,可以分为包含说、并置说、排除说。参见〔德〕维尔纳·弗卢梅:《法律行为论》,迟颖译,法律出版社 2013 年版,第 432—434 页。

⑤ 参见《最新日本民法》,渠涛编译,法律出版社 2006 年版,第 24 页。

2. 公共利益原则与公序良俗原则的关系

公序良俗与社会公共利益是什么关系呢？我国《民法通则》第 7 条规定，民事活动应当尊重社会公德，不得损害社会公共利益，扰乱社会经济秩序。可见，我国的表达方式与大陆法系主要国家的规定有所不同。对此，我国学者普遍认为我国《民法通则》第 7 条规定的"社会公共利益"及"社会公德"，在性质和作用上与公序良俗原则相当。①"社会公共利益"相当于"公共秩序"，而"社会公德"相当于"善良风俗"，但考虑到"社会公共利益"与"社会公德"不是规范法律用语，加之与国际接轨的要求，应改采通用法律概念。②

但笔者认为，社会公共利益原则是不同于公序良俗的独立原则。③主要理由为：

（1）从我国《民法通则》第 7 条的内容构成与表达方式看，"社会公德"与"善良风俗"相当，而"公共秩序"则与"社会经济秩序"属于同一类别，所以"社会公共利益"区别于"公共秩序"，应解释为独立一项。

（2）虽然社会公共利益的内涵可能与公共秩序、善良风俗存在交叉，但是毕竟公共利益与它们的基本含义是不同的，有必要做基本的区分。"将社会公共利益条款解释为公序良俗，与文义相去甚远，强作比附，在学术上似乎多少有点自我殖民的意味。"④可见，我国通说已

---

① 参见梁慧星：《民法总论》（第 4 版），法律出版社 2011 年版，第 50—51 页；佟柔主编：《中国民法学·民法总则》，中国人民公安大学出版社 1990 年版，第 21 页；王利明：《民法总则》，中国法制出版社 2006 年版，第 50—51 页；魏振瀛主编：《民法》（第 5 版），北京大学出版社、高等教育出版社 2013 年版，第 28 页；崔建远：《民法总论》（第 2 版），清华大学出版社 2013 年版，第 44 页。

② 参见梁慧星：《民法总论》（第 4 版），法律出版社 2011 年版，第 51 页。

③ 参见梁上上：《异质利益衡量的公度性难题及其求解——以法律适用为场域展开》，载《政法论坛》2014 年第 4 期。

④ 朱庆育：《公共利益的民法意义》，载郑永流、朱庆育等：《中国法律中的公共利益》，北京大学出版社 2014 年版，第 42 页。朱庆育建议以公序良俗或善良风俗取代社会公共利益。

经完全脱离我国现行法,严重损害现行法权威,并不可取。

（3）我国立法者无意用"公序良俗原则"来替换"社会公共利益原则"。我国在1949年至《民法通则》颁布前曾经有3次民法典起草,各次草案均未使用公序良俗的概念。如1957年1月15日的《民法典》总则篇（第4次草稿）第3条规定,民事权利的行使和民事义务的履行,不能违反法律和公共利益。1981年的《民法典草案》（第3稿）第124条规定,合同的内容,不得违反法律、法令和国家计划的要求,不得与社会公共利益或者社会主义道德准则相抵触。① 我国1986年颁布的《民法通则》第7条并未使用"公序良俗"一词,依然使用"社会公共利益"的用法。2009年修改《民法通则》时,立法者并没有将"公共利益"与"公共秩序"的关系作出改变,只删除了不合时宜的"破坏国家经济计划"一语,将第7条修改为,"民事活动应当尊重社会公德,不得损害社会公共利益,扰乱社会经济秩序"。可见,"不得损害社会公共利益"与"不得扰乱社会经济秩序"是长期坚持的两项并列的基本原则。目前,《民法通则》规定的这一原则在其他重要法律也得到贯彻。例如,《物权法》（2007年）第7条规定,"物权的取得和行使,应当遵守法律,尊重社会公德,不得损害公共利益和他人合法权益"。又如,《合同法》（1999年）第7条规定,"当事人订立、履行合同,应当遵守法律、行政法规,尊重社会公德,不得扰乱社会经济秩序,损害社会公共利益"。如果将其调整为公序良俗原则,也将引起其他法律的基本原则作出修改,会造成一系列不利后果。

（4）公共利益作为与公序良俗不同的并列原则更符合现代社会的需要。事实上,许多国家或地区同时并存这两项基本原则。例如,《日本民法典》第90条规定善良风俗原则,第1条第1款规定公共利益原则,即"私权必须适合公共福祉"。但最好的例证是我国台湾地区的实

---

① 参见梁慧星:《市场经济与公序良俗原则》,载《中国社会科学院研究生院学报》1993年第6期。

践。我国台湾地区"民法"第 2 条、第 72 条原本就有关于公序良俗的规定。① 但是,1982 年"民法总则"修正时在第 148 条第 1 款增加了"不得违反公共利益"的内容。② 台湾地区这一条款的前后变化清楚地表明:公序良俗与公共利益并不是同一概念。

(5)在中国的主要民法典建议稿中,这两项原则同时并存。例如,梁慧星教授主持的《民法典草案建议稿》第 3 条与第 7 条,分别规定了民事权利受社会公共利益限制原则与公序良俗原则。③ 又如,王利明教授主持的《民法典建议稿》第 7 条④与中国法学会《民法典征求意见稿》的第 7 条⑤也都是把两者并列的。所以,公共利益原则是不同于公序良俗的独立原则。

值得注意的是,我国 2020 年颁布的《民法典》总则编第 132 条明确规定,民事主体不得滥用民事权利损害国家利益、社会公共利益或者他人合法权益。这一规定清楚地表明,公共利益原则是与公序良俗原则并不相同的基本原则。但遗憾的是,该原则并没有规定在第一章"基本规定"中,而是规定在第五章"民事权利"中。这似乎意味着,该原则的范围圈定为权利行使的基本原则,这一位置的安排显然是不合适的。这是因为合同的订立、履行,涉外法律关系的适用,甚至法律责

---

① 我国台湾地区"民法"第 2 条规定,民事所适用之习惯,以不背于公共秩序或善良风俗者为限。第 72 条规定,法律行为,有背于公共秩序或善良风俗者,无效。
② 我国台湾地区于 1982 年 1 月 4 日公布"民法总则修正案",将第 148 条修改为 2 款。第 1 款规定,权利之行使,不得违反公共利益,或以损害他人为主要目的。第 2 款规定,行使权利,履行义务,应依诚实及信用方法。
③ 《民法典草案建议稿》第 3 条规定,民事权利受法律保护,非基于社会公共利益的目的并根据合法程序,不得予以限制。第 7 条规定,法律行为的内容或者目的不得违背公共秩序和善良风俗。参见梁慧星主编:《中国民法典草案建议稿附理由·总则编》,法律出版社 2013 年版,第 10 页、第 19 页。
④ 《民法典建议稿》第 7 条规定,民事活动不得违反法律、行政法规的强行性规定和社会公德,不得损害社会公共利益,扰乱社会经济秩序。参见王利明主编:《中国民法学者建议稿及立法理由·总则编》,法律出版社 2005 年版,第 18 页。
⑤ 《民法典草案征求意见建议稿》第 7 条规定,民事主体从事法律行为以及其他民事活动不得扰乱公共秩序,不得违背社会公德,不得损害公共利益和他人的合法权益。

任的履行等都不得损害社会公共利益。

(二)不得损害公共利益与禁止权利滥用的关系

1. 禁止权利滥用原则

《德国民法典》第226条明确规定,如权利行使专以加损害于他人为目的,则不得行使权利。① 此后,为许多国家或地区民法所仿效。我国民法虽然没有使用禁止权利滥用字样,但根据现行《宪法》第51条的规定,采取合宪解释方法,民法存在禁止权利滥用原则。② 事实上,在我国的一些重要法律中都出现了禁止权利滥用原则。例如,《物权法》(2007年)第7条规定,物权的取得和行使,应当遵守法律,尊重社会公德,不得损害公共利益和他人合法权益。又如,我国《公司法》第20条对股东权滥用作出了明确规定。③

2. 不得损害公共利益与禁止权利滥用的关系

我国法律上存在禁止损害公共利益原则与禁止权利滥用原则。那么,它们之间是什么关系呢?有人认为损害公共利益是权利滥用的一种表现形式。④ 笔者认为这种观点值得商榷,应该区别两者内涵,共同确立这两大原则。这是因为:

(1)从文义上看,禁止损害公共利益与禁止权利滥用是不同的。禁止损害公共利益的指向对象主要是社会公共利益,而禁止权利滥用原则指向的是他人的利益。禁止损害公益原则,主要目的在调和个人

---

① 参见《德国民法典》(第4版),陈卫佐译注,法律出版社2015年版,第78页。
② 参见梁慧星:《民法总论》(第4版),法律出版社2011年版,第273页;魏振瀛主编:《民法》(第5版),北京大学出版社、高等教育出版社2013年版,第25页。
③ 我国《公司法》第20条规定,公司股东应当遵守法律、行政法规和公司章程,依法行使股东权利,不得滥用股东权利损害公司或者其他股东的利益;不得滥用公司法人独立地位和股东有限责任损害公司债权人的利益。公司股东滥用股东权利给公司或者其他股东造成损失的,应当依法承担赔偿责任。公司股东滥用公司法人独立地位和股东有限责任,逃避债务,严重损害公司债权人利益的,应当对公司债务承担连带责任。
④ 参见梁慧星:《民法总论》(第4版),法律出版社2011年版,第275—276页;魏振瀛主编:《民法》(第5版),北京大学出版社、高等教育出版社2013年版,第25页。

利益与社会整体利益,防止个人权利的行使损害社会整体利益。禁止权利滥用原则,则侧重避免私人间私益的相互冲突,使个人权利的行使与义务的履行更为和谐合理。① 虽然有时公共利益与他人利益会交叉重叠在一起,但它们之间的核心内容是清晰的。区别两者的差异,有利于法律的准确适用。

(2)两者的法理基础不同。权利滥用是权利行使同时逾越了权利的社会性与正当性,而且违反社会性较轻,违反正当性较重;禁止损害公共利益原则是权利社会化的要求,损害公共利益逾越了权利的社会性。②

(3)许多国家与地区同时采用公共利益原则与禁止权利滥用原则。例如,《日本民法典》第1条(基本原则)第1款规定"私权必须适合公共福祉",同条第3款规定"权利不许滥用"。又如,德国《基本法》第14条规定了公共利益原则,而《德国民法典》第226条规定了禁止权利滥用原则。

(4)我国台湾地区的经验表明区分两者是必要的。我国台湾地区"民法"第148条第1款原本规定:"权利之行使,不得以损害他人为主要目的。"但是,1982年修正后增加了"不得违反公共利益"条款。其修正的理由是,"权利人于法律限制内,虽得自由行使权利,惟不得违反公共利益,乃权利社会化之基本内涵,爰于原第148条,增列'权利之行使,不得违反公共利益',俾与现行民法立法原则更相吻合"。与此相适应,台湾地区学者认为,"违反公共利益"与"损害他人为主要目的"是两种不同的规范类型。两者的功能、要件与法律效果不同,应有区别的必要。③ 台湾地区这一条款的前后变化表明:在现代经济社会中,需要强调社会公共利益,损害社会公共利益原则

---

① 参见施启扬:《民法总则》,三民书局2005年版,第361页。
② 参见姚瑞光:《民法总则论》,中国政法大学出版社2011年版,第370页。
③ 参见王泽鉴:《民法总则》(增订新版),2014年自版,第616页;施启扬:《民法总则》,三民书局2005年版,第361页;黄立:《民法总则》,中国政法大学出版社2002年版,第502页;郑玉波:《民法总则》(修订11版),黄宗乐修订,三民书局2009年版,第445—446页。

需要从权利滥用原则中分离出来,成为独立的基本原则。

(5)公共利益原则独立的实益还在于为公益诉讼提供了坚实的实体法基础。我国《民事诉讼法》在 2012 年 8 月修改时,增加了公益诉讼的规定。该法第 55 条规定,对污染环境、侵害众多消费者合法权益等损害社会公共利益的行为,法律规定的机关和有关组织可以向人民法院提起诉讼。与此相适应,我国的一些法律规定了非法律关系当事人可以具有公益诉讼的原告资格。例如,我国《消费者权益保护法》于 2013 年 10 月修改时,增设了消费者协会提起公益诉讼的规定。该法第 47 条规定,对侵害众多消费者合法权益的行为,中国消费者协会以及在省、自治区、直辖市设立的消费者协会,可以向人民法院提起诉讼。虽然权利滥用与损害公共利益之间可能存在交叉,但是这些规定清楚地表明典型的损害公共利益的行为与滥用权利是两种不同性质的行为。

四、公共利益原则的适用

(一)适用公益原则案例的分布领域

公共利益原则在我国的司法实践中得到广泛适用。北大法宝显示,涉及公共利益的案件数量众多。为此,本书仅对"公报"一级的案例进行分析。[①] 以"全文"中"同句"出现的"公共利益"为检索词,并以"精确匹配"加以限定,对"两高""公报"一级的案例进行检索,截至 2016 年 1 月 31 日,共有 72 个与民商法有关的公报案例适用了公共利益原则。经过统计分析,发现其分布领域主要为:(1)传统的民商法领域,

---

[①] 公报一级的案例包括发表于《最高人民法院公报》与《最高人民检察院公报》上的全国各级法院审判的案例,最高人民法院发布的指导性案例与典型案例,发表于《最高人民法院公报》上的最高人民法院的全文判决书。

共48个案例。由于我国《民法通则》《物权法》《合同法》等法律明确规定,民事活动不得损害社会公共利益。在民商法领域出现了大量与公共利益有关的案例,广泛分布于物权法、合同法、商事法、亲属法、侵权法等领域。最多的是合同法领域,共29个案例,约占40%,主要涉及公共利益对合同效力的影响。这与《合同法》第7条、第52条的明文规定有关。(2)知识产权领域,共12个案例,约占16%。(3)不正当竞争与垄断领域,共5个案例,约占7%。(4)行政法领域,共6个案例,约占8%。(5)民事诉讼法领域,共3个案例,约占4%。需要注意的是,有的案件可以同时归入不同(如合同法与民事诉讼法)的领域,会存在一定的统计误差。涉及公共利益案件的领域分布可以用图5直观地展现出来:

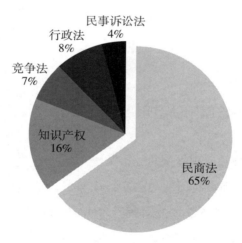

图5 涉及公共利益案件的领域分布图

(二)公共利益原则的适用样态

根据适用公共利益原则的方式不同,可以分为公共利益原则的积极适用与消极适用。积极适用是当事人为实现公共利益的需要而主动采取措施,限制其他人权益。消极适用的目的不是积极地实现公共利益,而是防止公共利益受损而被动采取的防御措施。之所以出现两种不同的适用方式,其根源在于具体案件所面对的"前置性事实"不同,也就是由不同的案件情境所决定的。

1. 积极适用:为实现公共利益而限制私人权益

公共利益原则的积极适用是,试图实现某种公共利益而积极地限制私人利益。较为常见的是为实现公共利益介入当事人的不动产权益,主要包括:

(1)征收。我国《民法典》物权编第 243 条第 1 款规定,为了公共利益的需要,依照法律规定的权限和程序可以征收集体所有的土地和组织、个人的房屋及其他不动产。

(2)征用。我国《民法典》物权编第 245 条规定,因抢险救灾、疫情防控等紧急需要,依照法律规定的权限和程序可以征用组织、个人的不动产或者动产。被征用的不动产或者动产使用后,应当返还被征用人。组织、个人的不动产或者动产被征用或者征用后毁损、灭失的,应当给予补偿。

(3)收回。根据我国《土地管理法》(1998 年)第 58 条的规定,为公共利益需要使用土地的,由有关人民政府土地主管部门报经原批准用地的人民政府或者有批准权的人民政府批准,可以收回国有土地使用权。①

为公共利益需要而收回土地使用权时,收回一方需要证明公共利益的存在。需要注意的是,有权机关所作的审批文件、材料本身属于具体行政行为,是双方争议所指向的对象,其不能证明收回行为符合公共利益。如果不能证明收回土地使用权是实现公共利益的需要,则

---

① 《土地管理法》(2019 年)对该条款的文字作了修改,但内容基本未变。第 58 条规定,有下列情形之一的,由有关人民政府自然资源主管部门报经原批准用地的人民政府或者有批准权的人民政府批准,可以收回国有土地使用权:(一)为实施城市规划进行旧城区改建以及其他公共利益需要,确需使用土地的……

不能获得法院的支持。例如,在"宣懿成等18人诉衢州市国土资源局收回土地使用权行政争议"案①中,衢州市柯城区人民法院认为:本案各原告均系衢州市府山中学教工住宅楼的住户,是该楼用地的合法使用者。被告国土局因建设银行衢州分行需要扩大营业用房,决定收回各原告住宅楼的国有土地使用权。在本案的诉讼中提供的衢州市发展计划委员会(2002)35号《关于同意扩建营业用房项目建设计划的批复》《建设项目选址意见书审批表》《第三人扩建营业用房建设用地规划红线图》等有关证据,难以说明该决定是由于"公共利益需要使用土地"或"实施城市规划进行旧城区改造需要调整使用土地"的需要。故原告主张被告的具体行为主要证据不足,理由成立,应予支持;被告主张其作出的收回各原告国有土地的具体行政行为符合《土地管理法》规定的辩解,不能成立。本案表明,商业银行扩大营业用房的需要并不属于公共利益,不符合《土地管理法》第58条的规定。

2. 消极适用:为防御公共利益而阻止私人权益

公共利益原则的消极适用是,为防止某种公共利益受到损害而阻止私人利益的实现或权利行使。典型的法律表达方式是,当事人行使权利不得损害社会公共利益。

我国台湾地区"民法"第148条第1款对行使权利不得损害社会公共利益设有明文规定。法院在适用这一条款时,涌现了许多经典案例。例如,在拆除变电设施案中,判决指出,"设上诉人所辩系争土地上所建之变电设施,一旦拆除,高雄市都会区居民之生活将陷于瘫痪,所有生产工厂均将停顿云云,并非夸大其词,而事实上复无其他适当土地取代,则被上诉人仍本于所有权请求上诉人拆除地上变电设施,交还系争土地,其现实权利显然违反公共利益,依第148条第1款规定,应为法所不许"。又如,在公共交通道路设施案中,判决指出,

---

① 参见《宣懿成等18人诉衢州市国土资源局收回土地使用权行政争议案》,载《最高人民法院公报》2004年第4期。

"系争土地既已成为供公众使用之公共交通道路,是否已成为公用物,不无疑义。倘为公众一般使用之物,则基于公益上的理由,虽属被上诉人所有,仍应受公众使用之限制。如果土地所有人竟主张所有权,排除公共交通道路之设施,请求交还土地,其所有权之行使,是否违反公共利益,而与第 148 条第 1 款所定权利滥用之禁止规定有违,非无斟酌余地"。

同样,公共利益原则的消极适用在我国大陆也有类似的案例。例如,"定安城东建筑装修工程公司与海南省定安县人民政府、第三人中国农业银行定安支行收回国有土地使用权及撤销土地证"案[1]中,最高人民法院认为,"海南省定安县政府作出 112 号通知前,未听取当事人意见,违反正当程序原则,本应依法撤销,但考虑到县政府办公楼已经建成并投入使用,撤销 112 号通知中有偿收回涉案土地使用权决定已无实际意义,且可能会损害公共利益"。因此,最高人民法院依据《关于执行〈中华人民共和国行政诉讼法〉若干问题的解释》第 58 条规定,依法判决确认该行政行为违法,但未撤销该通知,而是判决定安县政府对土地使用权人应当按照作出收回土地使用权决定时的市场评估价给予补偿。

(三)不同原则之间的选择适用与并列适用

在同时规定不得损害公共利益原则与禁止权利滥用原则的国家或地区,这两个原则之间可能会出现冲突适用的问题。当然,最理想的方案是根据不同原则各自的核心含义,结合不同案件的具体情形而选择适用。但由于两者的核心内涵均与权利的不当行使有关,而且都具有很大的模糊性,在针对某一具体案件时,区别适用可能会存在相当大难度,在具体的法律适用中难免会出现交错。

---

[1] 参见《定安城东建筑装修工程公司与海南省定安县人民政府、第三人中国农业银行定安支行收回国有土地使用权及撤销土地证案》,载《最高人民法院公报》2015 年第 2 期。

法院可能对两原则不做区分,含糊适用。例如,我国台湾地区"最高法院"2009 年台上字 1283 判决谓:"系争土地经编列为文教区(嘉南大学学校用地),位于体育馆、教学暨研究大楼、图书馆、国际会议中心汇集之通道,且依都市计划法第 6 条规定,被上诉人收回后亦不能建屋或做其他用途,既为原审所确定之事实,且系争土地面积共 3630 平方公尺,又位于校园核心地带,倘由被上诉人收回,将致嘉南大学校区完整性遭受破坏,不仅不利校园安全维护,且被上诉人回收后亦无从为其他具有经济价值之利用,经比较衡量结果,难认非属被上诉人所得利益极少而嘉南大学与众多学校师生与员工所受损失甚大之情形。被上诉人行使所有人物上请求权,即有违'民法'第 148 条第 1 款规定而不得为之,其进而请求确认通行权,亦失所据。"这一判决结果是妥当的。但是,就法律适用而言,应更明确表示究属"以损害他人为主要目的",还是"违背公共利益"①。

在司法实践中,法院也可能把这两个原则同时适用于某一具体案件。例如,我国台湾地区"最高法院"2010 年台上字 1705 判决称:"查系争房屋坐落于系争土地上之权利,原为台北市政府与国民党间之使用借贷契约,依该房屋使用目的及情状,使用借贷之目的尚未达成,国民党之终止契约为不合法,而上诉人明知系争房屋系因上开使用借贷关系而坐落于系争土地上,且系争房屋向供公众使用等情,为原审合法认定之事实,则依前揭说明,原审衡量系争房屋拆除所致公共利益之损害,与上诉人因此所得受之利益后,以上诉人行使系争土地所有权而请求拆屋还地,有违公共利益,属权利滥用等情,于法洵无违背。"在本案中,法院同时适用了不得损害公共利益原则与禁止权利滥用原则。

类似地,违反公序良俗与不得损害社会公共利益是两个不同的原

---

① 王泽鉴:《民法总则》(增订新版),2014 年自版,第 621 页。

则,法院也应该尽量明确选择哪一原则适用到具体的案件中。但是违反善良风俗的行为也可能是使第三人受到威胁或伤害,或者与公共福祉明显矛盾的法律行为。① 其实,诚实信用原则与权利滥用原则的关系也是如此,尽量区分适用,但并列适用也不在少数。② 可见,这是法律原则所固有的模糊性特质造成的法律适用难题。

(四)适用公共利益原则的法律效果

权利行使违反公共利益时,其法律效果如何? 有学者指出,权利行使违反公共利益时,其法律效果系不得行使其权利,或其权利抛弃无效等,应就个案加以认定。③ 笔者支持这一观点,但是应该从更为广阔的时空背景去理解适用公共利益原则的法律效果。当事人既可以积极适用,也可以消极适用。其既可以适用于物权领域、合同领域,也可以适用于商事领域,还可以适用于知识产权等其他广泛的领域。所以,适用公共利益原则的法律效果不会局限于这些效果。说到底,只能因具体案件而形态各异,根据具体个案而得到不同的结果。

需要强调的是,法院享有基于公共利益的需要作出自由裁量的权力。为实现最佳的利益,法院可以治愈原法律行为的瑕疵,也可以对原救济途径作出相应的调整。典型的案例是"中华环保联合会诉无锡市蠡湖惠山景区管理委员会生态环境侵权"案。④ 在该案中,江苏省无锡市滨湖区人民法院经审理认为,景区管委会在开发建设项目时尚

---

① BGH NJW 2005,1490(1491);NJW 1990,567. 转引自〔德〕汉斯·布洛克斯、沃尔夫·迪特里希·瓦尔克:《德国民法总论》,张艳译,中国人民大学出版社 2014 年版,第 146 页。

② 参见〔日〕山本敬三:《民法讲义Ⅰ:总则》,解亘译,北京大学出版社 2004 年版,第 407—408 页。

③ 参见王泽鉴:《民法总则》(增订新版),2014 年自版,第 624 页;施启扬:《民法总则》,三民书局 2005 年版,第 364—365 页。

④ 参见《中华环保联合会诉无锡市蠡湖惠山景区管理委员会生态环境侵权案》,载《最高人民法院公报》2015 年第 3 期。

未取得改变林地用途的审批手续,构成了占用林地的事实。改变林地用途对生态环境造成损害,应当承担相应的民事侵权责任。景区改变林地用途的行为,根据法律规定,应当责令限期恢复原状。但考虑到消防水池和观光电梯同时具有逃生、急救通道的功能,是欢乐园的必要组成部分,涉及较大的社会公共利益,如直接恢复原状,可能造成对社会资源的浪费。如就地恢复确有困难,可以异地恢复,以尽量达到或超过原有的生态容量水平。对异地恢复的地点的选择,按照与原被侵权地最相密切联系、恢复方案经济可靠的原则确定。最终法院结合补植方案的可行性和苗木选择的合理性、林木养护的便利性等综合因素,判决无锡市滨湖区杨湾地块补植方案为本案恢复林地的最终方案,对被告提交的该处异地补植恢复方案予以确认与准许。可见,在本案中法院以"责令异地恢复"来取代"责令原地恢复"是对原法律关系的重大调整,是适用公共利益原则的结果,是妥当的。

五、公共利益在利益衡量中的展开

作为法律原则的社会公共利益与存在于利益层次结构中的社会公共利益,在利益衡量的展开过程中是相互依存的,是有机统一的。一方面,不得损害社会公共利益作为一项法律基本原则,需要借助利益衡量方法才能妥当地适用。其实,法律原则借助利益衡量进行判决是通行方法。例如,善良风俗是一个需要进行价值补充的概念,经常采取的方式是通过利益衡量进行价值判断。[①] 又如,诚实信用原则的

[①] 参见〔德〕汉斯·布洛克斯、沃尔夫·迪特里希·瓦尔克:《德国民法总论》,张艳译,中国人民大学出版社 2014 年版,第 146 页。

具体化是在利益衡量中形成的。① 再如,权利滥用原则的适用是通过利益衡量实现的。② 法院适用公共利益原则也不例外,需要借助于利益衡量方法。另一方面,从利益衡量的层次结构看,社会公共利益是作为利益衡量的客体或者标准存在的,是利益衡量过程需要加以考虑的利益类别。没有对社会公共利益进行衡量,该利益衡量可能是不完整的。法律中不得损害社会公共利益原则的存在为社会公共利益的衡量提供刚性要求以及相应的指引。对于公共利益具体内容的认定,目前尚无统一的标准,应就个案分别衡量判断之。③

在具体案件的利益衡量过程中,对于社会公共利益的衡量需要处理好以下关系:

(一)公共利益需要充分铺陈

适用公共利益原则的妥当性需要借助利益衡量才能获得。这要求利益衡量时,对利益状态做详细调查,把各种利益充分地展示出来,对各种利益的强弱大小进行充分比对,作出谨慎取舍,从而获得最为合理的结论。

我国在适用公共利益进行利益衡量的实践中,许多案件对公共利益进行了仔细铺陈,详细分析,大大增强了裁决的妥当性与可接受性。典型的案例是"益民公司诉河南省周口市政府等行政行为违法"案。④

---

① 参见〔德〕汉斯·布洛克斯、沃尔夫·迪特里希·瓦尔克:《德国民法总论》,张艳译,中国人民大学出版社2014年版,第283—284页;〔德〕迪特尔·施瓦布:《民法导论》,郑冲译,法律出版社2006年版,第178页;王泽鉴:《民法总则》(增订新版),2014年自版,第626页;黄立:《民法总则》,中国政法大学出版社2002年版,第510—511页。
② 参见王泽鉴:《民法总则》(增订新版),2014年自版,第616—618页;施启扬:《民法总则》,三民书局2005年版,第368页;黄立:《民法总则》,中国政法大学出版社2002年版,第505—506页;郑玉波:《民法总则》(修订11版),黄宗乐修订,三民书局2009年版,第448页。
③ 参见施启扬:《民法总则》,三民书局2005年版,第363页。
④ 参见《益民公司诉河南省周口市政府等行政行为违法案》,载《最高人民法院公报》2005年第8期。

在该案中，最高人民法院指出，"虽然周口市计委作出《招标方案》、发出《中标通知书》及市政府作出 54 号文的行为存在适用法律错误、违反法定程序之情形，且影响了上诉人益民公司的信赖利益，但是如果判决撤销上述行政行为，将使公共利益受到以下损害：一是招标活动须重新开始，如此则周口市'西气东输'利用工作的进程必然受到延误。二是由于具有经营能力的投标人可能不止亿星公司一家，因此重新招标的结果具有不确定性，如果亿星公司不能中标，则其基于对被诉行政行为的信赖而进行的合法投入将转化为损失，该损失虽然可由政府予以弥补，但最终亦必将转化为公共利益的损失。三是亿星公司如果不能中标，其与中石油公司签订的'照付不议'合同亦将随之作废。周口市利用天然气必须由新的中标人重新与中石油公司谈判，而谈判能否成功是不确定的，在此情况下，周口市民及企业不仅无法及时使用天然气，甚至可能失去'西气东输'工程在周口接口的机会，从而对周口市的经济发展和社会生活造成不利影响"。最高人民法院认为，"根据《最高人民法院关于执行〈中华人民共和国行政诉讼法〉若干问题的解释》第 58 条关于'被诉具体行政行为违法，但撤销该具体行政行为将会给国家利益或者公共利益造成重大损失的，人民法院应当作出确认被诉具体行政行为违法的判决，并责令被诉行政机关采取相应的补救措施'之规定，应当判决确认被诉具体行政行为违法，同时责令被上诉人市政府和市计委采取相应的补救措施。补救措施应当着眼于益民公司利益损失的弥补，以实现公共利益和个体利益的平衡"。在该案中，最高人民法院把系争具体行政行为背后所隐藏的社会公共利益充分地呈现出来，并做详细分析，大大增强了判决的说服力，是值得赞赏的。可以用图 6 展现出来：

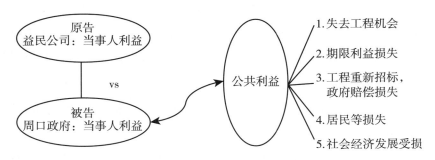

图 6　益民公司案的公共利益解析图

相反,如果对公共利益仅仅做抽象、笼统、难以检验的论述,那么法院所作出的裁决就可能是不妥当的,或者难以为当事人所接受。例如,我国台湾地区"最高法院"2011 年台上字 1719 判决称:"原审就上诉人因权利行使取得之利益为何、被上诉人及国家社会有何损害、上诉人如何违反公共利益,未为比较衡量,徒以上诉人行使权利具有恶意,遂认上诉人为权利滥用,据为上诉人败诉之判决,难谓无判决理由不备之违法。"[①]又如,我国台湾地区"最高法院"2012 年台上 1106 判决所称:"系争建物相邻均盖满建物,共有人纵取回土地,其基地面积仅为 182 余平方公尺(依所附图各部分使用面积加总),如何利用? 其可取得利益若干? 反之,系争建物属合法建筑,现供营业及居住使用,如经拆除,造成上诉人及社会经济之损害为何? 原审俱未调查审讯,比较衡量之,即认上诉人抗辩被上诉人属权利滥用为不可采,遂命林○生拆屋还地,自有可议。"[②]

(二)公共利益在利益衡量中的辩证关系

1. 公共利益:评价客体 vs 评价标准

在利益法学的发展进程中,耶林、赫克等利益法学代表人物都没

---

① 我国台湾地区"最高法院"2011 年台上 1719 判决。
② 我国台湾地区"最高法院"2012 年台上 1106 判决。

有区分作为衡量客体的利益与作为评价标准的利益,利益所扮演的角色存在重大混乱。直到德国学者 Westermann 指出作为评价客体的利益与评价标准是不同的。① 该国学界认为,Westermann 把当事人利益与评价标准区别开来,真正促使利益法学更名为评价法学,居功至伟。② 这给人的印象似乎是,利益的不同角色之间的混乱直接影响了利益衡量的科学性。

社会公共利益也不例外,存在多重角色的问题。它在法律适用的过程中,有时是法院评价的客体,有时又是法院对当事人利益进行评价的标准。一个摆在法官面前的待决案件,必然涉及原被告双方当事人的具体利益。如果公共利益是评价客体,那么它与原被告双方当事人利益具有一样的性质;如果它是评价标准,那么它是评价原被告双方当事人利益的"标尺"——判断当事人利益是否与社会公共利益相符合。显然,两者的性质与功能是不同的。

公共利益扮演的角色究竟是法院的评价客体还是评价标准？公共利益是否只能承担一个角色,这两个角色是相互排斥的吗？特别是在同一个案件中,这两种不同的角色能够共容吗？这两者角色表面上似乎是矛盾的,其实是不矛盾的,可以共容。为什么？从本质上讲,两者只是对公共利益进行分析的角度不同。从不同的侧面对同一事物进行观察,得出的结论自然可能不同。就像一把具有刻度的米尺,一方面,米尺本身是具有一定长度的物体,其可以成为被测量长度的对象;但另一方面,米尺又是一种测量工具,其可以用来测量其他物品的长度。可见,米尺既可以成为测量对象,又可以成为测量标准,是完全可以统一于同一事物中的。同样,在某一具体的案件中,社会公共

---

① Westermann,Wesen,S.16.转引自吴从周:《概念法学、利益法学与价值法学:探索一部民法方法论的演变史》,中国法制出版社2011年版,第397页。

② 参见吴从周:《概念法学、利益法学与价值法学:探索一部民法方法论的演变史》,中国法制出版社2011年版,第403页。

利益既可以是被评价的客体,也可以是评价其他利益(如当事人利益、制度利益)的标准。

当社会公共利益成为原被告双方当事人利益是否应该获得保护的评价标准时,疑问也随之而来:当事人利益通常是具体的利益,而公共利益往往是抽象的。抽象利益可以成为具体利益的判断标准吗?就像米尺,其可以成为测量长度的标准是因为它具有明确而清晰的刻度,抽象利益是没有清晰的刻度的,难以成为当事人具体利益的判断标准。笔者认为,这样类比似乎有相当的理由,但是利益衡量与长度测量的本质是不同的,难以进行类比。在利益的层次结构中,利益衡量的本质在于当事人具体利益、制度利益与社会公共利益的"相符性"检验。这种相符性检验更多体现为说服力与可接受性,而不是所谓的数字化,其检验标尺不一定需要明确的刻度。而且,公共利益虽然经常是抽象的,但是是可以感知的,可以通过"描述"把它完整地呈现出来,并加以讨论与评价。这样,社会公共利益就可以顺利地在具体与抽象之间完成转换,便于进行"相符性"检测。

社会公共利益可以成为法院的评价对象。典型的案例是"安徽省福利彩票发行中心与北京德法利科技发展有限责任公司营销协议纠纷"案。[①] 在该案中,最高人民法院判决认为,"德法利公司从销售总额的发行费用中提取相关营销提成费用的约定应解释为其从发行费中提取相应的提成费用,符合该费用的使用目的,并未影响到福利彩票销售资金中其他两类资金的比例,不存在损害社会公共利益的情形,故安徽彩票中心关于该约定变更福利彩票销售资金各费用比例,损害了社会公共利益的答辩理由不能成立,本院不予支持"。在该案中,争议双方都对社会公共利益作出了详细阐述,重点在于营销提成费用是否构成了对公共利益的损害。在此,公共利益扮演的主要是评

---

① 参见《安徽省福利彩票发行中心与北京德法利科技发展有限责任公司营销协议纠纷案》,载《最高人民法院公报》2009 年第 9 期。

价的客体。

社会公共利益成为当事人法律行为的评价标准也极为普遍。在合同法领域,《合同法》(1999年)第7条、第52条明确规定,公共利益是判断合同效力的重要因素。典型的案例是"无锡市掌柜无线网络技术有限公司诉无锡嘉宝置业有限公司网络服务合同纠纷"案。① 在该案中,无锡市南长区人民法院认为:根据原告掌柜网络公司与被告嘉宝公司签订的《短消息合作协议书》及双方陈述,双方在对所发送的电子信息的性质充分知情的情况下,无视手机用户群体是否同意接收商业广告信息的主观意愿,强行向不特定公众发送商业广告,违反网络信息保护规定、侵害不特定公众的利益,所发送的短信应认定为垃圾短信,该合同应属无效。无锡市南长区人民法院依据《中华人民共和国合同法》第7条、第52条、全国人民代表大会常务委员会《关于加强网络信息保护的决定》第7条、第11条之规定,于2014年12月11日作出判决:驳回原告掌柜网络公司的诉讼请求。在该案中,公共利益成为判断合同效力的评价标准。

2. 公共利益:抽象利益 vs 具体利益

社会公共利益在我们社会生活中呈现的面貌是"虚实相间",真可谓"虚中有实,实中有虚"。"虚"的公共利益往往是抽象的,而"实"的公共利益则是具体的。换言之,公共利益不但可以具体方式出现,也可以抽象方式出现。就具体的公共利益而言,常见实例是建造公路、铁路、机场等场所带来的利益。在司法实践中,基于法律适用的明确性规则,往往需要当事人或者法院确定公共利益的具体内容。相对于具体的公共利益,抽象的公共利益则是看不见、摸不着的利益,但也是实实在在围绕于我们身边的利益。凡我国社会生活的基础、条件、环

---

① 参见《无锡市掌柜无线网络技术有限公司诉无锡嘉宝置业有限公司网络服务合同纠纷案》,载《最高人民法院公报》2015年第3期。

境、秩序、目标、道德准则及良好风俗习惯皆应属于公共利益的抽象范畴。① 抽象的公共利益,可以表现为两个层面:其一,可以是其价值功能的承载,如公平、正义、和平等,甚至公共秩序也可以成为公共利益。有人恰当地指出,公共秩序是指政治、经济、文化等社会生活领域的基本秩序,它体现了社会全体成员的公共利益。② 其二,可以是与具体法律制度所承载的抽象利益相勾连,如交通法律制度的交通安全利益、公共卫生制度的公众健康利益。③ 抽象的公共利益是模糊的。正是其模糊性,使公共利益原则具有广泛的适应性。

社会公共利益可以是具体的利益。在司法实践中,典型的案例是"朱正茂、中华环保联合会与江阴港集装箱公司环境污染责任纠纷"案。④ 在该案中,2004 年上半年,江阴港集装箱公司未经环境保护行政主管部门环境影响评价和建设行政主管部门立项审批,自行增设铁矿石(粉)货种接卸作业。在作业过程中,该公司采用露天接卸,造成了铁矿石粉尘直接侵入周边居民住宅;采用冲洗方式处理散落在港区路面和港口外道路上的红色粉尘,形成的污水直接排入周边河道和长江水域,并在河道中积淀,造成了周边环境大气污染、水污染,严重影响了周边地区空气质量、长江水质和附近居民的生活环境。鉴于环境污染具有不可逆性、地域广阔性、潜在受害人不确定性和社会公共利益受损的广泛性,江苏省无锡市中级人民法院于 2009 年 7 月受理案件后,依职权进行现场勘验,针对正在实施的环境污染侵害行为,先

---

① 参见梁慧星:《民法》,四川人民出版社 1988 年版,第 129 页。
② 参见杨代雄:《民法总论专题》,清华大学出版社 2012 年版,第 46 页。
③ 这里所列举法律制度的制度利益与公共利益重合。其实,制度利益应该与公共利益重合,事实上绝大多数法律制度的制度利益与公共利益也是高度重合的。如果某一制度的制度利益与公共利益不一致,则意味着该制度不符合社会期待,需要修改。参见梁上上:《利益的层次结构与利益衡量的展开——兼评加藤一郎的利益衡量论》,载《法学研究》2002 年第 1 期。
④ 参见《朱正茂、中华环保联合会与江阴港集装箱公司环境污染责任纠纷案》,载《最高人民法院公报》2014 年第 11 期。

行裁定污染者立即停止侵害,防止了损害扩大。可见,这里的社会公共利益涉及周边环境大气污染、水污染等方面,是非常具体的。

社会公共利益可以是抽象的利益。典型的案例是"山东省食品进出口公司、山东山孚日水有限公司、山东山孚集团有限公司诉青岛圣克达诚贸易有限公司、马达庆不正当竞争纠纷申请再审"案。① 在该案中,最高人民法院认为,良好的竞争秩序是一种公共利益。其指出,"自由竞争将有效地优化市场资源配置、降低价格、提高质量和促进物质进步,从而使全社会受益。但是,自由竞争并非没有限度,过度的自由竞争不仅会造成竞争秩序混乱,还会损害社会公共利益,需要用公平竞争的规则来限制和校正自由竞争,引导经营者通过公平、适当、合法的竞争手段来争夺商业机会,而不得采用违法手段包括不正当竞争手段"。显然,竞争秩序所体现的公共利益是一种抽象的利益。

3. 社会公共利益:未来目标 vs 现实结果

社会公共利益究竟是利益衡量所追求的目标还是结果？常见的回答似乎应该是,要么是利益衡量的未来目标,要么是利益衡量的现实结果,两者不可兼得。这可以分两种情形进行分析。一种情形是,公共利益在一个案件里呈现的是目标,在另一个案件里呈现的是结果,两者并不矛盾。另一种情形是,公共利益在同一个案件,既是利益衡量追求的目标,又是利益衡量的结果。这种情况就像违约责任所造成的损失,既可能包括现实利益受损也可能包括可得利益受损。所以,社会公共利益既可以成为目标,也可以成为结果,可以呈现出不同的面貌。

社会公共利益可以成为利益衡量所追求的未来目标。典型的案例是"杨季康(笔名杨绛)与中贸圣佳国际拍卖有限公司、李国强诉前

---

① 参见《山东省食品进出口公司、山东山孚日水有限公司、山东山孚集团有限公司诉青岛圣克达诚贸易有限公司、马达庆不正当竞争纠纷申请再审案》,载《最高人民法院公报》2011 年第 10 期。

禁令"案。① 该案是我国法院作出的首例涉及著作人格权的临时禁令,也是2012年修订的《民事诉讼法》实施后针对侵害著作权行为作出的首例临时禁令。② 该案件涉及我国已故著名作家、文学研究家钱钟书先生及我国著名作家、翻译家、外国文学研究家杨绛女士,案件处理受到了社会的广泛关注。在社会各界对钱钟书手稿即将被大规模曝光一事高度关注的情况下,法院充分考虑了该案对于社会公共利益可能造成的影响,准确地作出了司法禁令(行为保全措施),既有效保护了著作权人权利,又避免对拍卖公司及相关公众造成影响。在该案中,法院对各方当事人的利益进行衡量的同时,加入了社会公共利益的重要考量。在此,公共利益的追求成为利益衡量的关键。

社会公共利益也可以是利益衡量所面对的现实利益。典型的案例是"中华环保联合会、贵阳公众环境教育中心与贵阳市乌当区定扒造纸厂水污染责任纠纷"案。③ 在该案中,清镇法院一审认为,定扒纸厂取得的排污许可证载明,其能够排放的污染物仅为二氧化硫、烟尘等,不包含废水。但定扒纸厂却采取白天储存、夜间偷排的方式,利用溶洞向南明河排放严重超标工业废水,从表面上、实质上都对南明河产生了污染,严重危害了环境公共利益,故其应当承担侵权民事责任。清镇法院于2011年1月作出判决,判令定扒纸厂立即停止向南明河排放污水,消除对南明河产生的危害。在该案中,环境公共利益已经遭受现实重大损害,是一种现实损害,而不是未来损害。

---

① 参见《杨季康(笔名杨绛)与中贸圣佳国际拍卖有限公司、李国强诉前禁令案》,载《最高人民法院公报》2014年第10期。
② 《民事诉讼法》(2012年)第100条第1款规定,人民法院对于可能因当事人一方的行为或者其他原因,使判决难以执行或者造成当事人其他损害的案件,根据对方当事人的申请,可以裁定对其财产进行保全、责令其作出一定行为或者禁止其作出一定行为;当事人没有提出申请的,人民法院在必要时也可以裁定采取保全措施。
③ 参见《中华环保联合会、贵阳公众环境教育中心与贵阳市乌当区定扒造纸厂水污染责任纠纷案》,载《最高人民法院公报》2014年第11期。

4. 公共利益角色区分的相对性

不论是评价客体与评价标准的关系,抽象利益与具体利益的关系,还是现实利益与未来利益的关系,都是公共利益不同内涵的呈现,是公共利益从不同的维度呈现出来的不同现象。随着作为裁量主体的法官对公共利益的观察角度的转变,其所获得的公共利益的概念与内容也会有所变化。只要这种变化与具体的案件事实相匹配,裁量结果就具有合理性。所以,这些分类只具有相对性,相互之间可以转化。在特定的案件事实面前,恰恰是这种可转变性,表现出公共利益所特有的适应性。

不要说公共利益在"虚实之间"可以转化,就是当事人的具体利益与公共利益之间也存在勾连,可以转化。例如,我国《土地管理法》第37条第1款的规定,禁止任何单位和个人闲置、荒芜耕地。已经办理审批手续的非农业建设占用耕地,连续2年未使用的,经原批准机关批准,由县级以上人民政府无偿收回用地单位的土地使用权;该幅土地原为农民集体所有的,应当交由原农村集体经济组织恢复耕种。可见,无偿收回的目的主要是防止单位和个人闲置、荒芜耕地。① 民事主体闲置、荒芜耕地的行为表面上涉及的似乎只是当事人的具体利益,但是基于耕地对人类生存的重要性,以及耕地资源的有限性,耕地对国家与社会具有特别重要的意义。所以,闲置、荒芜耕地而失去的利益不再囿于当事人具体利益,已经由当事人具体利益转化为抽象的公共利益。正是基于公共利益的需要,法律才明文规定可以"无偿收回"。

(三)公共利益与类似利益的差异与转化

1. 公共利益与共同利益的关系

社会公共利益不同于共同利益。两者的差异主要在于:其一,两

---

① 在我国,土地使用权的收回可以分为有偿收回与无偿收回。

者所涉及的利益对象的范围不同。社会公共利益所涉及的对象具有开放性,而共同利益所涉及的对象具有封闭性。其二,两者的性质不同。公共利益是不特定社会人员的利益,而共同利益是特定范围内成员的共同体利益。例如,我国台湾地区"工业团体法"与"商业团体法"第 1 条都规定"增进共同利益"。这里的共同利益是指这些团体会员的共同利益。① 其三,两者的语言使用方式不同。社会公共利益是法律用语,而共同利益的使用较为灵活。例如,债权人与债务人对立双方之间的临时性利益可以为共同利益。合伙人之间、夫妻之间基于共同目标产生的长期性利益也可以是共同利益。而这些不能用公共利益来表述。

随着我国城市化进程的推进,物业小区的快速发展,"共同利益"的适用在物业纠纷中大量出现,主要有两种类型:(1)在物业纠纷中,某一业主对共有部分的使用不能侵害其他业主的共有权,损害他们的共同利益。例如,"南京市鼓楼区房产经营公司、钟宝强等诉江苏盛名实业有限公司房屋侵权纠纷"案②中,江苏省南京市中级人民法院认为,"被上诉人盛名公司虽然是在其专有部分(为一楼室内)增建夹层,但是其增建夹层的行为利用了属于共用部分的梁、柱和地板以下的掩埋工程,使梁、柱的负载加大,地梁裸露,是对共用部分的非正常使用,影响到全体区分所有权人的共同利益"。(2)即使是业主的专有部分,业主对其进行占有、使用、收益和处分时,也不得危及建筑物的安全,不得损害其他业主的共同利益。例如,"顾然地诉巨星物业排除妨碍、赔偿损失纠纷"案③中,上海市静安区人民法院认定:顾然地所有的浴缸(严重超长超宽超重)注满水后的重量,超出了每平方米最大

---

① 参见施启扬:《民法总则》,三民书局 2005 年版,第 365 页。
② 参见《南京市鼓楼区房产经营公司、钟宝强等诉江苏盛名实业有限公司房屋侵权纠纷案》,载《最高人民法院公报》2001 年第 5 期。
③ 参见《顾然地诉巨星物业排除妨碍、赔偿损失纠纷案》,载《最高人民法院公报》2003 年第 6 期。

280公斤的楼板设计荷载量。长期使用这个浴缸,不仅顾然地的安全不能保证,且势必危及相邻其他区分所有权人的安全。由于建筑物的特性,决定了权利人在行使其权利时要受到一定限制。区分所有权人使用自己专有部分的建筑物时,不得违反全体区分所有权人的共同利益,不得妨碍整幢建筑物的正常使用。为此,法院判决驳回原告的诉讼请求。

需要注意的是,在具体的法律适用环境中,有的共同利益可以转化为社会公共利益。例如,住宅小区内的业主是特定的,从公共道路通往小区内的连接道路主要由小区业主使用,但该道路所涉及的利益并非只是该小区业主的共同利益。又如,在"青岛中南物业管理有限公司南京分公司诉徐献太、陆素侠物业管理合同纠纷"案[1]中,南京市江宁区人民法院认为,"业主不得违反业主公约及物业管理规定,基于个人利益擅自破坏、改造与其房屋毗邻的庭院绿地。即使业主对于该庭院绿地具有独占使用权,如果该庭院绿地属于小区绿地的组成部分,业主在使用该庭院绿地时亦应遵守业主公约、物业管理规定关于小区绿地的管理规定,不得擅自破坏该庭院绿地,损害小区其他业主的合法权益"。在该案中,共同利益与公共利益之间的界限是模糊的。

2. 公共利益与国家利益的关系

公共利益与国家利益的关系,类似于公共利益与共同利益之间的关系。一方面,公共利益与国家利益的核心内涵是不同的,有些法律把两者并列使用,对两者做区别处理的意图是明显的。例如,我国《宪法》第51条规定,行使权利不得损害国家的、社会的、集体的利益。另一方面,两者在某些场合可以转化。例如,《涉外民事关系法律适用法》第5条规定,"外国法律的适用将损害中华人民共和国社会公共利益的,适用中华人民共和国法律"。这里的社会公共利益在法律适用

---

[1] 参见《青岛中南物业管理有限公司南京分公司诉徐献太、陆素侠物业管理合同纠纷案》,载《最高人民法院公报》2007年第9期。

的许多场合可以指国家利益,两者可以转化。

国家利益与公共利益转化的典型案例是"巴菲特投资有限公司诉上海自来水投资建设有限公司股权转让纠纷"案。① 在该案中,被告上海自来水公司以董事会决议的方式将其持有的 16 985 320 股光大银行法人股以 28 365 484.40 元价格委托上海水务公司出让,第三人金槌公司受水务公司委托以 52 654 492.00 元价格将该股份拍卖给原告巴菲特投资公司,造成国有资产严重流失。上海市高级人民法院认为,根据《企业国有资产监督管理暂行条例》第 13 条的规定,以及根据国务院国资委、财政部制定实施的《企业国有产权转让管理暂行办法》第 4 条、第 5 条的规定,企业国有产权转让应当在依法设立的产权交易机构中公开进行,企业国有产权转让可以采取拍卖、招投标、协议转让等方式进行。企业未按照上述规定在依法设立的产权交易机构中公开进行企业国有产权转让,而是进行场外交易的,其交易行为违反公开、公平、公正的交易原则,损害社会公共利益,应依法认定其交易行为无效。在该案中,国家利益已经转化为公共利益。

(四)公共利益衡量应紧密结合具体的法律制度

公共利益原则在适用过程中,涉及原被告双方的利益,以及公共利益。原被告双方的利益较为具体、明确,而社会公共利益通常较为抽象、模糊。这两者处于事物的两端,如何把两者勾连起来呢? 由于权利(核心为利益)总是存在于具体的法律制度之中的,法律制度可以扮演两者的媒介,所以应该结合该法律制度所蕴含的制度利益进行衡量。②

---

① 参见《巴菲特投资有限公司诉上海自来水投资建设有限公司股权转让纠纷案》,载《最高人民法院公报》2010 年卷,第 487 页以下。

② 参见梁上上:《利益的层次结构与利益衡量的展开——兼评加藤一郎的利益衡量论》,载《法学研究》2002 年第 1 期。

"上海市弘正律师事务所诉中国船舶及海洋工程设计研究院服务合同纠纷"案为此提供有益的成功经验。① 上海市第二中级人民法院二审认为："当事人在诉讼过程中自愿接受调解、和解，是对自身权益的处分，是当事人依法享有的诉讼权利。律师事务所及其律师作为法律服务者，在接受当事人委托代理诉讼事务中，应当尊重委托人关于接受调解、和解的自主选择，即使认为委托人的选择不妥，也应当出于维护委托人合法权益的考虑提供法律意见，而不能为实现自身利益的最大化，基于多收代理费的目的，通过与委托人约定相关合同条款限制委托人接受调解、和解。上述行为不仅侵犯委托人的诉讼权利，加重委托人的诉讼风险，同时也不利于促进社会和谐，违反社会公共利益，相关合同条款亦属无效。"在该案中，二审法院非常重视对所涉法律制度的分析，充分分析了律师制度的目的、委托制度的制度利益等内容。法院强调"律师的职业责任是接受当事人的委托，为当事人提供法律服务，维护当事人的合法权益，维护法律的正确实施，维护社会的公平正义"。基于这种制度利益的过渡，可以把当事人的具体利益与公共利益紧密地勾连起来，达到良好的论证效果。

六、结语

　　现代社会是一个复杂的法治系统。法律存在漏洞已经成为常态，法院经常面临缺乏妥当法律规范解决法律纠纷的难题。法律基本原则具有模糊性与价值性强的特点，可以用来补充与修正法律规范，弥补法律漏洞。

　　不得损害社会公共利益是现代法治社会的一项独立的重要法律

---

① 参见《上海市弘正律师事务所诉中国船舶及海洋工程设计研究院服务合同纠纷案》，载《最高人民法院公报》2009年第12期。

原则。长期以来,我国学者认为社会公共利益原则等同于国外的公序良俗原则。其实,该原则既不同于公序良俗原则,也不同于权利滥用原则。它不但有实证法的根据,在司法实践中也得到广泛应用。它可以被当事人积极适用,也可以被当事人消极适用。社会公共利益是一个模糊性概念,但具有很强的适应性,可以解决因社会变迁而产生的疑难案件。该原则在法律适用的过程中,需要借助利益衡量方法。鉴于公共利益的模糊性,法院需要针对具体案件对其内涵进行充分阐述,灵活看待公共利益在评价对象与评价标准,抽象利益与具体利益,未来利益与现实利益之间的关系,妥当处理它与国家利益、共同利益等不同利益之间的互相转换。

第八章　利益衡量的界碑

> 我们必须知道在哪里怀疑，在哪里肯定，在哪里顺从。
>
> ——B.帕斯卡尔

自日本的利益衡量理论介绍到我国以来，该理论在我国的审判实践中获得了广泛的应用。的确，该理论深刻地揭示了权利的核心在于利益，法律保护的本质在于保护更应当保护的利益。这样，对于社会上出现的那些法律漏洞或疑难问题，"利益衡量"方法成为目前一个流行的解决之道。但是，这种流行似乎造成了"利益衡量"的滥用，应当如何妥当地进行"利益衡量"，还需要确立利益衡量的界碑。

一、利益衡量的滥用及其原因

对于社会发展中出现的不能从现行法中找到答案的大量纠纷，需要法官发挥其主观能动性来解决各种纠纷。其中,利益衡量方法是较好的选择。但是,任何方法都不会是完美无缺的,利益衡量的思考方法也同样存在被滥用的危险。

例如,有这样一个案例:甲因城市改造需要,其房屋被拆迁,从乙房产公司购买了一套安置房屋。房屋交付以后,甲发现该套房屋其中的一间房四周都没有门,没有办法进出该房。这样,甲起诉乙房产公司要求为其开一扇门,并赔偿损失。但是,法院经过审理后认为,甲、乙双方签订的合同中,并没有约定乙一定要在讼争的房间开一扇门,因此,乙并没有违反合同的义务,甲主张的理由不成立,判决驳回甲的诉讼请求。显然,这一判决是不合理的。在该案中,《房屋买卖合同》没有对该房屋中的其中一些房间是否应当具有房门作出约定。当然,我国的《民法通则》与《合同法》都没有对这种具体的情况作出规定,也不可能针对这一具体情况作出规定。那么,原告的诉讼请求是否合理呢?甲的权利是否应当获得保护呢?其实,这涉及双方当事人的利益,法官的判案是一个利益衡量的过程。其过程是:如果为甲开一扇门,就是维护了甲的利益。但是,这给房产公司增加了额外负担,也就是赋予了义务。根据双方当事人的合同,两者并没有对此作出约定。那么,根据我国《民法通则》和《合同法》的规定,合同双方当事人应当严格履行合同约定的义务。所以,该房产公司就没有义务为甲开一扇门,也不应当承担赔偿责任。其实,就房屋买卖合同而言,房屋应当有门才可以自由进出,这是人人共知的基本常识,根本无须在合同中约定。其根本的错误在于:在进行利益衡量时,忽视特定种类合同的特定目的,机械地适用法律,没有正确把握好法律的精神。

那么,为什么会出现利益衡量的滥用呢?这既与法官对该方法的使用有误有关,也与该方法本身所具有的缺点相关。当法律缺少规定,不能从现存的法律条文中找到答案时,似乎最为流行的途径是,通过抽象的概念和一般性条款来解决问题。通常情形是,其一,通过所谓的解释方法将各种因素纳入某些概念或者规则中,据此来回答某个特定问题的权利界限。这是因为,这些概念或者条款越是抽象、越是原则,其涵盖力、可解释力就越大,便越是有利于将各种想要的东西先塞进去再拿出来使用。利益衡量在某些方面也与此契合。它是一种主观性较强的方法,可以把法官对法律的态度与观念加进去。这样,利益衡量的方法最为流行。其二,法官在使用该方法时缺少节制,对节制的必要性认识不足。其实,日本利益衡量论的首倡者加藤一郎也曾指出,利益衡量应当注意节制的必要性。但是,在我们适用法律时,却忽略了这一点。其三,忽视了利益衡量本身的应用也存在一定的方法,而且该衡量方法还存在一定的边界,也就是说,利益衡量是应当在一定的时空范围内进行的。

二、利益衡量滥用的主要样态

(一)因缺少对利益结构的整体衡量而导致的滥用

对于一个需要进行利益衡量的案件来说,根据利益的类型,可以把所涉及的利益分为当事人的具体利益、群体利益、制度利益与社会公共利益。当事人的具体利益是案件双方当事人之间的各种利益。群体利益则是类似案件中对类似原告或类似被告作相似判决所生的利益。制度利益是指一项法律制度所固有的根本性利益。而社会公共利益的主体是公众(即公共社会),它具有整体性和普遍性两大特点。值得注意的是,当事人的具体利益、群体利益、制度利益和社会公共利益形成一个有机的层次结构,其中制度利益处于中心地位。在利益衡量时,要克服恣意,保证案件的妥当性,必须遵循利益的层次结构的规律。这种层次结构要求法官在判案过程中遵循这样的一种思维过程:以当事人的具体利益为起点,在社会公共利益的基础上,联系群体利益和制度利益,特别是对制度利益进行综合衡量后,从而得出妥当的结论,即对当事人的利益是否需要加以保护。①

在具体的案件中,由于民事主体双方地位平等,极易陷入当事人双方的具体利益的细微衡量之中,在利益取舍上产生"保护谁的利益可以或不保护谁也可以"的境地。所以,应当结合制度利益等其他利益进行衡量,否则会造成利益衡量的不妥当。例如,日本的"妍居妻"案就是典型一例。在该案中,学者加藤一郎认为,在交通事故的场合,处于重婚关系的"妍居妻"(即二号妻)与正妻(原配)有一样的慰谢金请求权,因为她与正妻一样,对丈夫(情夫)的死有同样的悲伤、痛苦。② 笔者认为,在本案中,如果保护妍居妻,不但正妻或(和)司机的利益不能得到保护,而且具有最根本意义的社会公共利益和制度利益也受到了根本性的损害。这是因为法律不容忍重婚。在这里,加藤一郎先生忽视了社会公共利益和制度利益等利益的衡量是导致利益衡量失误的原因所在。③ 又如,在我国新的《医疗事故处理条例》通过之前的大量的医疗纠纷中,由于医院的不负责任或者不当行为,给患者造成了很大的经济损失与精神伤害,但是法院只是机械地适用落后的法律条文,不对这类案件所涉及的制度利益、社会公共利益进行衡量,致使原告不能获得赔偿。这种利益衡量的结果是,不但不能妥当地适用法律,还扭曲了法律的正当价值和人们对法律的期待。④ 应该说,这是一种利益衡量的滥用。

---

① 参见梁上上:《利益的层次结构与利益衡量的展开》,载《法学研究》2002 年第 1 期。
② 参见〔日〕加藤一郎:《民法的解释与利益衡量》,梁慧星译,载梁慧星主编:《民商法论丛》(第 2 卷),法律出版社 1994 年版,第 84—85 页。
③ 参见梁上上:《利益的层次结构与利益衡量的展开》,载《法学研究》2002 年第 1 期。
④ 对医疗事故案件的详细分析,请参见梁上上:《利益的层次结构与利益衡量的展开》,载《法学研究》2002 年第 1 期。当然,也有利益衡量的思考方法,判决给予原告赔偿的成功案件。例如,著名的脑瘫双胞胎龚琦峰和龚琦凌的医疗事故赔偿案,在这个案件中,由于被告湖北省人民医院在护理双胞胎婴儿过程中的工作严重不负责任,致使二婴儿留下了严重的脑瘫后遗症。被告的行为给二原告及其父母造成了极大的经济损失和精神损失。最后,法院以经过利益衡量,判决给予两原告赔偿。参见雪源:《国内医疗赔偿第一案始末》,载《南方周末》2000 年 6 月 30 日。

可见,法院在利益衡量的过程中,如果对利益的层次结构认识不当,只对当事人的利益进行简单的衡量,特别典型的是只对当事人之间的利益进行衡量而不考虑制度利益和社会公共利益等利益,那么就会造成利益衡量滥用或者不当。① 总之,法官在应当予以衡量的场合却未予以衡量或者未充分地予以衡量的,是一种显失正义的行为。②

(二)因超越利益衡量的边界而导致的滥用

但是,有些案件则与以上类型的滥用并不相同。例如,"五月花"案就是一个典型案例。③ 该案的事实是:1999年10月,原告李某、龚某夫妇带着8岁的儿子龚某皓,与朋友到被告五月花公司下属的餐厅就餐,其座位靠近"福特"包房。就餐中间,"福特"包房内突然发生爆炸,导致木板隔墙被炸塌而伤及原告一家。造成儿子龚某皓抢救无效死亡,李某二级残疾。五月花餐厅的这次爆炸,发生在餐厅服务员为顾客开启"五粮液酒"盒盖时,该服务员也被当场炸死。伪装成酒盒的爆炸物是当时在"福特"包房内就餐的一名医生收受的礼物,已经在家中放置了一段时间。现在,制造爆炸物并把它伪装成酒盒送给医生的

---

① 关于这一类型的利益衡量失当的详细分析,参见梁上上:《利益的层次结构与利益衡量的展开》,载《法学研究》2002年第1期。

② 在行政法领域,1969年德国联邦行政法院在判决中率先提出"应予衡量原则",将利益衡量的要求确定为法律的基本准则。判例称:"违反妥当的应予衡量者,是指未为各该(妥当的)利益衡量时,或依具体的状况予以考虑的利益,竟未并入衡量之中时,或当有关系的私益的意义被误解时,或者未对于有关系的公益之间的调整,竟未依照各个利益的客观重要性,以衡平的形式来进行时所产生。"1972年,德国联邦行政法院通过四个判决,将"应予衡量"原则扩大到一般法院在进行法律解释时必须体现的准则。根据判例的精神,在出现利益相互冲突的情形下,法院的判决是否合法,必须以"是否欠缺对当时重要利益的衡量? 是否为就当时的法以及事实状况来看,明明应该被采用,却没有在衡量之中并入考量的利益? 是否依照当时的价值基准来看,私益的意义受到了误解;或者对当时重要的利益之间的调整时,依照各个利益的客观重要性来看,并不衡平?"等要件作为判断标准。参见马纬中:《应予衡量原则之研究》,载城仲模:《行政法之一般法律原则》(二),三民书局1997年版,第514页。转引自胡玉鸿:《关于"利益衡量"的几个理论问题》,载《现代法学》2001年第4期。

③ 参见《最高人民法院公报》2002年第2期。

黎某康已被抓获,但其对爆炸危害后果没有能力赔偿。原告诉到珠海市中级人民法院,要求被告承担全部损害赔偿责任。该法院认为被告既不构成违约也不构成侵权,驳回原告的诉讼请求。原告不服,向广东省高级人民法院提起上诉。二审法院认为:虽然不能以违约或者侵权的法律事由判令五月花公司承担民事责任,但是基于利益衡量的思考,判决五月花公司给上诉人李某、龚某补偿30万元。

那么,广东省高级人民法院对此案是如何进行利益衡量的呢?其认为,虽然不能判定原告可以从违约责任和侵权责任中获得赔偿,但是,由于加害人没有经济赔偿能力,原告面临无法获得全额赔偿的局面。在此爆炸事件中,五月花公司与李某、龚某一家受侵害事件并不是毫无关系。而且,李某、龚某一家是生存权益受损,五月花公司受损的则主要是自己的经营利益。二者相比,李某、龚某受到的损害比五月花公司更为深重。不考虑双方当事人之间的利益失衡,仅以李某、龚某应向加害人主张赔偿为由,驳回李某、龚某一家的诉讼请求是不妥当的。根据李某、龚某一家的经济状况,为平衡双方当事人的受损结果,酌情由五月花公司给李某、龚某补偿一部分经济损失,是适当的。

但是,笔者认为广东省高级人民法院对此案的利益衡量并不妥当,是对利益衡量的滥用,因为本案根本就不需要进行利益衡量。利益衡量往往是在法律出现漏洞时常用的思考方法。但在本案中,法律已经为当事人提供了违约救济和侵权救济两种途径。根据原告和五月花公司形成的消费与服务关系,五月花公司有义务保障李某、龚某的人身安全。但此次爆炸是第三人的违法犯罪行为所致,与五月花公司本身的服务行为没有直接的因果关系。而且,在当时的环境下,五月花公司通过合理注意,无法预见此次爆炸,其已经尽到了保障顾客人身安全的义务。同样,五月花公司对李某、龚某、龚某皓的伤亡没有过错,不构成侵权。五月花公司与加害人之间也不存在任何法律上的利害关系,不能替代其承担法律责任。李某、龚某应当向有过错的第三人请求赔偿,不能让同样是受害人的五月花公司代替加害人承担民事赔偿责任。可见,根据这两种责任的构成要件,排除了原告获得救济的可能。所以,本案的实质是:法律不是没有为当事人提供救济,而是原告不能获得救济。在此,法院不可以用利益衡量的方法加以弥补。

经过比较,我们可以发现:第二种类型对利益衡量的滥用,与第一种类型的滥用是不同的。它们属于两种不同性质的利益衡量滥用方式,主要区别如下:(1)就利用滥用的产生时间而言,第一种类型的滥用是在衡量的过程中产生的。相反,就第二种类型的利益衡量滥用而言,其在进行利益衡量之前就已经产生,这也就注定该利益衡量将是不妥当的。(2)就利益衡量滥用的实质而言,第一种类型的滥用涉及的是"如何进行利益衡量的问题"。相反,第二种类型滥用涉及的是"是否可以进行利益衡量,利益衡量应当在什么框架中进行"的问题。(3)就利益衡量滥用的内容而言,第一种类型的滥用涉及的是"应当对哪些利益进行衡量的问题",其滥用是由于缺少或忽视了对某些利益的考量,还有的是对某些利益进行了不适当的高估。相反,第二种类型的滥用涉及的是"利益衡量应当在什么框架中进行"的问题。这是一个前置性问题。换言之,该问题应当在进行利益衡量之前加以妥当处理的,但是由于没有加以处理而造成滥用,得出了错误的判决。

当然,对于这两种形式的利益衡量的滥用,其解决途径是不同的。就第一种类型的滥用,只要放在妥当的利益层次结构中进行利益衡量就可以避免。[1] 但是,对于第二种类型滥用而言,是利益衡量的前置性问题,涉及利益衡量的界碑问题,那么应当如何避免其滥用呢?

---

[1] 对于这类利益衡量滥用的避免方法,可以参见梁上上:《利益的层次结构与利益衡量的展开》,载《法学研究》2002 年第 1 期。

三、利益衡量的界碑与法律制度的选择

法律存在空缺结构。这意味着的确存在这样的行为领域,在那里,很多东西需留待法院或法官去发展,他们根据具体情况在互相竞争的、从一个案件到另一个案件分量不等的利益之间作出平衡。① 但是,对于第二种类型的利益衡量滥用,与法律制度的选择密切相关。具体来讲:

(一)利益衡量的基础:权利存在于法律制度中

众所周知,利益是法律权利的核心,当事人的利益要获得法律上的保护,往往是通过权利的这种形式来实现的。但是,权利是法律制度中的权利,其与法律制度密切相关。而利益衡量是有关当事人的权利保护问题,自然也与法律制度存在密切的关系。

法律制度并不是由各个具体的法律规范简单相加而形成的"数学上"的总和,而是一个内容连贯的规则体系。实际上,法律制度是由两部分组成的:其一是指导该制度运作的基本原则,体现着该制度的基本价值判断。其二是法律制度的具体构成要件。例如,在侵权制度中,构成侵权责任需要满足:存在损害事实、行为的违法性、行为人存在过错,以及行为与损害事实之间存在因果关系。这些构成要件是法律制度运作的重要且相对稳定的变量。所以,我们需要发现这些主要变量之间的具有恒定性的内在关系,以及在特定环境下的人的行为方式以及在不同条件下的变异。法院在判案时应当思考:适用该制度需要什么条件?可否满足这些条件?从而决定该方案是否可行。

---

① 参见〔英〕哈特:《法律的概念》,张文显等译,中国大百科全书出版社1996年版,第134页。

当事人的权利存在于某一具体的法律制度中,也只能存在于该法律制度中。进一步而言,当事人的权利受法律制度的影响,这是因为其权利必须与法律制度的总体制度架构相协调。事实上,不同的法律制度目的和宗旨,都会影响民事主体的权利内容与权利范围的设计。同样,不同的法律制度的具体构成要件造成当事人的权利义务、法律责任都不相同。例如,在物权法中,有一基本的原则是"物权法定主义"。据此,不是依据物权法或者其他法律规定的物权种类而设定的物权,不认可其为物权;不是依据该法规定的物权内容而设定的物权,无物权的效力。但是,物权的设定虽然无效,但该行为符合其他法律行为的生效条件的,则许可其产生相应的法律后果。也就是说,物权的设定虽然欠缺某些条件,依法不能认可当事人的行为发生物权的效果,但是当事人的设定物权的原因行为可能发生债权法的后果。例如,设定不动产物权,依物权公示原则应当登记,当事人却未登记。此时,虽然不能认为物权已经设定,但是不能因此而消灭当事人因其原因行为而产生的权利。可见,法律制度中的每一项规范都有其特别的含义,所以我们不仅要正确理解各个用语或者句子的意义,同时还必须正确理解某项规则的意义与各项规则之间的关系。也就是说,我们适用的不仅是某一个别的法律文句,而且是整个法律规则。

需要注意的是,虽然在大多数情况下,同一词语在整个法律体系中可以也应该保持同一内涵。但是,由于不同法律制度的固有属性不同,同一个词语在不同制度中的含义可能不同。这方面的适当例子是关于"过失"的含义。"过失"在刑法与侵权法上应当有不同的含义,因为两者涉及不同的问题。《德国刑法典》第 223 条、第 229 条与《德国民法典》第 823 条第 1 款[①]所涉及的过失应当做不同的解释。这是因为,在民法损害赔偿义务方面,只要社会交往中需要注意的义务被

[①] 《德国民法典》第 823 条第 1 款规定:"故意或有过失地不法侵害他人的生命、身体、健康、自由、所有权或其他权利的人,负有向该他人赔偿因此而发生的损害的义务。"

忽视就可构成，采取的是"客观过失主义"；而在刑法上，还需要行为人本身处于能够履行这一必要注意义务的状态之中，采取的是"主观过失主义"①。同样，我国也有类似的例子。在"葛某斐交通事故损害赔偿"案中，二审法院认为，"交通事故认定书是公安机关处理交通事故，作出行政决定所依据的主要证据，虽然可以在民事诉讼中作为证据使用，但由于交通事故认定结论的依据是相应行政法规，运用的归责原则具有特殊性，与民事诉讼中关于侵权行为认定的法律依据、归责原则有所区别。交通事故责任不完全等同于民事法律赔偿责任，因此，交通事故认定书不能作为民事侵权损害赔偿案件责任分配的唯一依据。行为人在侵权行为中的过错程度，应当结合案件实际情况，根据民事诉讼的归责原则进行综合认定"②。

由于利益衡量的最终结果直接涉及当事人的权利或者利益是否能够获得法律上的保护，但是任何权利都是存在于一定的法律制度中的。也就是说，权利是制度中的权利，某一法律制度所负载的法律价值和理念都会或多或少地反映到权利的生成与展开中，权利的制度属性对其生存状态产生深刻的影响。所以，对当事人之间的利益进行衡量就应当在特定的法律制度中进行，也只有在这种特定的制度背景中对各种不同的利益进行衡量，才能获得妥当的裁判。

（二）利益衡量的界碑与法律制度的选择

由于不同的法律制度对当事人的权利义务的规定是不同的，对当事人的责任分担的规定也是不同的。对于疑难案件而言，由于案件事实并不典型，法律规定并不明确，这种模糊性的存在导致法官在选择

---

① 〔德〕齐佩利乌斯：《法学方法论》，金振豹译，法律出版社2009年版，第16—17页。
② 参见《葛宇斐诉沈丘县汽车运输有限公司、中国人民财产保险股份有限公司周口市分公司、中国人民财产保险股份有限公司沈丘支公司道路交通事故损害赔偿纠纷案》，载《最高人民法院公报》2010年第11期。

法律制度时可能存在多种制度可供选择。这意味着,在适用法律时,我们需要发现当事人行为与法律制度之间存在真正的"法律上"的关联性,而不是"事实上"的关联性。同样,对当事人之间的利益进行衡量也应当选择在妥当的法律制度中进行。否则,就会发生错误。

德国的"特里尔葡萄酒拍卖"(Trierer Weinversteigerung)案就是一个典型的例子。① 该案的事实是:在特里尔举行的葡萄酒拍卖会上,有人举起手向一个朋友致意。根据拍卖规则,只要举手就表示要买,就是要约,拍卖师用锤一拍就是承诺,这个合同就成立了。但是,举手人说其只是向朋友打招呼。现两者发生争议,起诉到法院。法院该如何判决? 在当时是一个十分疑难的问题。

该案在德国有两种不同的观点。第一种是德国最高法院的判决所代表的观点,其采取的是雷曼教授的意见。该观点认为,行为人在不具备表示意识的情况下发出的意思表示无效。此说的理由是:根据《德国民法典》第118条②,即使表意人认识到其表示的法律意义,而只是期待受领人会意识到自己表示的不严肃性,意思表示无效。行为人在不知道其发出的东西具有法律意义的情况下所发出的意思表示,那就更应当无效了。③ 这其实是一种当然解释的方法。第二种是日益占据主导地位的观点。其认为,在欠缺表示意识之情形,从事表示行为的行为人,对其表示是否应发生法律效力还没有形成自己的意思。

---

① 该案是德国民法上的一个著名案件,在许多教材中都有引用。但是,不同的教材对该案事实的描述则存在微小的差异。但不影响本文对此问题的分析。该案事实可以参见〔德〕迪特尔·梅迪库斯:《德国民法总论》,邵建东译,法律出版社2000年版,第453—454页;〔德〕卡尔·拉伦茨:《德国民法通论》(下册),王晓晔等译,法律出版社2003年版,第481页以下;梁慧星:《裁判的方法》,法律出版社2003年版,第114页;此外,我国台湾地区学者王泽鉴、梅仲协的相关教材中均有论述。

② 《德国民法典》第118条规定:"非出于真意并且预期其非出于真意不致为另一方所误解而作出的意思表示无效。"

③ 转引自〔德〕迪特尔·梅迪库斯:《德国民法总论》,邵建东译,法律出版社2000年版,第454—455页。

因此,与第 118 条的情形不同,在这里,赋予行为人事后就此形成自己意思的可能性是有意义的。实现这种可能性的法律技术上的手段,是认为表意人享有撤销权。①

但是,笔者认为这两种意见都不妥当。这是因为:(1)在合同法领域,虽然许多情况下,意思表示是向特定的受领人发出的,但是也有一些意思表示并不是向特定人发出,而是向不特定的多数人发出的,例如悬赏广告。此外,还存在一种意思表示与这两者都不相同,例如拍卖场所的意思表示。其最大的特殊性在于:意思表示是在不同的当事人之间竞争过程中产生的,并且具有瞬间性和即时性。也就是说,该意思表示不但会影响受领人,而且会影响其他竞争参与人,其表示行为是不可逆转的。当然,对于这几种不同场合的意思表示,应当针对各自的特殊性采取不同的解释方法。(2)从立法上看,我国《合同法》以及《民法典》,都是"以特定的受领人的意思表示方式为原形并以向不特定人发出的意思表示为例外"来设计法律制度的,根本就没有考虑第三种情形的存在。所以,本案的解释不能根据前两种意思表示的解释方法进行,而应当根据拍卖行为的特殊规则进行解释。(3)就本案而言,在这个拍卖场所以举手方式进行报价是一种商业惯例,并已转化为拍卖规则。对于每一个进入该场所并就坐的人,都应当知道其举手这一行为所具有的特殊意义。当然,对于早已经在该场所就座的"举手人"更是如此。因为即使其最初不知道举手的法律意义,也应当在观摩其他人的行为中明白该意义。(4)相反,如果举手人可以随意地否定自己的行为,那么拍卖根本就无法进行。所以,应该认为这个合同是成立的。

那么,为什么会产生这三种不同的解释结果呢?这是因为这三者选择了法律制度的不同解释框架。第一种方法是在"意思表示无效"

---

① 转引自〔德〕迪特尔·梅迪库斯:《德国民法总论》,邵建东译,法律出版社 2000 年版,第 455 页。

的框架中进行的,第二种方法是在"可撤销的意思表示"的框架中进行的,而第三种方法是在"拍卖规则的意思表示"的框架中进行的。其实,对于意思表示的解释,既要尊重表意人的真实意思,也应当考虑意思受领人的理解可能性。这是一项公认的准则。① 但是,笔者认为,还应当强调法律行为的和谐性②,特别是存在众多的第三人时,对不可逆转的即时性行为更是如此。在本案中,就体现为拍卖规则对当事人行为的决定性影响力。如果允许举手人可以任意地撤销自己的行为,那么适用该规则的拍卖就无法进行,必然会对该种类型的拍卖行为产生毁灭性打击。可见,在本案中,只有第三种方法结合了具体的案件事实,选择了最为妥当的法律制度,并尊重了本案的特殊性——拍卖规则。在此基础上,对当事人的利益进行衡量,认为相对于举手人而言,更应当保护卖方的利益。所以,第三种观点最为合理。

可见,由于权利存在于某一具体的法律制度中,其存在生态受到法律制度的深刻影响。与之相对应,一种解释"利益(形式上是权利)是否应当获得保护"的方法只有与法律制度的特殊性结合起来才可能妥当。

(三)小结

根据以上的分析,我们在运用利益衡量的方法裁判案件时,应当

---

① 参见〔德〕卡尔·拉伦茨:《德国民法通论》(下册),王晓晔等译,法律出版社 2003 年版,第 460 页。

② 1999 年台上字第 1671 号判决称:"表意人所为表示行为之言语、文字或举动,如无特别情事,应以交易上应有之意义而为解释,如与交易惯行不同之意义为解释时,限于对话人知其情事或可得而知,否则仍不能逸出交易惯行的意义。解释意思表示端在探求表意人为意思表示之目的性及法律行为之和谐性,解释契约尤须斟酌交易上之习惯及经济目的,依诚信原则而为之。关于法律行为之解释方法,就以当事人所欲达到之目的、习惯、任意法规及诚信原则为标准,合理解释之,其中应将目的列为最先,习惯次之,任意法规又次之,诚信原则始终介于其间以修正或补足之。"参见我国台湾地区的《民事裁判汇编》(第 37 集),第 38 页。转引自王泽鉴:《民法总则》,中国政法大学出版社 2001 年版,第 409 页。

注意:利益衡量需要选择妥当的法律制度。由于法律制度是一个完整的体系,其不但有特定的立法目的和宗旨,而且有具体的构成要件,所以需要对该制度作体系化思考。其必然的逻辑推论是:对案件当事人所涉及的利益也应当作体系化衡量,并且利益衡量的结果应当与整个法律制度相协调。

四、利益衡量的具体界碑

应该说,在进行利益衡量时需要思考该判决对法律制度的影响。法律规则其实是对大量的习惯、对合乎情理的人或者普通人的规范的认可。如果因为利益衡量的滥用而使法律给人们的生活带来太多的困惑与不安,那么,它不但与人们的最初期待相违背,不能获得人们对它的普遍尊重,会失去其应有的功能,也会使法律制度不堪重负。对于第二种类型的利益衡量滥用的预防,结合实践经验,可以提出以下具体界碑。

(一)"法外空间"不应进行利益衡量

法律规范我们的现实生活,但并不是一切生活现象都受法律的规范。由于法律的功能在于维持人际关系,所以非人际关系就不是它的规范对象。所谓的非人际关系,往往是指一个人的好恶、生活习惯、信仰、感情、思想和意见等。这些情事,只要它不被外化为行动而影响别人的法益,那么就没有必要运用法律来管理它们,事实上法律也不可能管理这些现象。另外,有些生活事实虽然已涉及人际关系,但是这些事项被认为不适宜用法律,而适宜用其他的生活规范来约束。例如,人与人之间如何打招呼、谈天、约会等如何进行,友谊关系如何处理等。以上所述的法律管不着,或者不需要用法律管,或者不适宜用法律来规范的事项构成一个所谓的"法外空间"①。

由于这些事项本来就无须法律作出规范,所以法律对这些事项没有规定就没有违反立法的计划性,也就不构成法律漏洞。② 此时,既然法律对此都不作出规范,就没有必要运用利益衡量的方法进行法律解释。

但是,在我们的生活中存在法律侵入"法外空间"的事例。例如,有这样一个案件:一位参加高考的学生在平时的考试中成绩优秀,在多次高考模拟考试中也都是名列全校前茅,大家普遍认为该生能考上重点大学。在填报高考志愿时,班主任根据其平时的表现与学习情况,建议其填报某重点大学。该考生听从了老师的建议。但是,在正式的高考中却发挥失常,并没有如愿进入该大学。而且,由于志愿填报不当,竟然连一般大学都没有考上。这样,该考生不得不进入复习班准备参加第二年高考。这给他增加了新的经济负担,也给他增加了精神压力,因为他还要冒第二年是否一定能考上的风险。为此,该考生起诉其班主任,要求其赔偿经济损失和精神损失。由于法律没有明文对此作出规定,该案成为疑难案件。法院认为,老师的指导行为与考生未被录取之间存在紧密的关系。由于教师的不当指导,导致该考生没有被录取,给考生造成了重大的损失。如果不给予考生一定的赔偿,显然难以弥补其损失。经过利益衡量后认为,相对于老师的利益而言,考生的利益更应当获得保护。于是,该法院判决班主任承担赔偿责任。笔者认为,该判决是存在问题的。这是因为,老师的建议仅仅是"建议",不同于法律上的命令。它没有强制力可以强制该考生必须这么做。考生根据老师的建议,填报了志愿,其决策还是

---

① 黄茂荣:《法学方法与现代民法》,台湾大学法学丛书编辑委员会编辑,2002 年版,第 435—436 页。
② 参见〔德〕卡尔·拉伦茨:《法学方法论》,陈爱娥译,五南图书出版公司 1996 年版,第 281—282 页。

该考生自己作出的。其实,这就是"法外空间",法律不宜对此作出规范,自然也不存在利益衡量的空间。

但是,近几年来,我们的法官似乎相信,法律是万能的,能够解决生活中的所有不公平事件,世间的纷争都能够在法律的框架内找到答案。① 所以,不管法律有没有可能真正成为解决问题的途径,都往这条路上走。

其实,我们在适用法律时需要认识到法律调整社会关系的疆界,只有能纳入法律调整范围的事项才能进行法律上的处理。例如,法律对朋友关系进行调整会造成不当的后果:它不但影响朋友关系的正常发展,还会使法律承担不能承受之重。同样,法律对于责任的追究不但应当在适当的地方开始,而且更应当在适当的地方终止。作为司法者的法官,更要认识到法律的局限性,不要无限放大法律的适用空间。法律制定者如果对那些促进非正式合作的社会条件缺乏眼力,他们就可能造就一个法律更多但秩序更少的世界。②

(二)应在妥当的法律制度中进行利益衡量

对于利益衡量而言,选择妥当的法律制度作为思考问题的背景是十分关键的。这是权利的制度属性所决定的,它负载着法律制度特定的立法目的和宗旨,也有其具体的构成要件。其必然的逻辑推论是:对案件当事人所涉及的利益也应当作体系化思考,把当事人的利益放到某一具体的法律制度中进行衡量,并且利益衡量的结果应当与整个法律制度相协调。法律规则其实是对大量的习惯、对合乎情理的人或

---

① 对于法律的功能,有两种不同的观点似乎始终存在。一种观点认为,法律是虚无的,不要期待法律在现实生活中能发挥多大的功能;另一种观点认为,法律是万能的。在我国,前一种观点在改革开放前曾经达到顶峰,而现在,特别是法学界,似乎是后一种观点更为流行。

② 参见〔美〕罗伯特·C.埃里克森:《无需法律的秩序》,苏力译,中国政法大学出版社2003年版,第354页。

者普通人的规范的认可。所以,在利益衡量时,应当考虑该案件对普通社会观念的影响,如果某一判决给人们的生活带来太多的困惑与疑虑,那么,它将不能获得人们的普遍尊重。

在此,可以举我国发生的一个案件——"杨某选美"案①为例进行分析。该案的具体案情是:2004年5月,天九伟业公司和其他单位共同举办"第33届环球洲际小姐北京大赛"。比赛组委会所公布的报名参赛条件中未写明经过整形的选手可否参赛。杨某于同年2月做了面部整形手术,手术后,杨某多次为给其做整形手术的北京双华医院进行广告宣传。同年5月13日,杨某报名参赛,比赛组委会与其签订了《参赛选手公约》。该公约约定:参赛选手在参赛期间不得参加国内外有关时装表演、广告、摄影、影视等活动,否则组委会有权取消其参赛资格。在决赛前,天九伟业公司于5月21日书面通知杨某,称"鉴于有关证据表明,您是人造美女,故组委会决定取消您参加总决赛的资格"。此后,一些新闻媒体对天九伟业公司取消杨某参赛资格一事进行了报道。5月26日,天九伟业公司再次书面通知杨某,决定恢复其参加此次大赛的资格。杨某收到通知后,向天九伟业公司表示拒绝继续参赛,并将书面通知撕毁。此后,杨某以其人格权受到侵害为由提起诉讼,要求天九伟业公司向她公开道歉,并支付她精神损害赔偿金5万元。北京市东城区人民法院驳回了她的诉讼请求。② 应该说,

---

① 参见常亮:《"人造美女"人格权之诉遭驳回》,载中国法院网,2004年7月20日发表,2005年2月17日访问。

② 对于这个事件,杨某有三个救济途径。其一,原告打平等参赛权的官司;其二,打合同官司;其三,打名誉权官司。从诉讼策略上看,打名誉权官司是一种最好的选择。对此,受理该案的北京市东城区人民法院认为,人格尊严是对个人价值作出评价、并能获得他人尊重的权利,因此人格尊严是主客观评价的结合。被告作出取消原告参赛资格的决定,是基于对选美比赛特定要求的考虑,其并未对原告做整形手术的行为提出非议,不能仅以此推断被告有侵犯原告人格权的主观故意。至于其在通知书中所使用的"人造美女"一词,是对经过整形后女性形象的特定称谓,该称谓已为社会普遍接受,不会导致公众对杨某个人价值客观评价的降低。现原告认为被告侵犯其人格权,不予认定;原告要求被告公开道歉、支付精神损害赔偿金也不予支持。应该说,该法院的判决是妥当的。

该法院判决是妥当的。

但是,该案的核心问题却是"原告是否具有参加选美比赛的资格"。这是因为,她要捍卫的权利,表面上是名誉权;但实际上,她所期待的结果归根结底还是"人造美女"的选美参赛权得到司法上的认可。① 由于原告并未就此问题提起诉讼,法院对此也没有作出处理。② 现假设杨某对此提出了诉讼,法院应当如何处理呢?由于我国还没有可供遵循的法律规则,对此有两种不同的看法。有人认为,"人造美女"与所谓的自然美女没有什么区别,按照平等的原则,可以享有参赛资格,否则是对杨某的歧视。相反的意见则认为不能参赛。③

其实,该争议是在两种不同的分析问题的制度背景中产生的。前者是以抽象的"平等"原则下来分析问题的;后者是在"具体的选美规则"中来分析问题的。那么,哪一种意见更合理呢?可以分解为以下几点。

(1)什么是"人造美女"?虽然在我们的日常生活中,都存在一定的装饰。例如,进行牙齿修补、祛除瘢痕或割双眼皮手术之类。但是,这都是小修小补,只是对人的一种化妆。按照一般人的理解,化妆不包括在自己身上进行大规模地、结构性地整形。如果一个人的美貌是经过大规模地、结构性地整形而形成的,那么她就是"人造美女"。

(2)"人造美女"是不是美女,是否可以参加选美比赛?如果单纯从人的容貌的角度来看,"人造美女"当然属于美女。但是,需要特别指出的是:该纠纷发生的具体场所是选美。所以,法律需要探究的是,在一个具有正常的理智与情感的人来看,在选美这种具体的活动中的

---

① 参见范忠信:《说你非天然,无关名誉权》,载中国法院网,2004年6月10日发表,2005年2月17日访问。

② 同上注。

③ 的确,"人造美女"是否有参赛资格是存在很大的争议的,就连比赛的组织者也产生了困惑:天九伟业公司的态度左右摇摆,先是取消原告的参赛资格,其中所蕴含的推论是人造美女不是美女;后是让原告继续参加比赛,其中所蕴含的推论是人造美女也是美女。

所谓的"美"是指什么？普通人所理解的"美"中是否包括人造之美？或者说，选美所选出来的美女，是否可以是"人造美女"？

通常的选美规则是：选美是以"自然人"为群体进行的一种比赛，并不适合人造美女。如果有人造美女参加，那么该比赛的性质已不再是选美，而成为一种美容技术的比赛。显然，这两种比赛并不相同，各有自己的宗旨和规则。这就像在我们的生活中，既有模特比赛，又有服装设计比赛。当然，假如本次大赛的内容是整容医疗技术，为杨某施行手术的医院自可参赛，杨某无疑也可以作为作品参赛。但正因为大赛的目的是选美不是选医生，杨某的参赛对于其他浑然天成的女孩子来说，就是不公平的事。一般意义上的选美是可以排斥这类经过大规模的、结构性改造的"人造美女"的。① 国外的选美活动奉行的是这一原则②，国内一般人也是这样认识的。所以，面对选美这种特定的活动，针对原告的具体人造之程度，诉诸普通人的正常的理智和判断力，应该可以在法律层面上作出判断：原告没有资格参加选美活动。所以，考虑到社会的公序良俗，组委会取消杨某的参赛资格无可厚非。③

（3）取消"人造美女"的资格，是否构成对她的歧视？在选美活动中，"人造美女"不能参加比赛，组织者取消其参赛，并不是一种歧视的行为。相反，对于天九伟业公司来说，其有责任保证比赛公平、有序地进行。由于组委会在公布的报名参赛条件中，对"人造美女"是否可以参赛并无作出明确的规定，致使做了整形手术后的杨某报名参加了比赛。在比赛中，被告发现杨某做过整形手术，认为其与未整形选手同台比赛有失公平，决定取消原告继续参赛资格。这是对比赛秩序的维护，并没有什么不妥。

---

① 参见秋风：《法官面对"人造美女"的困境》，载中国法院网，2004 年 6 月 10 日发表，2005 年 2 月 17 日访问。
② 同上注。
③ 参见浦志强：《"人造隐私"不享有隐私权的保护》，载中国法院网，2004 年 6 月 10 日发表，2005 年 2 月 17 日访问。

如果有人一定要从平等的角度认可原告的参赛资格,这是不妥当的。取消"人造美女"的资格似乎损害了她的利益,但是,本案的争议是发生在"选美"这一特殊的制度背景中的。从一般的选美规则看,其容纳不下"人造美女"的参加。如果允许"人造美女"参加,则是对比赛规则与比赛秩序的极大破坏。所以,对原、被告双方的利益衡量后得出的结论是,更应当保护被告的利益。总之,我们进行利益衡量时,必须从法律制度的背景中展开,否则会不得要旨,陷入不能自拔的境地。

(三)应在同一法律关系中进行利益衡量

选择妥当的法律制度是利益衡量取得成功的关键。但是,法律制度往往是由具体的法律关系构成的,法律关系是法律制度的基本骨架。由此,利益衡量的关键应当是对法律关系的把握。这是因为,法律关系是经过立法者选择的应当由法律加以调整的社会关系。在这种选择过程中,体现和渗透着立法者的意志,通过立法技术把法律事实、价值与逻辑有机地结合起来。① 法律的这种有机属性生动而具体地体现在法律关系中。在通常情况下,对于当事人的权利义务而言,往往可以把法律制度作简单化处理,可以直接从当事人的法律关系中探寻他们的权利义务关系。所以,德国学者梅迪库斯先生认为,法律关系是私法的工具。② 这相当于数学上的简化"公约数",通过简化公约数的方式把复杂的算式转化成简单的算式。对民事法律关系而言,它是因为受民法的调整而形成的权利义务关系。③ 在一个具体的民事

---

① 参见〔日〕北川善太郎:《日本民法体系》,李毅多、仇京春译,科学出版社1995年版,第4页。
② 参见〔德〕迪特尔·梅迪库斯:《德国民法总论》,邵建东译,法律出版社2000年版,第50页。
③ 参见王泽鉴:《民法总则》(增订版),中国政法大学出版社2001年版,第80页。刘家兴主编:《民事法学》,法律出版社1998年版,第7页。马俊驹、余延满:《民法原论》(上),法律出版社1998年版,第74页。

法律关系中,具有明确的主体、客体和权利义务等内容,而且这三者之间存在一一对应关系。也就是说,一个法律关系中的主体对应着同一法律关系的客体,也对应着同一法律关系的权利义务等内容。一个法律关系中的权利义务等内容不能跨越该法律关系在另一法律关系中存在。所以,利益衡量应当是在具有法律关系的当事人之间进行。相反,如果把两种或者两种以上的不同法律关系纠缠在一起,就会使不同当事人之间的权利义务关系错位,最终可能使利益衡量失当。

但是,在利益衡量的实践中,存在"一个法律关系中的权利义务等内容跨越该法律关系在另一法律关系中存在"的现象。这经常会造成利益衡量的滥用。这方面的例子是:

乙是公司甲的合同债权人,由于其债权不能获得清偿向法院起诉。法院判决乙胜诉,乙申请了对甲的强制执行。但是由于公司甲经营不善,陷入困境,无财产可供执行以清偿其债务。在执行中,乙发现:A、B、C、D 是甲公司的出资人,但是,A 的出资并不到位。据此,乙申请对出资人 A、B、C 和 D 进行强制执行。法院认为,A、B、C 和 D 的行为造成了出资不实。而注册资本是公司对债权人的一般担保,出资不实的行为损害了债权人的利益,裁定核准了乙的申请。那么,法院的裁定是否妥当呢?

该案的实质是"执行力的扩张"问题。[1] 所谓执行力扩张,就是认可将对某人的债权的确定判决或者其他债务名义转用于对他人实施强制执行。[2] 就本案而言,《最高人民法院关于人民法院执行工作若干问题的规定(试行)》第 80 条有明确的规定,被执行人无财产清偿债务,如果其开办单位对其开办时投入的注册资金不实或抽逃注册资

---

[1] 有人认为,该问题的实质是公司法人人格否认。这是对本案的误解。其实,本案是发生在执行阶段,而不是诉讼阶段,它是在强制执行时根据生效裁判文书而直接产生的效力。

[2] 参见〔日〕竹下守夫:《日本民事执行理论与实务研究》,刘荣军、张卫平译,重庆大学出版社 1994 年版,第 62 页。

金,可以裁定变更或追加其开办单位为被执行人,在注册资金不实或抽逃注册资金的范围内,对申请执行者承担责任。也就是说,认可执行力向作为原债务人的注册资金不实或抽逃注册资金的投资者扩张。

但是,本案适用执行力扩张是存在问题的。一般来讲,在一个具体的案件中,执行依据所确定的债务人就是执行力所指向的主体,法院不得随意对该案当事人之外的其他第三人强制执行。执行力扩张的是绝对效力,执行依据对当事人具有的约束力完全及于扩张范围内的非当事人,执行力扩张范围内的非当事人承担与当事人相同的义务,且不得以自己不是执行依据确定的债务人或者自己与案件没有关系等为由进行抗辩。① 执行力扩张的实质是为了保护执行申请人的利益而剥夺了非本案当事人的诉讼法上的权利(如管辖权异议、反诉权、上诉权利),使非本案当事人处于被动的"绝地"。所以,执行力扩张的范围是受严格限制的,其一般有三类人,即当事人的继受人、为当事人或其继受人利益占有请求之标的物的人和诉讼担当的他人。

显然,本案中的A、B、C和D是公司出资人,并不属于执行力扩张的主体范围。其实,在本案中存在的法律关系是:原告与被告公司甲之间存在合同法律关系;公司甲与A、B、C、D之间存在出资关系。这些法律关系都属于实体法上的关系(除此之外,并不存在其他法律关系,原告与A、B、C、D之间也不存在任何法律关系)。但是,法院却裁定可以直接向A、B、C和D申请强制执行。此时,乙与A、B、C、D之间的关系属于程序法上的关系。显然,法院忽视了这两个法律关系的不同性质。这使本属两个不同法律中的民事主体之间发生了串位,也使两个法律关系中的权利义务发生了交叉与错位。这从根本上破坏了法律关系的结构上的稳定性,也破坏了其构成要素之间的一一对应关系,最终造成了利益衡量的失当。

---

① 参见傅松苗:《论执行力的扩张》,浙江大学2004年法律硕士学位论文,第12页。

需要注意的是,当事人之间的权利义务通常只发生于同一法律关系。但是,如果经过仔细谨慎的利益衡量,当事人之间的利益关系需要跨越不同的法律关系才能有效实现时,也可以突破这一关系。例如,我国《公司法》第 20 条第 3 款关于公司法人人格否定的规定①突破了股东承担有限责任与公司法人独立承担责任的规则。又如,在合同法领域,我国《民法典》合同编规定的代位权②与撤销权③突破了合同相对性规则。内部法律关系与外部法律关系之间也存在类似规定。再如,《合伙企业法》第 25 条规定:"合伙人以其在合伙企业中的财产份额出质的,须经其他合伙人一致同意;未经其他合伙人一致同意,其行为无效,由此给善意第三人造成损失的,由行为人依法承担赔偿责任。"

(四)妥当的文义存在于法律制度中

在适用法律的过程中,经常会遇到法律用语的不确定性。对此,英国的哈特认为,任何语言包括法律语言都不是精确的表意工具,都有一个"空缺结构"(open texture):每一个字、词组和命题在其"核心范围"内具有明确无疑的意思,但随着由核心向边缘的扩展,语言会变得越来越不确定,在一些"边缘地带",语言则根本是不确定的。④ 美

---

① 《公司法》第 20 条第 3 款规定:"公司股东滥用公司法人独立地位和股东有限责任,逃避债务,严重损害公司债权人利益的,应当对公司债务承担连带责任。"
② 《民法典》合同编第 535 条规定,因债务人怠于行使其债权或者与该债权有关的从权利,影响债权人的到期债权实现的,债权人可以向人民法院请求以自己的名义代位行使债务人对相对人的权利,但是该权利专属于债务人自身的除外。代位权的行使范围以债权人的到期债权为限。债权人行使代位权的必要费用,由债务人负担。相对人对债务人的抗辩,可以向债权人主张。
③ 《民法典》合同编第 539 条规定,债务人以明显不合理的低价转让财产、以明显不合理的高价受让他人财产或者为他人的债务提供担保,影响债权人的债权实现,债务人的相对人知道或者应当知道该情形的,债权人可以请求人民法院撤销债务人的行为。
④ 参见〔英〕哈特:《法律的概念》,张文显等译,中国大百科全书出版社 1996 年版,第 124—135 页。

国学者波斯纳认为,法律文本存在"内部含糊"与"外部含糊"。内部含糊或者是由于有一种内在的矛盾,或者是由于某词或某短语具有多种含义而句子的语法和句法没有排除其含糊性;后者表现为尽管对不了解句子背景的普通英语说话者来说句子是清楚的,但对一个确实知道背景的人来说这个句子却不清楚、歪曲,或者含义不同于普通英语说话者所理解的含义。① 在这种情况下,适用利益衡量的方法寻求妥当的判决时,应当把该法律用语放到法律制度中,以探求妥切的词义。

这方面的典型事例是"传呼机砸人案"②。1999 年 8 月某日凌晨,吕某芳和朋友在老乡家聚会后乘坐深圳市中南小汽车公司的出租车回家。但是,不幸的是,她被一个从车外飞进的传呼机砸伤了左眼。从此,她的左眼失去了光明。吕某芳认为自己是坐在出租车上受伤的,司机和出租车公司都应当对此承担一定的责任。这样,从该年 12 月起,她先后向有关部门投诉,但多次调解均未能成功。于是,吕某芳向深圳市福田区人民法院起诉了该出租车公司,要求赔偿医疗费及损失费 30 万元。2000 年 7 月,法院对该案作出判决,认为原告与被告之间的出租汽车客运合同成立,被告负有将原告安全运送到目的地的义务。但是双方当事人对原告损害结果的发生都没有过错,因而根据《民法通则》中规定的公平原则进行处理,由双方分担损失。其中原告自己承担 40%,被告承担 60%。法院同时认为,本案当事人之间的客运合同的成立与履行在《合同法》实施之前,不能适用该法。最后判决被告支付吕某芳 3.9 万多元。

那么,该案的判决是否妥当呢?由于没有找到扔传呼机的人,无法要求真正的侵权人承担责任。法院就在当事人之间进行了利益衡量,要求被告承担 60% 的责任。笔者认为,这种利益衡量并不妥当。

---

① 参见〔美〕波斯纳:《法理学问题》,苏力译,中国政法大学出版社 1994 年版,第 335 页。
② 资料来源:中央电视台 2000 年 9 月 16 日《今日说法》,主持人为撒贝宁,嘉宾为王小能。

的确,本案似乎与承运人的安全义务有关。关于安全义务,《合同法》第 290 条规定:"承运人应当在约定期间或者合理期间内将旅客、货物安全运输到约定地点。"那么,什么是安全呢?这似乎是一个模糊概念。对于这些不确定的、内容尚需进一步填补的准则的适用,要求法官根据具体案情作出评价。此时,应当思考对判断本案具有重要意义的指导性观点。也就是说,应当结合旅客运输合同中的其他条款加以综合判断。《合同法》中与此相关的条款是第 302 条。该条规定,承运人应当对运输过程中旅客的伤亡承担损害赔偿责任,但伤亡是旅客自身健康原因造成的或者承运人证明伤亡是旅客故意、重大过失造成的除外。虽然从该条款可知,承运人对运输过程中旅客的人身伤亡承担的是无过错责任,但是这并不意味着在任何情况下都要承担责任,相反存在免责条款(如旅客自身健康原因的免责)。通过这种综合的分析,可以发现:作为法律上的规范意义安全义务是有一定的边界的。司机的安全义务应当与其对安全的可控制性相联系,主要有:在运输之前要使运输工具达到"适运性"的要求,在运输过程中做到谨慎驾驶。对本案的司机而言,第三人侵权与旅客自身健康的原因一样,也是无法控制的。所以,司机责任应当在司机的安全义务的边界之外。

在本案中,出租车司机的真正义务是什么?《合同法》第 301 条规定,承运人在运输过程中,应当尽力救助患有急病、分娩、遇险的旅客。在本案中,根据《合同法》第 60 条第 2 款的规定,被告的主要义务是应当遵循诚实信用原则履行协助义务。所以,本案中的安全义务作为主合同的延伸履行关照义务,也就是把吕某芳送到医院救治。显然,本案被告已经履行了该义务。所以,笔者认为被告不应当承担责任,也根本不存在适用公平责任的余地。当然,如果被告出于人道主义原则,自愿给予原告一定的补偿是可以的。

(五)选择妥当的法律规范作为衡量的依据

利益衡量应当附加妥当的法律理由,然而这并不是一件容易的事。有时，虽然法院的判决对当事人的结果是一样的，但是其所附加的理由并不能使人信服，出现了法律规范适用上的"张冠李戴"。

发生在德国的父亲禁止儿子探望母亲坟墓案件就是这方面的典型案例。一座城堡中的所有人与他的儿子之间的关系很不好，他不允许他的儿子到城堡的花园来看望自己母亲的坟墓。他把这种拒绝作为基于所有人的拒绝权，其理由是，他有严重的心脏病，因此不能看到他的儿子出现在他的领域之内。德国帝国法院把禁止儿子对母亲的探望认定为是一种恶意行使权利，所有人这样行使自己的所有权是不被允许的，因为对儿子的禁止没有其他的目的，只是对儿子造成了伤害。① 应该说，帝国法院判决允许儿子探望自己母亲的坟墓是妥当的。因为在我们的现实生活中，儿子对已经死亡的母亲仍然存在浓厚的感情，去探望母亲的坟墓是人之常情，也是整个社会的善良风俗所要求的。相反，如果不去探望则会被认为是无情无义，是不肖子孙。但是，该法院的理由很难理解。② 这是因为，该判决是根据《德国民法典》第226条③作出的。但是，第226条的适用需要满足"恶意行使权利"的条件。④ 显然，在本案中，父亲禁止自己的儿子探望母亲的坟墓是有自己的理由的，即他有严重的心脏病，不能看到儿子。这个理由是"不可辩驳"的。⑤ 所以，正确的是，帝国法院不应当对这个案例适用《德国民法典》第226条，而应当适用违反善良风俗行使权利。完全不允许儿子探望自己母亲的坟墓的做法，毫无疑问地属于一种违反善良风俗

---

① 参见《帝国最高法院民事裁判集》(第72卷)，第251页。转引自〔德〕卡尔·拉伦茨：《德国民法通论》(上册)，王晓晔等译，法律出版社2003年版，第306页。
② 参见〔德〕卡尔·拉伦茨：《德国民法通论》(上册)，王晓晔等译，法律出版社2003年版，第307页。
③ 《德国民法典》第226条规定："权利的行使不得以损害他人为目的。"
④ 参见〔德〕卡尔·拉伦茨：《德国民法通论》(上册)，王晓晔等译，法律出版社2003年版，第306页。
⑤ 同上书，第307页。

的行为。①

这种法律适用上"张冠李戴"的后果是,对当事人而言,直接影响其对该案判决的接受能力,影响法律对当事人的拘束力,也会引发当事人的上诉等诉讼上的不必要麻烦。对法律制度本身而言,直接影响法律的严肃性,影响人们对法律的尊重与信仰,也影响深埋于心底的法律感情。

(六)法律救济不能的案件不应进行利益衡量

法律救济作为法律制度的一环,是与法律制度的宗旨、具体构成要件等相联系的。有时受到各种具体的现实条件的限制,受害人的法律救济途径受到阻碍,不能满足法律救济的构成条件,此时法院应当驳回其诉讼请求。但是,法官基于对受害人悲惨遭遇的同情,不适当地进行利益衡量以对当事人进行救济。例如,发生在重庆的"烟灰缸伤人"案②就是这方面的典型案件。

该案是这样的:2000 年 5 月 11 日凌晨 1 时许,郝某正与他人在公路边上谈话时,被临路楼上抛出的烟灰缸砸中头部,当即倒地,被送至急救中心抢救。公安机关经过现场侦查,排除了有人故意伤害的可能性。郝某后被鉴定为智能障碍伤残、命名性失语伤残、颅骨缺损伤残等。郝某将临路两幢楼的 22 户居民告上重庆某法院。法院于 2002 年 6 月判决,因难以确定该烟灰缸的所有人,除事发当晚无人居住的两户外,其余房屋的居住人均不能排除扔烟灰缸的可能性,根据过错推定原则,由当时有人居住的王某等 20 户住户分担该赔偿责任。最后判决,郝某的医药费、误工费、护理费、伤残补助费、生活补助费、鉴

---

① 参见〔德〕卡尔·拉伦茨:《德国民法通论》(上册),王晓晔等译,法律出版社 2003 年版,第 307 页。

② 参见贾桂茹、马国颖:《楼上飞下烟灰缸砸伤人 楼上居民共同赔偿公平吗?》,载《北京青年报》2002 年 9 月 24 日,主持人:贾桂茹;嘉宾:杨洪逵、卢建民、汤维建、李显冬、杨秀清、张俊岩。

定费、精神抚慰金共计178 233元,由王某等20户住户各赔偿8101.5元。判决后,王某等住户不服,提起上诉。二审法院认为,20户房屋的居住人均不能排除扔烟灰缸的可能性,虽然损害结果的发生不是该楼全部住户共同所致,但根据过错推定原则,事发时该两幢房屋的居住人都应当承担赔偿责任,故维持原判。

　　本案判决存在的主要争议是:(1)本案判决的基本理论依据是"共同危险行为",该依据是否合理? 其实,要构成共同危险行为,必须在客观上有共同存在的危险行为为前提。例如,有一群人在街道路口互相打闹嬉戏狂奔,结果不知是谁在狂奔中撞倒一名儿童致其受伤,在无法查明致伤人的情况下,这一伙狂奔者都应当承担责任。共同危险理论之所以成立,有一个重要的理由就是:他们的行为其实对于伤害结果,都是具有客观上的原因力的。而且,他们在主观上是都有过错的。但本案显然不属于这种情况,因为时值深夜,大家都在睡觉,烟灰缸必然是某一个窗户里的人扔出来的,不可能存在大家都向外扔烟灰缸的行为,所以,不能认为其他人的睡觉行为与他的扔烟灰缸的行为构成共同危险。此外,居住在建筑物里,是一个人生命需要的一部分,它并不带有任何特殊的危险。如果在自己的房屋的行为都是危险行为,那么这个世界将会成为一个人人自危充满恐怖的世界。所以,对本案持共同危险观点的学者,是对共同危险理论的误解误用。(2)本案能否适用"过错推定"? 本案一审判决书引用了《民法通则》第126条①的规定,适用了过错推定原则。但是,本案中的烟灰缸在习惯上和功能上都不是悬挂物、搁置物,烟灰缸是放在室内使用的。当然,如果类推适用该条的规定在法理上也是合理可行的。但是,"过错推定"的适用前提是必须有明确的侵权行为人存在。只有具有明确的

---

① 《民法通则》第126条规定:"建筑物或者其他设施以及建筑物上搁置物、悬挂物发生倒塌、脱落、坠落造成他人损害的,它的所有人或者管理人应当承担民事责任,但能够证明自己没有过错的除外。"

侵权行为人,才能确定责任归属。本案在没有明确所有人、管理人的情况下,"株连无辜"①,以法官的简单的同情心代替了法律的规定,丧失了居中公正的审判立场。(3)是否可以适用"公平"进行判决?有人认为,受害人遭遇如此惨重的伤害,给他的生活带来很大的变故,造成了很大的经济压力,所以让其他人来为他分担一部分风险,有利于他摆脱困境,符合公平原则。但是,应当为其所遭遇的不可预测的风险分担责任的是保险制度,或者其他的社会捐助等途径,而不是这里的其他人。所以,不能适用公平原则。②(4)本案判决将严重伤害人们的法感情,造成严重的社会后果。众所周知,家是温暖的港湾,是可以停下来休息的安全港,是晚上可以安心睡觉的暖巢,是可以其乐融融地享受天伦之乐的安乐窝。但是在本案中,家却是不能让你休息与睡觉的地方,是让人担惊受怕的地方!这种判决结果,令人情何以堪!③

所以,本案的实质是:不是法律没有为当事人提供救济渠道,而是原告不能获得救济。其实,本案只是一个普通的侵权案件。对于一个事实上受到伤害的人,如果他不能举证,在法律上仍然不得不承担不利的诉讼结果。这是法律的性质决定的。作为法官,不能搞"会哭的

---

① 这似乎比"株连九族"更甚,这是因为"株连九族"还是以存在一定的血亲、姻亲等关系为基础的。

② 这20户人家中可能有低保户、残疾户。对这些困难家庭而言,法院的判决是何其残忍。

③ 令人费解的是,我国《侵权责任法》(2010年)第87条规定:"从建筑物中抛掷物品或者从建筑物上坠落的物品造成他人损害,难以确定具体侵权人的,除能够证明自己不是侵权人的外,由可能加害的建筑物使用人给予补偿。"根据这一规定,受害人可以要求"可能加害的建筑物使用人给予补偿"。但这一规定是错误的,《民法典》侵权责任编对此作出修改。《民法典》第1254条规定:"禁止从建筑物中抛掷物品。从建筑物中抛掷物品或者从建筑物上坠落的物品造成他人损害的,由侵权人依法承担侵权责任;经调查难以确定具体侵权人的,除能够证明自己不是侵权人的外,由可能加害的建筑物使用人给予补偿。可能加害的建筑物使用人补偿后,有权向侵权人追偿。物业服务企业等建筑物管理人应当采取必要的安全保障措施防止前款规定情形的发生;未采取必要的安全保障措施的,应当依法承担未履行安全保障义务的侵权责任。发生本条第一款规定的情形的,公安等机关应当依法及时调查,查清责任人。"《民法典》的规定仍然没有彻底修改,令人遗憾。

孩子有奶吃",不能因为他受了伤,就不顾法律的规定给予同情,甚至不惜"株连无辜"。对于法律适用而言,本案的实质是法官创造了新的法律规则。我们并不反对在某些特殊的情况下创设新的法律,但是应当采取谨慎的态度,只有在法律存在漏洞时才能创设新的法律规则。也就是说,当且只有当法律对规整范围中的特定案件类型缺乏适当的规则,换言之,对此保持"沉默"时,才有法律漏洞可言。[1] 这是因为,法官应当受法律的约束,这是法治社会的一项基本原则。显然,创设新的法律规则是对这一原则的突破。所以,它需要有重大的确定的法律上的理由。显然,本案的理由是不存在的。在此,由于法律没有漏洞,所以并不需要用利益衡量的方法加以弥补,根本就不存在重新利益衡量的余地。

五、结论:利益衡量存在界碑

英国的丹宁勋爵曾说:"在这里给你们讲的故事是法律上的界碑。它们像标明着原则界线的石碑。它们像我们祖先用以辨明方向的灯塔。它们为后代确定了法律的进程。"[2]

法律作为解决纠纷的一种手段,只能在一定的时空领域内发生其调整社会关系的功能,而且有其自身的独特的运行轨迹。如果法律在不该介入的地方强行介入,那么,法律的干预不但不会取得预期的成果,反而会对法律本身造成不应有的伤害。利益衡量作为法官判案的思考方法,也是在一定的时空中展开的。离开特定的时空背景,再好

---

[1] 参见〔德〕卡尔·拉伦茨:《法学方法论》,陈爱娥译,五南图书出版公司1996年版,第281页。

[2] 〔英〕丹宁勋爵:《法律的界碑》,刘庸安、张弘译,法律出版社1999年版,前言(丹宁)。

的方法也会变样。也就是说,利益衡量只能在法律的疆界内发挥其应有的作用,不能越出法律的边界。而且,利益衡量应当与妥当的法律制度相联系,必须选择在一个妥当的法律制度中进行衡量。否则,其结果可能是法官对法律的滥用,是以新的不公平来代替原有的不公平。

结　论

今天的利益法学在其发展脉络上,是从批判僵硬的概念法学开始的。为此,深入地认识与理解利益法学存在的问题,恰当地提出这些问题的解决方法,进而创新利益衡量的理论框架,都需要我们追溯到概念法学。我们只有经由概念法学,才能超越概念法学;我们只有经由概念法学,才能理解利益法学。

1804年《法国民法典》的颁布是世界法制史上的重大事件,不但影响了许多国家的立法进程,也对民法学理论产生了重大影响。1896年《德国民法典》的颁布也具有世界性影响,支撑其立法体系的潘德克顿法学同样居功至伟。在这样的历史背景下,起源于法国注释法学派(概念法学)与德国潘德克吞法学的概念法学也产生了。到19世纪后期,已经成为大陆法系国家的共同现象,而且对普通法系国家如英美等国也有相当影响。到了20世纪初,概念法学占据了支配地位。同样,学习西方的日本民法学界占支配地位的学说也是概念法学,概念法学的思维方式渗透到理论界和实务界的各个方面。

虽然不同国家产生概念法学的历史背景有所差异,但都包含着共同要素。其主要特征可概括如下:其一,关于民法的法源问题。独尊国家制定的成文法,特别是民法。以成文法为唯一法源,排斥习惯法和判例。其二,关于法律是否存在漏洞。强调法律体系具有逻辑自足性,即认为社会生活中无论发生什么案件,均可依逻辑方法从成文法中获得解决,不承认法律有漏洞。其三,关于法律解释。概念法学注重形式逻辑的操作,即强调文义解释和体系解释,排斥解释者对具体案件的利益衡量。其四,关于法官的作用。概念法学否认法官的能动作用,将法官视为适用法律的机械,只对立法者所制定的法律做三段论的逻辑操作,遇有疑义时强调应探求立法者的意思,并以立法者的意思为准,否定法官的司法活动有造法功能。

应该说,以《法国民法典》和《德国民法典》为代表的近代民法和以概念法学为代表的民法理论基本适应了19世纪的社会经济生活需要。但与19世纪形成鲜明对照的是,20世纪恰好是一个极度动荡的、急剧变化的、各种矛盾冲突空前激化和各种严重社会问题层出不穷的、极不稳定的世纪。例如,出现了30年代席卷全球的空前的经济危机,第二次世界大战,科学技术突飞猛进,规模浩大的民主运动、女权运动、消费者运动、环境保护运动等。

在复杂的现实生活中,面对这些法律上的难题,"利益衡量"是一种妥当的解决问题的方法。它作为法学思考方法,德国20世纪初以利益法学派的面貌出现,在60年代后以评价法学的方式加以发展。在美国,20世纪初受利益法学的影响以社会法学的方式主导美国法学。20世纪60年代利益衡量论在日本兴起后,成为主导的司法裁判方法。可见,利益法学对世界法学都产生了重大影响。利益衡量方法强调利益在法律适用中的重要性,正视法官在司法裁判中的主观能动性,直面法律适用中的法官思考问题和分析问题的真实图景,提出解决具体法律问题的妥当方案。它有利于改变概念法学僵化的思考模式,从技术的侧面提供了价值判断的方法论,使民法解释学前进了一大步。

随着我国社会经济的不断发展,与德国等发达国家一样,也出现了许多新的法律问题,也需要利益衡量理论在我国的法律适用中发挥更大的作用。

在利益衡量理论的体系构建中,面临的第一个问题是,如何认识法律,以及法官适用法律的活动。在目前,"法律并非完美无缺,法律常常会出现漏洞"已成为法学界的常识。由于实践中出现的许多问题往往不能从现有的法律规定中找到现成的或者妥当的答案,从而成为法律上的疑难问题。同时,法官地位也已经不再是立法者的侍从,不仅是法律适用的主人,还是司法性立法的主人。法律适用本身也不再是简单的逻辑操作,而是建立在"价值、事实与逻辑"的三角互动关系之上。利益衡量理论适应了这一需求。该理论的思考方法与重视社会效果的法社会学思考方法是一致的,它有利于解决我国当前社会经济中出现的诸多法律难题。利益衡量作为一种有效的思考问题和解决问题的方法在我国的出现与存在是必然的,也是合理的。

国外的利益衡量理论没有对异质利益衡量的可能性问题进行讨论,但这是必须回答的问题。在利益衡量理论的体系构建中,面临的第二个前提性问题是,异质利益是否可以衡量,以及如何进行衡量的问题。自伯林提出价值多元难题以来,许多学者主张不同利益或者价值之间存在冲突,由于缺乏公度性,异质利益衡量是无解的。异质利益之间可以衡量吗?在现代社会生活中,价格(货币)是最为流行的度量工具,价格可以成为衡量工具吗?显然,在复杂社会中用"价格"等公度性标尺来处理利益冲突是简单化的处理方法,是不可取的。相反,司法适用中的利益衡量具有其自身的性质、特征与规律。

利益衡量在不同层面或场景具有不同的特质。异质利益虽然在抽象（哲学）层面是难以衡量的，但在现实层面却是可以衡量的。异质利益在哲学层面无法衡量，是因为哲学方法无法给出令人信服的价值排序；异质利益在法律适用层面可以衡量，是因为现实社会具有衡量异质利益的相应条件。

在法律适用的场域，异质利益是可以进行衡量的。这是因为人们有能力对不同利益本身的内容与形式作出透彻分析，更重要的是：（1）建立在基本共识之上。人类社会存在基本的法律共识，为异质利益衡量提供了合理性论证的基础。这些法律共识既有抽象层面上的价值共识，又有具体制度层面上的规则共识。价值共识是人类社会对法律秩序的共识，体现为自由、秩序、正义与效率等价值共识，也体现为对利益位阶的基本共识，还体现为人类基本行为规范的共识。利益位阶共识与行为规范共识共同统一于基本的价值共识之中。正是这种最基本的社会共识，而不是异质利益之间的公度性，为利益衡量提供了最坚实的基础。同时，具体法律制度的规则共识是在立法过程中，不同的利益派别在不断的利益争夺中通过民主的方式达成的，是法律适用的基础。利益衡量是基于法律制度或者法律规则，对各方当事人的利益进行衡量，并不只是进行数量上的简单比较。相反，在法律适用上强调公度性（通约性）的绝对地位会造成不必要的困扰。（2）建立在妥当程序之中。利益衡量的结果与利益衡量的过程存在密切联系。法官审理案件的结果在很大程度上是由整个制度结构以及作出裁决所依据的规则决定的。在法治国家中，所有利害关系人都应该有权参与利益衡量程序的公平机会，并从自己的利益角度出发来陈述事实、阐发利益和表达法律意见。法官审理案件的过程就是不同利益之间进行衡量的过程。经过法官裁判获得的结果，取得了价值客观化特性，也意味着获得了进入社会的通行证。换言之，通过正当程序，可以规范利益衡量的过程，选择可接受的优势利益。总之，就异质利益衡量而言，只要建立在妥当的社会共识之上，在正当的诉讼结构中对处于不同利益层次结构中的利益进行妥当衡量,是可以获得为社会所接受的解决方案的。

国外的利益衡量理论确实揭示了法官运用法律进行判案的过程就是利益衡量的过程,有积极意义。但是也有其缺点,利益衡量本质上是一种主观行为。正由于利益衡量的本质,没有科学的规则体系,则存在可能导致恣意的问题。要增强它的妥当性和科学性,有必要从外部程序上去考察,要建立客观的科学的规则体系来完善它。正像只有实体法,没有程序法,仍然无法进行公正的判决一样,没有完善的衡量规则是难以做到客观公正的。

为此,笔者提出了利益衡量的层次结构理论,把利益分为当事人的具体利益、群体利益、制度利益与社会公共利益。这种构造要求法官层层深入,有步骤地分析、比对不同利益,经过综合性的利益衡量,最终得出妥当的裁判结果。这一分析过程实际扮演的是程序法的角色。

值得注意的是,这些不同利益形成一个有机的层次结构。在这个结构中,当事人利益、群体利益、制度利益和社会公共利益是一种由具体到抽象的递进关系,也是一种包容和被包容的关系。具体地说,群体利益是联系当事人利益与制度利益、社会公共利益的桥梁。因为民事主体双方地位平等,极易陷入当事人双方的具体利益的细微衡量之中,在利益取舍上产生"保护谁的利益都可以或不保护谁也可以"的境地。群体利益具有把当事人的具体利益"放大"的功能,能结合制度利益和社会公共利益作出保护与否的判断。就制度利益而言,由于法律的价值在于追求安定性和妥当性,要考虑未来类似案件的判决后果,特别是利益衡量往往因法律漏洞而出现,必然对未来类似案件产生影响。所以,对具体案件进行审判时,对制度利益所带来的影响进行评估是必要的。但是,不管怎样,所谓的群体利益、制度利益都是一定社会的存在物,必须放到特定的社会中去考察和评估。此时,当事人具体利益、群体利益、制度利益就与社会公共利益紧密地联系在一起了。而且,社会公共利益为利益衡量的支点和根基,离开了社会公共利益,就谈不上妥当的利益衡量。唯应注意的是,社会公共利益在每个具体案件中所指的具体利益可能不同。另外,它也是随着整个社会的进步而发展变化的,不能离开具体的社会环境而空泛地谈论社会公共利益。这种层次结构要求法官在判案过程中遵循这样的一种思维过程:以当事人的具体利益为起点,在社会公共利益的基础上,联系群体利益和制度利益,特别是对制度利益进行综合衡量后,从而得出妥当的结论,即对当事人的利益是否需要加以保护。总之,坚持遵循这样的按部就班地利益衡量规则的过程,可以避免衡量的任意性,可以在法律条文语义所产生的若干解释中,选择现在最合目的的解释。

在利益衡量层次结构的理论中,制度利益是笔者创设的概念,是特别需要加以解析的概念。制度利益直接联结当事人利益与社会公共利益,它的衡量是利益衡量的核心所在。根据制度利益与社会公共利益的关系,利益衡量在具体案件中的展开可分为三种情形:(1)当制度利益无缺陷时,利益衡量应该在既定的法律制度框架内进行,以避免对制度利益造成伤害;(2)当制度利益存在缺陷时,应该对该法律制度进行弥补,以符合社会公共利益;(3)当制度利益违背社会公共利益时,应该废止这一陈旧制度,创建一个符合社会期待的新法律制度。

在当今社会,制度利益具有现实性、具体性和广泛性等特点。基于法律制度的类型化架构,制度利益内部也具有类型化属性。在利益衡量时需要对潜藏于法律制度背后的制度利益做深入剖析:(1)厘清核心利益。核心利益是该法律制度所固定的能体现该制度本质属性的制度利益。该利益往往通过一些具体的利益体现出来,例如婚姻制度中的"一夫一妻"、法律婚主义。(2)以该制度涉及的社会广泛性为依据,对所涉及该制度的具体利益作广泛的"铺陈"与"罗列",以便作出妥当的利益衡量。不管核心利益的厘清还是其他利益的分解,都是利益衡量得以妥当展开的基础。从法律制度与现实社会的互动关系出发,制度利益应当与社会公共利益相协调,并且需要选择妥当的法律制度,结合法律情境,厘清"一般与特别的关系"进行衡量。制度利益衡量的功能可以分为动态性功能与静态性功能。从动态性功能看,制度利益衡量不仅牵引法律制度不断克服自身缺陷向前进化,还深刻影响着新的法律制度的创建。当出现一个新的法律现象时,可以分两个步骤来处理:一是分析在既有的法律框架内能否处理这个法律问题。二是当现行法律制度不能提供法律救济时,是否需要创设新的法律制度来规范新出现的法律问题。换言之,在这些案件中,法院需要考虑的是:(1)创设新的法律制度应当具有必要性。(2)创设新的法律制度应当具有妥当性。当我们讨论引进新的救济途径或者扩大现有救济途径的范围时,需要对新创制度的社会影响进行评估。新创法律制度的社会影响是正面的还是负面的?其影响范围有多大?涉及面有多广?如果评估结果是正面的或者制度利益应当朝这一方向发展,就可以创设新的制度。否则,就不能贸然创设。从静态性功能看,制度利益衡量是法律规范效力裁量的依据,如美国法上违宪审查的实质就是制度利益符合社会利益的衡量,并指出比例原则的核心也是利益衡量。

除了制度利益,社会公共利益的衡量也是需要重点探讨的。从社会公共利益的法律存在方式看,它是现代法治社会的一项独立的重要法律原则。长期以来,我国学者认为不得损害社会公共利益原则等同于国外的公序良俗原则。其实,该原则既不同于公序良俗原则,也不同于禁止权利滥用原则。它不但有实证法的根据,而且在司法实践中也得到广泛应用。它可以被当事人积极适用,也可以被当事人消极适用。社会公共利益是一个模糊性概念,但具有很强的适应性,可以解决因社会变迁而产生的疑难案件。该原则在法律适用的过程中,需要借助利益衡量方法。鉴于公共利益的模糊性,法院需要针对具体案件对其内涵进行充分阐述,灵活看待公共利益在评价对象与评价标准、抽象利益与具体利益、未来利益与现实利益之间的关系,妥当处理它与国家利益、公共利益等不同利益之间的互相转换。在社会公共利益的衡量中,适时导入制度利益作为过渡媒介,可以增强公共利益介入司法裁判的说服力。

需要强调的是,利益衡量作为当前法院判决疑难案件的常用方法存在滥用的可能性,应该为利益衡量树立界碑。利益衡量的滥用分为"因缺少对利益结构的整体衡量而导致的滥用"和"因超越利益衡量的边界而导致的滥用",两者性质不同,解决途径也不同。为避免利益衡量"因超越利益衡量的边界而导致的滥用",解决问题的基本理念是选择妥当的法律制度并在该制度内进行利益衡量,并且其结果应当与整个法律制度相协调。为此,结合具体案件并提出了六个具体的界碑性规则,以指导司法实践。这六项规则是:(1)"法外空间"不应进行利益衡量;(2)应在妥当的法律制度中进行利益衡量;(3)应在同一法律关系中进行利益衡量;(4)妥当的文义存在于法律制度中;(5)选择妥当的法律规范作为衡量的依据;(6)法律救济不能的案件不应进行利益衡量。

今天的利益法学(利益衡量)可以追溯到耶林的目的法学。在其产生之日起,就对世界各国的法学理论和法律事务都产生了广泛影响。而笔者却要说,在现代社会,法律就是利益衡量,没有利益衡量就没有法律。没有利益衡量就无法进行立法活动,没有利益衡量也无法进行司法裁判,没有理解利益衡量更无法理解法律。

附录　利益衡量的经典裁判文书

判决书一　北大方正公司案

北大方正公司、红楼研究所与高术天力公司、高术公司计算机软件著作权侵权纠纷案①

[最高人民法院民事判决书
(2006)民三提字第 1 号]

【裁判摘要】

（一）根据《民事诉讼法》第 67 条的规定，经过公证程序证明的法律事实，除有相反证据足以推翻的外，人民法院应当作为认定事实的根据。但如果采取的取证方式本身违法，即使其为公证方式所证明，所获取的证据亦不能作为认定案件事实的依据。

---

① 资料来源：《北大方正公司、红楼研究所与高术天力公司、高术公司计算机软件著作权侵权纠纷案》，载《最高人民法院公报》2006 年第 11 期，第 25—32 页。本案审判长孔祥俊为高级法官，1965 年出生，法学博士，曾任最高人民法院知识产权庭庭长。

（二）尽管法律对于违法行为作出了较多的明文规定，但由于社会关系的广泛性和利益关系的复杂性，法律更多时候对于违法行为不采取穷尽式的列举规定，而是确定法律原则，由根据利益衡量、价值取向作出判断。

（三）鉴于计算机软件著作权侵权行为具有隐蔽性较强，调查取证难度较大，被侵权人通过公证方式取证，其目的并无不正当性，其行为并未损害社会公共利益和他人合法权益，同时该取证方式也有利于解决此类案件取证难度问题，起到威慑和遏制侵权行为，有利于加强知识产权的保护，故其公证取证的方式应认定为合法有效，所获得的证据亦应作为认定案件事实的依据。

（四）被控非法安装、销售盗版软件的行为人，如果不能就其安装、销售的软件的来源提供相关证据，则推定其侵犯了著作权人的复制权及发行权。

最高人民法院民事判决书

（2006）民三提字第 1 号

申请再审人（一审原告、二审被上诉人）：北大方正集团有限公司（原北京北大方正集团公司），住所地北京市海淀区成府路 298 号。

法定代表人：魏新，董事长。

委托代理人：王立华，北京市天元律师事务所律师。

委托代理人：李琦，北京市天元律师事务所律师。

申请再审人（一审原告、二审被上诉人）：北京红楼计算机科学技术研究所，住所地北京市海淀区上地五街 9 号方正大厦 2 层。

法定代表人：肖建国。

委托代理人：王立华，北京市天元律师事务所律师。

委托代理人：李琦，北京市天元律师事务所律师。

被申请人（一审被告、二审上诉人）：北京高术天力科技有限公司，住所地北京市海淀区苏州街78号。

法定代表人李文平,总经理。

被申请人(一审被告、二审上诉人):北京高术科技公司,住所地北京市海淀区苏州街78号。

法定代表人李文平,总经理。

申请再审人北大方正集团有限公司(以下简称北大方正公司)、北京红楼计算机科学技术研究所(以下简称红楼研究所)因与北京高术天力科技有限公司(以下简称高术天力公司)、北京高术科技公司(以下简称高术公司)计算机软件著作权侵权纠纷一案,不服北京市高级人民法院(2002)高民终字第194号民事判决及(2003)高民监字第196号驳回再审申请通知书,向本院申请再审。本院经审查认为,再审申请人的申请符合《中华人民共和国民事诉讼法》第一百七十九条第一款第(三)项再审立案条件,于2006年3月7日,以(2002)民三监字第30-2号民事裁定提审本案。本院依法组成由民事审判第三庭副庭长孔祥俊担任审判长、审判员于晓白、代理审判员夏君丽参加的合议庭公开开庭审理了本案。书记员包硕担任法庭记录。申请再审人北大方正公司及红楼研究所的委托代理人李琦、高术天力公司及高术公司的法定代表人李文平到庭参加诉讼。本案现已审理终结。

一审法院查明,北大方正公司、红楼研究所是方正世纪RIP软件(以下简称方正RIP软件)、北大方正PostScript中文字库(以下简称方正字库)、方正文合软件V1.1版(以下简称方正文合软件)的著作权人。方正RIP软件和方正字库软件系捆绑在一起销售,合称方正RIP软件。上述软件安装在独立的计算机上,与激光照排机联机后,即可实现软件的功能。

北大方正公司系日本网屏(香港)有限公司(以下简称网屏公司)激光照排机在中国的销售商,高术天力公司、高术公司曾为北大方正公司代理销售激光照排机业务,销售的激光照排机使用的是方正RIP

软件和方正文合软件。1999年5月间，由于双方发生分歧，导致代理关系终止。高术公司于2000年4月17日与网屏公司签订了销售激光照排机的协议，约定高术公司销售KATANA FT-5055激光照排机必须配网屏公司的正版RIP软件或北大方正公司的正版RIP软件，若配方正RIP软件，高术公司必须通过网屏公司订购北大方正公司正版RIP软件。2001年7月20日，北大方正公司的员工以个人名义(化名)，与高术天力公司签订了《电子出版系统订货合同》，约定的供货内容为KATANA FT-5055A激光照排机(不含RIP)，单价为415,000元。合同签订后，北大方正公司分别于2001年7月20日和8月23日，向高术天力公司支付货款共394,250元，尚欠货款20,750元。高术公司分别于2001年7月23日和8月23日，向北大方正公司的员工出具了收取上述款项的收据。

2001年8月22日，高术天力公司的员工在北京市石景山区永乐小区84号楼503室北大方正公司的员工临时租用的房间内，安装了激光照排机，并在北大方正公司自备的两台计算机内安装了盗版方正RIP软件和方正文合软件，并提供了刻录有上述软件的光盘。北大方正公司支付了房租3,000元。

应北大方正公司的申请，北京市国信公证处先后于2001年7月16日、7月20日、7月23日和8月22日，分别在北京市石景山区永乐小区84号楼503室、北京市海淀区花园路6号北楼120室及南楼418室北京后浪时空图文技术有限责任公司(原为北京中唐彩印中心，以下简称"后浪公司")，对北大方正公司的员工以普通消费者的身份，与高术天力公司联系购买KATANA FT-5055A激光照排机设备及高术天力公司在该激光照排机配套使用的北大方正公司自备计算机上安装方正RIP软件、方正文合软件的过程进行了现场公证，并对安装了盗版方正RIP软件、方正文合软件的北大方正公司自备的两台计算机及盗版软件进行了公证证据保全，制作了公证笔录五份。北大方正公司支付公证费 10,000 元。

2001 年 9 月 3 日,北大方正公司、红楼研究所以高术天力公司、高术公司非法复制、安装、销售行为,侵犯了其享有的计算机软件著作权为由诉至北京市第一中级人民法院,请求判令高术天力公司、高术公司:一、停止侵权、消除影响、公开赔礼道歉;二、赔偿经济损失 3,000,000 元;三、承担诉讼费、保全费、取证费及审计费等。

2001 年 9 月 24 日,一审法院依北大方正公司的申请,对高术天力公司、高术公司自 1999 年 1 月至 2001 年 9 月的财务账册、销售发票、收据及订货合同等进行了证据保全。同时对高术天力公司、高术公司的银行存款进行了财产保全,分别冻结了高术公司在中国工商银行北京市分行海淀支行营业部的存款 97,454.23 元、高术天力公司在中国工商银行北京市分行海淀支行海淀分理处的存款 460,292.70 元。北大方正公司支付财产及证据保全费 15,520 元。

2001 年 9 月 28 日,一审法院委托北京天正华会计师事务所对高术天力公司、高术公司自 1999 年 1 月至 2001 年 9 月间销售激光照排机及相应设备、盗版方正 RIP 软件和方正文合软件的营业额及其利润进行审计。2001 年 11 月 12 日,北京天正华会计师事务所出具了专项审计报告,载明高术天力公司、高术公司在上述期间内共销售激光照排机 82 套,其所销售的激光照排机存在单机销售、联同 RIP 软件或冲片机或扫描机一并销售等情况。此外,高术天力公司、高术公司还单独销售未注明品牌的 RIP 软件 13 套。北大方正公司支付审计费 60,000 元。

2001 年 11 月 29 日,在一审法院主持下,双方当事人参加了对公证证据保全的两台北大方正公司自备计算机及相关软件进行的勘验。勘验结果表明,在被保全的计算机中安装了盗版方正文合软件,被保全的软件中包括盗版方正 RIP 软件及方正文合软件。双方当事人对勘验结果均不持异议。方正 RIP 软件及方正文合软件的正常市场售价分别为 100,000 元和 30,000 元。

一审法院认为,1. 北大方正公司为了获得高术天力公司、高术公司侵权的证据,投入较为可观的成本,其中包括购买激光照排机、租赁房屋等,采取的是"陷阱取证"的方式,该方式并未被法律所禁止,应予认可。公证书亦证明了高术天力公司、高术公司实施安装盗版方正软件的过程,同时对安装有盗版方正软件的计算机和盗版软件进行了证据保全,上述公证过程和公证保全的内容已经法庭确认,高术天力公司、高术公司未提供足以推翻公证书内容的相反证据。2. 高术天力公司、高术公司作为计算机设备及相关软件的销售商,对他人的计算机软件著作权负有注意义务,拒绝盗版是其应尽的义务,否则,应当承担相应的法律责任。高术天力公司、高术公司的员工在本案中所从事的工作是一种职务行为,履行合同的一方当事人是高术天力公司、高术公司,因此,高术天力公司、高术公司应承担相应的法律责任。3. 根据现有证据,尚不能认定高术天力公司、高术公司在全国范围内大规模非法制售上述软件。北大方正公司、红楼研究所的方正 RIP、方正文合软件开发周期长、投资大,高术天力公司、高术公司侵犯了北大方正公司、红楼研究所计算机软件著作权,应承担相应的法律责任。鉴于高术天力公司、高术公司销售盗版软件的实际数量和所获利润均难以查清,故赔偿数额由法院根据北大方正公司、红楼研究所软件的开发成本、市场销售价格及高术天力公司、高术公司实施侵权行为的主观过错程度等因素,综合予以确定。北大方正公司为调查取证所支付的购买激光照排机、房租、公证等费用,系北大方正公司为本案调查取证所必不可少的,因此,上述费用应由高术天力公司、高术公司承担。鉴于激光照排机必须与计算机主机联机后方能进行工作,激光照排机并非盗版软件的直接载体,而安装盗版软件的计算机主机系北大方正公司自备的。鉴于上述情况,以高术天力公司、高术公司返还北大方正公司购机款,北大方正公司退还高术天力公司、高术公司激光照排机为宜。北大方正公司、红楼研究所在本案中支付的审计费、证据及财产保全费亦应由高术天力公司、高术公司承担。

2001年12月20日,一审法院作出判决:一、高术天力公司、高术公司立即停止复制、销售方正RIP软件、方正文合软件的侵权行为;二、高术天力公司、高术公司自判决生效之日起三十日内,在《计算机世界》刊登启事,向北大方正公司、红楼研究所赔礼道歉;三、高术天力公司、高术公司共同赔偿北大方正公司、红楼研究所经济损失600,000元;四、高术天力公司、高术公司共同赔偿北大方正公司、红楼研究所为本案支付的调查取证费(购机款394,250元、房租3,000元、公证费10,000元)共407,250元;五、北大方正公司、红楼研究所应在高术天力公司、高术公司返还购机款394,250元后,将激光照排机退还高术天力公司、高术公司;六、驳回北大方正公司、红楼研究所的其他诉讼请求。案件受理费11,010元、财产保全费15,520元、审计费60,000元,均由高术天力公司、高术公司共同负担。

高术天力公司、高术公司不服一审判决,向北京市高级人民法院提起上诉。其上诉理由是:一审法院已查明北大方正公司伪装身份、编造谎言、利诱高术天力公司的员工,要求将激光照排机捆绑销售的正版软件换成方正盗版软件,但未予认定;高术天力公司、高术公司除被利诱陷害安装了涉案的一套盗版方正软件外,没有其他复制销售盗版方正软件的行为,但一审法院却认定高术天力公司、高术公司安装方正软件数量难以查清;公证员未亮明身份,未当场记录,记录的事实不完整,公证的是违法的事实,故公证书不合法;北大方正公司的做法是违法的,一审法院认定这种做法为"陷阱取证",并予以支持是错误的;方正文合软件和激光照排机没有直接或间接关系,方正RIP软件也不是激光照排机的必然之选。一审判决缺乏事实和法律依据,是不公正的。请求撤销一审判决,诉讼费用由北大方正公司、红楼研究所负担。

北大方正公司、红楼研究所服从一审判决。

二审法院认定了一审法院查明的大部分事实。同时另查明，从2001年7月、8月间北京市国信公证处作出的现场公证记录可看出，北大方正公司的员工化名与高术天力公司联系购买激光照排机，主动提出要买盗版方正RIP软件和方正文合软件，高术天力公司的员工称该项不能写入合同，但承诺卖给北大方正公司盗版软件。

二审法院认为：北京市国信公证处出具的公证书，高术天力公司、高术公司没有举出足够的相反证据推翻该公证书记载内容，故该公证书是合法有效的民事证据，对该公证书所记载的内容予以认定。但结合本案其他证据，对于北大方正公司长达一个月的购买激光照排机的过程来说，该公证记录仅对五处场景作了记录，对整个的购买过程的记载缺乏连贯性和完整性。北大方正公司在未取得其他能够证明高术天力公司、高术公司侵犯其软件著作权证据的情况下，派其员工在外租用民房，化名购买高术天力公司、高术公司代理销售的激光照排机，并主动提出购买盗版方正软件的要求，由此可以看出，北大方正公司购买激光照排机是假，欲获取高术天力公司、高术公司销售盗版方正软件的证据是真。北大方正公司的此种取证方式并非获取高术天力公司、高术公司侵权证据的唯一方式，此种取证方式有违公平原则，一旦被广泛利用，将对正常的市场秩序造成破坏，故对该取证方式不予认可。鉴于高术天力公司、高术公司并未否认其在本案中售卖盗版方正软件的行为，公证书中对此事实的记载得到了印证，故可对高术天力公司、高术公司在本案中销售一套盗版方正RIP软件、方正文合软件的事实予以确认。一审法院认为高术天力公司、高术公司销售盗版软件的数量难以查清，从而对高术天力公司、高术公司应予赔偿的数额予以酌定是错误的。鉴于对北大方正公司、红楼研究所的取证方式不予认可，及高术天力公司、高术公司销售涉案的一套盗版软件的事实，对于北大方正公司为本案支出的调查取证费，包括购机款、房租，以及审计费用，应由北大方正公司、红楼研究所自行负担；公证费、证据及财产保全费由高术天力公司、高术公司负担。一审法院认定事实不清,但适用法律正确。高术天力公司、高术公司的上诉请求部分合理,对其合理部分予以支持。

2002年7月15日,二审法院作出判决:一、维持一审判决的第(一)、(二)、(六)项;二、撤销一审判决的第(三)、(四)、(五)项;三、高术天力公司、高术公司共同赔偿北大方正公司、红楼研究所经济损失130,000元;四、高术天力公司、高术公司共同赔偿北大方正公司、红楼研究所为本案所支付的公证费10,000元。一审案件受理费11,010元,由高术天力公司、高术公司共同负担2,386元,由北大方正公司、红楼研究所共同负担8,624元;二审案件受理费11,010元,由高术天力公司、高术公司共同负担2,386元,由北大方正公司、红楼研究所共同负担8,624元。

北大方正公司、红楼研究所不服二审判决,向二审法院提出再审申请。北京市高级人民法院经审查,于2003年8月20日驳回北大方正公司、红楼研究所再审申请。

北大方正公司、红楼研究所不服北京市高级人民法院二审判决及驳回再审申请通知,向本院申请再审。其主要理由是,相关证据已经证实高术天力公司、高术公司侵权行为属多次的、大范围的实施,二审法院判令高术天力公司、高术公司仅赔偿北大方正公司、红楼研究所一套正版方正软件的损失130,000元是错误的。一审、二审法院均确认北京市国信公证处出具的公证书合法有效,从该公证书所附若干份现场记录可以看出,高术天力公司、高术公司销售的盗版方正软件绝非仅限于销售给北大方正公司员工的一套。二审法院改判由北大方正公司、红楼研究所承担调查取证费用错误。北大方正公司采取的取证方式不违反法律、法规的禁止性规定。如果不采取这样的取证方式,不但不能获得直接的、有效的证据,也不可能发现高术天力公司、高术公司进行侵权行为的其他线索。北大方正公司不存在违背公平及扰乱市场秩序的问题,其没有大量购买激光照排机,提高赔偿额。北大方正公司进行调查取证并提起诉讼的目的,是为了打击盗版,维护自身合法权益。二审法院认定事实和适用法律错误,起不到纠正侵权行为的作用,无形中为著作权人维护自身合法权益制造了困难和障碍,不利于对知识产权的保护。

高术天力公司、高术公司答辩称,北京市国信公证处出具的公证书是在公证员明知北大方正公司员工假扮买主、欲用诱骗手段取得我公司"侵权"证据的情况下完成的,且记录的内容不完整,不是现场监督记录的结果,仅凭公证员的主观回忆作出的记录是不客观的,缺乏公正性,与我公司了解的情况有很大的出入。北大方正公司采用的"陷阱取证"方式是对法律秩序、社会公德和正常商业秩序的破坏。北大方正公司编造理由,多次要求我公司员工给他们安装一套盗版的方正的软件,这种诱骗的做法是"陷害",违背公序良俗。

本院查明,一审法院认定的事实基本属实,二审法院认定高术天力公司、高术公司只销售一套盗版方正 RIP 软件、方正文合软件的事实有误。

另查明,北大方正公司、红楼研究所提交的公证书所载五份现场记录证明下列事实:1. 2001 年 7 月 6 日的《现场记录(二)》记录,高术天力公司的员工陈述:"我们这儿卖过不少台,兼容的,没问题,跟正版的一模一样。你看,这个实际就是个兼容 RIP。"2. 2001 年 7 月 20 日所作《现场记录(三)》记录,高术天力公司的员工陈述:同时期向"后浪公司"销售了一台激光照排机,用的软件是"兼容的";向"宝蕾元"(北京宝蕾元科技发展有限责任公司,以下简称宝蕾元公司)进行过同样的销售。3. 2001 年 7 月 23 日所作《现场记录(四)》记录,北大方正公司的员工和公证员现场观看了高术天力公司的员工为后浪公司安装、调试激光照排机的情况。根据高术天力公司的员工陈述,该激光照排机安装的也是方正 RIP 软件,也是"兼容的"。其后,高术天力公司的员工向北大方正公司的员工提供了购买同样激光照排机的一份客户名单,其中记录了"宝蕾元制作中心"(即宝蕾元公司)、"彩虹印务"、"尚品"、"中堂(唐)彩印"(即后浪公司)、"路局印厂"等客户的名称、联系电话及联系人等。4. 2001年8月22日所作《现场记录(五)》记录,高术天力公司又卖了一台与本案一样的激光照排机给"海乐思(音)"。并且,根据该记录的记载,高术天力公司、高术公司在北京、上海、广州、廊坊、山西、沈阳等地进行激光照排机的销售,"除了西藏、青海之外,哪儿都卖",对软件"买正版的少,只是启动盘替换了,其他的都一样"。对于公证证明的上列事实,高术天力公司、高术公司未提供证据予以推翻。此外,兼容软件即为盗版软件,当事人对此没有异议。

二审判决生效后,北大方正公司、红楼研究所按照上述现场记录所反映的购买和使用盗版软件的高术天力公司、高术公司客户线索向有关工商行政管理部门进行举报。2002年10月,在有关工商行政管理部门对后浪公司、宝蕾元公司等用户进行调查的过程中,北大方正公司委托北京市国信公证处公证人员随同,对用户安装软件的情况进行了证据保全公证。后浪公司在接受调查中向工商行政管理部门提供了其从高术公司购买激光照排机的合同,并书面说明其安装的盗版软件系从高术公司处购买。在北大方正公司、红楼研究所对宝蕾元公司另案提起的诉讼中,经法院判决确认宝蕾元公司安装的盗版软件系从高术公司购买。高术天力公司、高术公司未能就其销售盗版软件的来源提供相关证据。

另查明,北大方正公司从高术天力公司、高术公司处购买的激光照排机已由北大方正公司所属的公司变卖,北大方正公司在本院审理期间,表示放弃赔偿上述购买激光照排机价款支出的诉讼请求;北京北大方正集团公司已更名为北大方正集团有限公司,法定代表人变更为魏新;红楼研究所的法定代表人变更为肖建国。

本院认为,本案双方当事人对于北大方正公司、红楼研究所共同拥有方正 RIP 软件和方正文合软件的著作权没有异议。一审、二审法院均认定高术天力公司、高术公司的行为构成对北大方正公司、红楼研究所著作权的侵犯,但对相关证据及案件事实的认定,以及侵权责任的确定,有所不同。根据一审、二审判决及北大方正公司、红楼研究所申请再审的理由,本案主要涉及北大方正公司取证方式的合法性、被控侵权行为的性质以及赔偿数额的确定等争议焦点问题。

(一)关于本案涉及的取证方式是否合法问题

根据民事诉讼法第六十七条的规定,经过公证程序证明的法律事实,除有相反证据足以推翻的外,人民法院应当作为认定事实的根据。高术天力公司安装盗版方正软件是本案公证证明的事实,因高术公司、高术天力公司无相反证据足以推翻,对于该事实的真实性应予认定。以何种方式获取的公证证明的事实,涉及取证方式本身是否违法,如果采取的取证方式本身违法,即使其为公证方式所证明,所获取的证据亦不能作为认定案件事实的依据。因为,如果非法证据因其为公证所证明而取得合法性,那就既不符合公证机关需审查公证事项合法性的公证规则,也不利于制止违法取证行为和保护他人合法权益。二审法院在否定北大方正公司取证方式合法性的同时,又以该方式获取的法律事实经过公证证明而作为认定案件事实的依据,是不妥当的。

在民事诉讼中,尽管法律对于违法行为作出了较多的明文规定,但由于社会关系的广泛性和利益关系的复杂性,除另有明文规定外,法律对于违法行为不采取穷尽式的列举规定,而存在较多的空间根据利益衡量、价值取向来解决,故对于法律没有明文禁止的行为,主要根据该行为实质上的正当性进行判断。就本案而言,北大方正公司通过公证取证方式,不仅取得了高术天力公司现场安装盗版方正软件的证据,而且获取了其向其他客户销售盗版软件、实施同类侵权行为的证据和证据线索,其目的并无不正当性,其行为并未损害社会公共利益和他人合法权益。加之计算机软件著作权侵权行为具有隐蔽性较强、取证难度大等特点,采取该取证方式,有利于解决此类案件取证难问题,起到威慑和遏制侵权行为的作用,也符合依法加强知识产权保护的法律精神。此外,北大方正公司采取的取证方式亦未侵犯高术公司、高术天力公司的合法权益。北大方正公司、红楼研究所申请再审的理由正当,应予支持。

据此,本案涉及的取证方式合法有效,对其获取证据所证明的事实应作为定案根据。二审法院关于"此种取证方式并非获取侵权证据的唯一方式,且有违公平原则,一旦被广泛利用,将对正常的市场秩序造成破坏"的认定不当。

(二)关于本案侵权行为的定性问题

北大方正公司、红楼研究所诉请的对象是高术天力公司、高术公司非法复制、安装、销售盗版软件的侵权行为,因高术天力公司、高术公司未就其销售的盗版软件的来源提供相关证据,故应推定其侵权行为包括复制,即高术天力公司、高术公司侵犯了北大方正公司、红楼研究所方正RIP软件和方正文合软件的复制权及发行权。

(三)关于复制、销售盗版软件数量和损害赔偿数额问题

根据公证证明的内容,高术天力公司的员工陈述除向北大方正公司销售了盗版软件外,还向后浪公司、宝蕾元公司等客户销售了"兼容的"同类盗版软件并提供了"客户名单",对此,高术天力公司、高术公司未提供相反证据予以推翻。其中,向后浪公司、宝蕾元公司销售同类盗版软件的事实,也为北大方正公司在二审判决后的维权行动所印证。虽然一审、二审法院没有对审计报告中涉及的高术天力公司、高术公司销售激光照排机82套、单独销售13套RIP软件的事实进行质证,但前述事实足以证明,高术天力公司、高术公司销售盗版软件的数量并非一套。一审法院以高术天力公司、高术公司复制、销售盗版软

件实际数量和所获利润均难以查清,根据北大方正公司、红楼研究所软件的开发成本、市场销售价格及高术天力公司、高术公司实施侵权行为的主观过错程度等因素,依据当时著作权法的规定,酌情判令高术天力公司、高术公司赔偿北大方正公司、红楼研究所损失600,000元并无明显不当。二审法院只支持北大方正公司、红楼研究所一套正版软件的赔偿数额130,000元没有依据。

(四)关于相关费用应如何分担的问题

北大方正公司、红楼研究所主张应由高术天力公司、高术公司负担的费用包括诉讼费、保全费、取证费及审计费等,其中取证费包括公证费、购机款、房租。对于北大方正公司、红楼研究所的该项请求,一审法院全部予以支持并无不当。鉴于涉案的激光照排机在二审判决后被北大方正公司所属公司变卖,北大方正公司表示放弃该项支出的赔偿请求应予准许。

综上,二审法院对本案高术天力公司、高术公司侵权行为涉及的部分事实认定不清,适用法律不当,应予纠正。北大方正公司、红楼研究所申请再审的主要理由成立,本院予以支持。依照2001年修订前的《中华人民共和国著作权法》第四十六条第一款第(二)项和《中华人民共和国民事诉讼法》第一百七十七条第二款的规定,判决如下:

一、撤销北京市高级人民法院(2002)高民终字第194号民事判决;

二、维持北京市第一中级人民法院(2001)一中知初字第268号民事判决第(一)、(二)、(三)、(六)项,即(一)高术天力公司、高术公司立即停止复制、销售方正RIP软件、方正文合软件的侵权行为;(二)高术天力公司、高术公司自本判决生效之日起三十日内,在《计算机世界》刊登启事,公开向北大方正公司、红楼研究所赔礼道歉,所需费用由高术天力公司、高术公司承担;(三)高术天力公司、高术公司共同赔偿北大方正公司、红楼研究所经济损失600,000元;(六)驳回北大方正公司、红楼研究所其他诉讼请求；

三、变更北京市第一中级人民法院(2001)一中知初字第268号民事判决第(四)项为：高术天力公司、高术公司共同赔偿北大方正公司、红楼研究所为本案支付的调查取证费(房租3,000元、公证费10,000元)共13,000元；

四、撤销北京市第一中级人民法院(2001)一中知初字第268号民事判决第(五)项，即北大方正公司、红楼研究所应在高术天力公司、高术公司返还购机款394,250元后，将激光照排机退还高术天力公司、高术公司。

本案一审、二审案件受理费共计22,020元、财产及证据保全费15,520元、审计费60,000元由高术天力公司、高术公司负担。

本判决为终审判决。

审　　判　　长　孔祥俊
审　　判　　员　于晓白
代理审判员　夏君丽
二〇〇六年八月七日
书　记　员　包　硕

【简要点评】

本案是我国利益衡量方法在法律适用中加以具体应用的经典案例，有人称之为"利益衡量的杰作·裁判方法的典范"①。主要体现在：

(1)判决书指出，"尽管法律对于违法行为作出了较多的明文规定，但由于社会关系的广泛性和利益关系的复杂性，法律更多时候对于违法行为不采取穷尽式的列举规定，而是确定法律原则，由根据利

---

① 李浩：《利益衡量的杰作·裁判方法的典范——评"北大方正案"的再审判决》，载《人民法院报》2007年3月26日。

益衡量、价值取向作出判断。"可见,基于当今社会生活的复杂性、法律关系的复杂性,在具体案件中应用利益衡量方法进行妥当裁判是可取的,也是必然的。

(2)判决书指出,"鉴于计算机软件著作权侵权行为具有隐蔽性较强,调查取证难度较大,被侵权人通过公证方式取证,其目的并无不正当性,其行为并未损害社会公共利益和他人合法权益,同时该取证方式也有利于解决此类案件取证难度问题,起到威慑和遏制侵权行为,有利于加强知识产权的保护,故其公证取证的方式应认定为合法有效,所获得的证据亦应作为认定案件事实的依据"。可见,公证取证方式是否应当认定为合法有效,是与知识产权的制度利益、社会公共利益(包括他人合法利益)紧密相关的,以是否符合制度利益与社会公共利益为标准进行判断的。这一分析路径与利益衡量的层次结构理论完全相符,是妥当的,可以用表 8 清晰地展现出来。

表 8　北大方正公司案的利益衡量表

选择保护对象	结　果					
	当事人利益		群体利益		制度利益	社会公共利益
	北大方正公司方利益	高术公司方利益	类似北大方群体利益	类似高术方群体利益	威慑和遏制侵权行为,加强知识产权的保护	公平、正义、正常生产经营秩序等利益
认可取证方式	√	×	√	×	√	√
不认可取证方式	×	√	×	√	×	×

说明:表格中的"√"表示得到保护,"×"表示没有得到保护或不能得到保护,"○"表示没有影响。

判决书二 重庆索特盐化公司案

重庆索特盐化股份有限公司与重庆新万基房地产开发有限公司土地使用权转让合同纠纷案[①]

[最高人民法院民事判决书(2008)民一终字第122号]

【裁判摘要】

(1)根据《中华人民共和国物权法》第191条、《中华人民共和国担保法》第49条的规定,抵押期间抵押人转让抵押物,应当通知抵押权人并经抵押权人同意,否则转让行为无效。但《中华人民共和国物权法》第191条以及最高人民法院《关于适用〈中华人民共和国担保法〉若干问题的解释》第67条还同时规定,未经通知或者未经抵押权人同意转让抵押物的,如受让方代为清偿债务消灭抵押权的,转让有效,即受让方通过行使涤除权涤除转让标的物上的抵押权负担的,转让行为有效。上述法律、司法解释的规定,旨在实现抵押权人、抵押人和受让人之间的利益平衡,既充分保障抵押权不受侵害,又不过分妨碍财产的自由流转,充分发挥物的效益。

(2)根据《中华人民共和国物权法》第15条的规定,当事人之间订立有关设立、变更、转让和消灭不动产物权的合同,除法律另有规定或者合同另有约定外,自合同成立时生效;未办理物权登记的,不影响合同效力。该规定确定了不动产物权变动的原因与结果相区分的原则。物权转让行为不能成就,并不必然导致物权转让合同无效。

---

① 参见《重庆索特盐化股份有限公司与重庆新万基房地产开发有限公司土地使用权转让合同纠纷案》,载《最高人民法院公报》2009年第4期。本案审判长陈现杰为高级法官,1964年出生,法学博士,2001年起任最高人民法院审判员。

最高人民法院民事判决书

(2008)民一终字第122号

上诉人(原审被告、反诉原告):重庆新万基房地产开发有限公司,住所地重庆市渝北区龙溪街道松牌路523号金龙商厦1幢1单元6-1。

法定代表人:文敬诚,该公司董事长。

委托代理人:任秀旗,北京市久炀律师事务所律师。

被上诉人(原审原告、反诉被告):重庆索特盐化股份有限公司,住所地重庆市万州区沙龙路三段。

法定代表人:李俊,该公司董事长。

委托代理人:杨智,该公司职员。

委托代理人:韩梅,北京市德恒律师事务所律师。

上诉人重庆新万基房地产开发有限公司(以下简称新万基公司)与重庆索特盐化股份有限公司(以下简称索特公司)土地使用权转让合同纠纷一案,重庆市高级人民法院于2008年7月31日作出(2008)渝高法民初字第2号民事判决。新万基公司对该判决不服,向本院提起上诉。本院依法组成合议庭,于2008年11月26日进行了开庭审理。新万基公司的法定代表人文敬诚及其委托代理人任秀旗,索特公司的委托代理人杨智、韩梅到庭参加诉讼。本案现已审理终结。

一审法院经审理查明:索特公司在重庆市万州区观音岩1号拥有四块商服用地使用权,并将上述土地抵押给相关银行用于贷款担保,抵押期限自2005年至2011年。2005年12月1日,新万基公司与索特公司签订了《金三峡花园联合开发协议》(以下简称《联合开发协议》),在上述土地上联合开发金三峡花园。约定:第一条,索特公司现已将上述土地抵押给某银行融资贷款,同意在约定时间内将该土地的抵押权解除;第二条,以新万基公司出资、索特公司出土地使用权,共同投资、共享利润的方式,共同进行房地产开发;第四条,新万基公司承诺按项目开发需要逐步投入开发资金,首期资金500万元在合同签订之日起7个工作日内到位,用于前期开发筹备工作。索特公司承诺,本项目所涉及的土地已办理的抵押手续应在不影响开发进度的前提下办理解除抵押的相关手续,并保证不存在其他权利瑕疵,也没有被司法机关查封或被行政机关限制。若第三人对该地块权益提出主张,或权属手续不完善,或有权属障碍,由索特公司负责解决,并独自承担其费用,由此给新万基公司造成的损失,索特公司应承担违约责任;第五条,新万基公司提供合作项目的全部建设资金不低于4亿元,索特公司提供合作项目合法取得的全部建设用地;第六条,新万基公司对索特公司的办公大楼进行四星级酒店的改造升级,改造金额3100万元,改造后,其产权归索特公司所有;第九条,土地上的建筑物、构筑物由新万基公司负责拆除;第十条,本协议签订后,索特公司违约不与新万基公司合作,或者在本项目的方案设计经过政府的审核同意后,索特公司不配合新万基公司向政府以双方名义申请审批联建、立项、规划等工作的,视为索特公司根本违约,索特公司按照新万基公司总投资额的30%向新万基公司支付违约金,并赔偿因此给新万基公司造成的包括并不限于前期设计及往返谈判等各项经济损失;因新万基公司资金不能按开发进度到位而影响了开发或新万基公司未按时支付索特公司利润款,新万基公司应按总投资额的30%向索特公司支付违约金,因项目开发资金问题而造成停工30天以上,除新万基公司应向索特公司支付违约金以外,索特公司有权终止合同,并有权通过法律途径要求新万基公司支付因此造成的全部损失。

2005年12月1日,新万基公司与索特公司又签订了《联合开发协议之补充协议(一)》(以下简称《补充协议》)。约定:1.本项目具备开工条件时,双方共同确定"金三峡花园联合开发项目开发进度表",并以此作为新万基公司开发资金到位及索特公司工作配合的时间表;

2. 本项目无论以任何方式开发、分配所涉及的税费,由新万基公司承担,索特公司只以本补充协议第四条约定的利润分配方式获得税后利润;3. 索特公司以实际交付给新万基公司开发的土地使用权计算分配的税后利润,双方同意按照 37 万元/亩计算出总利润额,由新万基公司按本条支付给索特公司。索特公司对新万基公司在开发本项目产生的经营风险及亏损不承担任何责任。本补充协议签订之日起一年内,新万基公司向索特公司支付总利润额的 30%;本补充协议签订之日起二年内,新万基公司向索特公司支付总利润额的 40%;本补充协议签订之日起三年内(或开发期满),新万基公司向索特公司支付总利润额的 30%,新万基公司已向索特公司支付的履约定金转为利润额,冲抵新万基公司应付给索特公司的利润额;4. 在本项目开工之时,新万基公司对索特公司现有的办公大楼进行四星级酒店改造,并于一年内按索特公司的方案完成改造,改造所产生的费用 3100 万元由新万基公司承担,该费用不属于本补充协议第四条新万基公司支付索特公司利润的范围;5. 本《补充协议》是《联合开发协议》的有效附件,与《联合开发协议》有冲突之处,以本《补充协议》为准。

2005 年 12 月 5 日,新万基公司向索特公司发出《金三峡花园联合开发项目开发进度表(一)》,载明,为推进各项工作的顺利进行,请索特公司在相应时间内配合完成项目前期开发工作,于 2006 年 1 月 20 日前办理好土地解押手续,并要求索特公司予以确认回复。索特公司未予回复。

2005 年 12 月 25 日,新万基公司与中冶赛迪工程技术股份有限公司签订了《建设工程设计合同(一)》,约定,新万基公司委托中冶赛迪工程技术股份有限公司对金三峡花园城进行设计,设计费按 22 元/平方米计算,暂估为 1100 万元。合同签订后,中冶赛迪工程技术股份有限公司出具了设计平面图与设计效果图。

2005 年 12 月 25 日,新万基公司与重庆索特(集团)有限责任公司旅游公司(以下简称索特旅游公司)签订了《人员借用协议》。约定，为配合新万基公司与索特公司联合开发项目的进度，索特宾馆已正式停业，为妥善解决索特旅游公司职工在项目建设过渡期间的工作安置问题，索特旅游公司以借用形式向新万基公司输出职工17人，新万基公司按照劳动法规定支付借用人员的报酬、社会保险和福利待遇。2006年3月10日，新万基公司分别向王幼敏、洪江等17名职工支付了18 980元工资。

2005年12月，新万基公司与索特旅游公司签订了两份《借款协议》，约定，由新万基公司借款150万元给索特旅游公司。

自2005年12月25日起，新万基公司多次致函索特公司，要求索特公司履行金三峡花园项目开发的配合工作。

2006年1月4日，新万基公司与成都尚筑地产顾问有限公司签订了《重庆新万基地产"万州观音岩"项目全程开发顾问暨营销代理合同》。新万基公司委托成都尚筑地产顾问有限公司担任金三峡项目"全程开发顾问暨营销代理"，代理费用按照本项目销售合同金额的2.2%收取。合同签订后，成都尚筑地产顾问有限公司向新万基公司提供了《服务计划书》。

2006年3月6日，中国建设银行重庆万州分行致函索特公司称，索特公司未经该行同意，擅自将抵押物与他人合作进行房地产开发，严重侵害了该行的抵押权。要求索特公司必须立即停止侵权行为。

2006年4月10日，新万基公司与杨天歌签订了《房屋拆除合同》，约定由杨天歌承包金三峡花园项目范围内的地上建筑物拆除和垃圾清除工作。2007年4月12日，新万基公司与杨天歌又签订了《金三峡开发项目拆除补充协议》。该协议载明，因新万基公司未能履行其2006年6月开工的承诺，致杨天歌遭受一定经济损失，经双方协商，对2006年4月10日的《房屋拆除合同》作出一定修改。

2005年12月29日，新万基公司向重庆市万州区房地产管理局缴纳了 2 万元"房交会参展费"。2006 年 4 月 25 日,新万基公司向成都康美凯信广告有限责任公司支付了"2006 年万州房交会展台设计装修搭建费"40 340.5 元。

索特公司 2007 年 12 月 20 日向重庆市高级人民法院起诉称:其与新万基公司签订《联合开发协议》和《补充协议》后,新万基公司并未按照合同约定履行相应义务,致使联建工作无法进行,联合开发的目的无法实现。据此,请求法院判决:1. 解除双方签订的《联合开发协议》及《补充协议》;2. 新万基公司向索特公司支付违约金 1000 万元;3. 新万基公司承担本案诉讼费用。

新万基公司辩称:合同签订后,新万基公司积极履行了自身义务,但索特公司却以各种理由拒不履行合同义务,导致联建工作无法开展。因此,新万基公司请求法院驳回索特公司的诉讼请求。

新万基公司反诉称:在《联合开发协议》及《补充协议》签订后,新万基公司积极开展前期开发工作,并多次催促索特公司履行合同义务,但索特公司至今仍未履行合同主要义务。此外,由于项目所涉土地价格上涨,索特公司为独享项目利益,以种种借口企图毁约。据此,新万基公司请求法院判决:1. 索特公司向新万基公司支付违约金 6000 万元;2. 本案诉讼费用由索特公司承担。

索特公司针对新万基公司反诉辩称:根据合同约定,新万基公司应先履行付款义务,并提供经政府审批的方案之后,才有权要求索特公司履行相应的配合义务。但新万基公司至今未履行上述义务,因此,新万基公司的反诉请求不能成立,应当予以驳回。

一审法院认为,(一)双方当事人之间法律关系的性质。根据最高人民法院《关于审理涉及国有土地使用权合同纠纷案件适用法律问题的解释》第十四条的规定,合作开发房地产合同以共同投资、共享利润、共担风险为构成要件。本案中,对于双方在金三峡花园项目开发中的利益分配与风险承担,《联合开发协议》并未作出明确约定,而是由《补充协议》进行了规定。从《补充协议》第 4 条、第 5 条确定的权利义务来看，在项目开发中，索特公司的主要义务是提供土地，并对新万基公司的开发行为予以配合，取得的利益则包括获得 10 360 万元(37 万元/亩×280 亩)的价款，以及价值 3100 万元的办公大楼改造，索特公司并不承担项目的经营风险。因此，双方当事人之间法律关系不具备共担风险这一要件，在法律性质上不属于合作开发房地产合同。从该权利义务的具体内容来看，索特公司在提供该宗地的使用权之后，获得固定金额的对价，其实质是土地使用权转让，即索特公司是土地转让人，新万基公司是受让人。

（二）转让行为的法律效力。该土地使用权转让行为违反法律规定，应属无效。首先，《中华人民共和国担保法》(以下简称《担保法》)第四十九条第一款规定："抵押期间，抵押人转让已办理登记的抵押物的，应当通知抵押权人并告知受让人转让物已经抵押的情况；抵押人未通知抵押权人或者未告知受让人的，转让行为无效。"本案中，没有证据证明索特公司将转让行为通知了建设银行与工商银行，根据上述规定，该转让行为应属无效。其次，最高人民法院《关于适用〈中华人民共和国担保法〉若干问题的解释》(以下简称《担保法司法解释》)第六十七条第一款规定："抵押权存续期间，抵押人转让抵押物未通知抵押权人或者未告知受让人的，如果抵押物已经登记的，抵押权人仍可以行使抵押权；取得抵押物所有权的受让人，可以代替债务人清偿其全部债务，使抵押权消灭。受让人清偿债务后可以向抵押人追偿。"由于新万基公司受让的标的物上存在抵押权，根据该款规定，新万基公司可以通过行使涤除权消灭该抵押权，从而对转让行为的效力予以补正，但新万基公司并未行使涤除权，该转让行为的效力未能得到补正。索特公司请求解除双方签订的《联合开发协议》及其《补充协议》，这一诉讼请求不能成立。所谓合同的解除，是使合法有效的合同的法律效力归于消灭，而《联合开发协议》及其《补充协议》系无效合同，故不存在解除的问题。

（三）转让行为无效的法律责任。根据《中华人民共和国合同法》（以下简称《合同法》）第五十八条的规定，无效合同的法律后果是返还财产及赔偿损失。本案中，双方当事人之间并无财产交付、转移行为，故不存在返还的问题。至于损失，新万基公司为履行合同，先后向索特旅游公司17名职工支付了18 980元工资，向重庆市万州区房地产管理局缴纳了"房交会参展费"2万元，向成都康美凯信广告有限责任公司支付了40 340.5元展台设计装修搭建费，共计79 320.5元。上述款项系新万基公司因履行合同而遭受的损失，应当按照当事人的过错确定赔偿责任。从本案合同无效的原因来看，是未将土地转让的情况通知抵押权人。根据《担保法》第四十九条第一款的规定，应当由抵押人履行该通知义务。因此，系索特公司单方的过错导致了合同无效，对新万基公司因此遭受的损失应由索特公司承担赔偿责任。虽然根据《担保法司法解释》第六十七条第一款的规定，也可由受让人行使涤除权消灭抵押权，从而使转让行为生效，但对受让人而言，该规定系权利的赋予，受让人作为权利人不行使权利，并不构成法律上的过错；新万基公司提出，其与索特旅游公司签订了《借款协议》借出款项143万元，属于为履行合同而支出的费用。既然是借款，则借款人负有归还的义务，新万基公司有要求借款人返还的权利。因此，该协议约定的借款金额不应视为新万基公司受的损失；新万基公司称，其与中冶赛迪工程技术股份有限公司签订了《建设工程设计合同（一）》，并支付了设计费440万元；与成都尚筑地产顾问有限公司签订了《重庆新万基地产"万州观音岩"项目全程开发顾问暨营销代理合同》，并支付了策划代理费115万元；与杨天歌签订了《房屋拆除合同》及《金三峡开发项目拆除补充协议》，不履行合同将导致相应的违约责任。上述合同及付款的真实性可另案审查。即使合同及付款真实有效，由于《联合开发协议》及其《补充协议》无效，因此上述四个合同无法继续履行。对于这类未履行完毕的合同,在确定其法律后果时,既要考虑已经履行的部分,也要考虑尚未履行的部分,要根据合同当事人的违约情况来确定违约责任。因此,新万基公司已经支付的费用并不等于其遭受的损失。目前,这四个合同的法律后果并未最终确定,所以无法认定新万基公司因此遭受的损失。只有待新万基公司在上述合同中的责任确定之后,人民法院才可以根据损失的不同性质,考虑发生原因、控制主体、可控程度、双方过错,确定新万基公司与索特公司之间的分担比例。基于此,本案对这部分损失不作处理;新万基公司称,其与张建华签订《房屋租赁合约》,并支付23.7万元租金;与李果签订《办公室装修合同》,并支付15万元装修费;购买办公家具、办公用品,支出313 334元。新万基公司举示的证据无法证明这些费用与"金三峡花园"项目的关联性,即无法认定这些费用系因开发"金三峡花园"项目而支出的费用,故对新万基公司主张的这部分费用,不予支持;新万基公司提出的交通费、差旅费、招待费等费用支出,因无证据证明,不予支持。

(四)双方当事人诉请的违约责任。在本诉中,索特公司要求新万基公司支付违约金1000万元。在反诉中,新万基公司要求索特公司支付违约金6000万元,这两项诉讼请求均不能成立。违约金属于违约责任范畴,而违约责任是因违反有效合同导致的法律责任,以存在合法有效的合同关系为基础。本案中,《联合开发协议》及《补充协议》无效,故不存在违约的问题,亦不会引发违约责任的承担。

综上,一审法院依据《担保法》第四十九条第一款、《担保法司法解释》第六十七条第一款、《合同法》第五十八条之规定,判决:(一)《联合开发协议》及《补充协议》无效;(二)自本判决生效之日起十日内索特公司向新万基公司赔偿损失79 320.5元;(三)驳回索特公司的诉讼请求;(四)驳回新万基公司的反诉请求。

新万基公司不服一审判决,向本院上诉称,1.一审判决认定双方签订的土地使用权转让合同为无效合同,适用法律错误。根据《担保法司法解释》第 67 条、《中华人民共和国物权法》(以下简称《物权法》)第一百九十一条的规定,在未告知抵押权人的情况下,转让抵押物的行为并不当然无效。本案中,双方约定由索特公司履行先行解除转让土地的抵押,能够保护抵押权人的利益,该约定不违反法律的强制性规定,转让合同应为有效合同。2. 索特公司在合同签订后,虽经新万基公司多次敦促,迟迟不履行解除转让土地抵押的先履行义务,主动提起诉端,以谋求土地升值的巨大利益,有违诚信。新万基公司积极投入履约,蒙受了巨大经济损失。索特公司应为此承担违约责任;3. 索特公司应按合同约定承担违约金 6000 万元。故上诉请求:1. 撤销一审判决;2. 认定双方签订的《联合开发协议》及《补充协议》有效;3. 认定索特公司违约并承担 6000 万元违约金;4. 由索特公司承担全部诉讼费用。

索特公司答辩称,1. 本案所涉合同因违反《担保法》的强制性规定而无效。2. 双方的协议中并未对索特公司解除抵押权的时间作出规定,因新万基公司没有根据约定在合同签订的七日内投入首期资金 500 万元及后续资金,致使索特公司无法归还银行的贷款,从而向银行行使解除抵押权。因此可以看出,索特公司并没有违约,而是新万基公司违约。3. 违约金条款只有在合同有效的前提下才能适用,本案因合同无效,故新万基公司诉称适用违约金条款主张 6000 万元不成立。综上,一审判决程序合法,认定事实清楚,适用法律正确,应予维持。

本院二审查明:双方 2005 年 12 月 1 日签订《联合开发协议》及《补充协议》中约定的土地转让价格,双方确认为 48 万元/亩。2008 年 2 月,索特公司将相关土地再次向银行进行抵押贷款时,其评估价约为 88 万/亩。

本院二审查明的其他事实,与一审法院查明的基本事实一致。

根据当事人双方上诉请求及答辩情况,本案争议焦点为:(一)《联合开发协议》及其《补充协议》的效力问题。(二)索特公司是否应向新万基公司支付违约金。

(一)关于《联合开发协议》及其《补充协议》的效力问题。根据《担保法》第四十九条的规定,抵押期间抵押人转让抵押物应当通知抵押权人,否则转让行为无效;《物权法》第一百九十一条亦规定抵押期间转让抵押物须经抵押权人同意。其立法目的是为了确保抵押权人的利益不受侵害。但《担保法司法解释》第六十七条和《物权法》第一百九十一条也规定,未经通知或者未经抵押权人同意转让抵押物的,如受让方代为清偿债务消灭抵押权的,转让有效,即受让人通过行使涤除权涤除转让标的物上的抵押权负担的,转让行为有效。上述法律和司法解释的规定体现了相关立法和司法解释的指导思想是要在抵押权人和抵押人、受让抵押标的物的第三人之间实现利益平衡,既充分保障抵押权不受侵害,又不过分妨碍财产的自由流转,充分发挥物的效益。本案双方当事人在《联合开发协议》中约定由索特公司在不影响开发进度的前提下办理解除抵押的相关手续,即以约定的方式将先行解除本案所涉土地上的抵押权负担的义务赋予了索特公司;该约定既保障了抵押权人的利益,也不妨害抵押人和受让土地的第三人的利益,与《担保法》、《物权法》以及《担保法司法解释》保障各方当事人利益平衡的立法精神并不相悖,不违反法律规定。从合同法的角度看,转让方对转让标的负有权利瑕疵担保责任,其主动告知转让土地上的权利负担,并承诺由其在不影响开发进度的前提下先行解除抵押,该承诺构成合同中的负担行为,即承担义务的行为,符合意思自治和合同自由原则,且确保了抵押权人的利益不受侵害,与《担保法》、《物权法》和《担保法司法解释》的立法本意和制度设计不相抵触。因此,应当确认该《联合开发协议》及《补充协议》有效,双方应按照合同诚信履行,索特公司有义务根据双方商定的开发进度清偿银行债务,从而解除该转让土地上的抵押权负担。

其次,根据《物权法》第十五条的规定,当事人之间订立有关设立、变更、转让和消灭不动产物权的合同,除法律另有规定或者合同另有约定外,自合同成立时生效;未办理物权登记的,不影响合同效力。该规定确定了不动产物权变动的原因与结果相区分的原则。物权转让行为不能成就,并不必然导致物权转让的原因即债权合同无效。双方签订的《联合开发协议》及《补充协议》作为讼争土地使用权转让的原因行为,是一种债权形成行为,并非该块土地使用权转让的物权变动行为。相关法律关于未经通知抵押权人而导致物权转让行为无效的规定,其效力不应及于物权变动行为的原因行为。因为当事人可以在合同约定中完善物权转让的条件,使其转让行为符合法律规定。本案即属此种情形。

综上,双方当事人签订的《联合开发协议》未违反法律强制性规定,应为有效合同。一审判决对此问题的认定适用法律不当,应予纠正。

(二)索特公司是否应向新万基公司支付违约金。一审判决根据双方签订的《联合开发协议》及《补充协议》约定的权利义务内容,确定双方的协议为土地使用权转让协议,此认定事实清楚,适用法律正确,双方当事人亦无异议,本院予以确认。土地使用权转让协议作为一项双务合同,要求出让方首先提供具有使用权无瑕疵的土地,受让方依约支付转让款。双方的《联合开发协议》第一条即明确了该转让土地已被抵押,且约定索特公司履行解除抵押的义务。该条约定表明,索特公司作为土地使用权的转让方具有消除转让土地上所存权利瑕疵的义务。双方在随后签订的《补充协议》中对履行各自义务的时间作出了约定,即以双方共同确定的《金三峡花园联合开发项目开发进度表》作为双方履行义务的时间表。新万基公司依《补充协议》的约定,于2005年12月5日向索特公司提交了《金三峡花园联合开发项目开发进度表》,要求索特公司解除转让土地上的抵押,索特公司未予回复。索特公司此举违反了《联合开发协议》第一条关于双方共同确定项目开发进度表的义务性规定,未能按协议约定适时解除转让土地上设定的抵押,提供无权利瑕疵的土地,此种消极不履行合同的行为,已构成违约。索特公司的沉默行为,引起新万基公司对合同继续履行的正当信赖,导致新万基公司与中冶赛迪工程技术股份有限公司等第三方签订了工程设计等一系列与项目开发实施行为有关的合同。在此情况下,索特公司提起诉讼请求解除《联合开发合同》及《补充协议》,根据《合同法》第一百零八条规定,应认定其构成根本违约。索特公司辩称,索特公司未能解除抵押的原因是由于新万基公司未能支付转让款,致使其无资金解除抵押。根据《联合开发协议》第四条索特公司的承诺,索特公司应以其自有资金履行解除抵押权义务,而不是以新万基公司先行支付转让款为条件,因此,索特公司的抗辩理由不成立。综上,结合涉案土地已经大幅升值的实际情况,以及双方在土地使用权转让过程中的利益平衡,索特公司应按《联合开发协议》第十条的约定承担违约责任。依据该条约定,索特公司根本违约,应按照新万基公司总投资额的30%支付违约金。由于双方签订的《联合开发协议》实为土地使用权转让协议,故应将该条约定的"总投资额"变更为合同约定的转让款的数额,以之作为确定违约责任的计算依据。根据《补充协议》的约定,双方确定的索特公司转让土地使用权的应得收益为10 360万元(280亩×37万/亩),新万基公司应负担的索特公司办公楼装修款3100万元;作为土地使用权转让的对价,两项共计13 460万元。以此计算,索特公司应向新万基公司承担4038万元的违约金。新万基公司以其计划开发投入的总投资数额为依据主张索特公司应给付6000万元违约金的请求,系以合作开发为前提,与本案事实不符,本院不予支持。鉴于新万基公司认为索特公司不履行合同义务已构成根本违约,本院对此也予以确认,且索特公司在一审诉讼中请求解除双方所签订的合同,故双方签订的《联合开发协议》及其《补充协议》应予解除。新万基公司在诉讼中提出,为履行协议实际支付了相关费用,要求本院予以确认;由于此项主张并非其一审的诉讼请求,且索特公司应支付的违约金已超出了该项请求,本院二审对该项主张不予支持。

本院认为,双方当事人签订的《联合开发协议》及其《补充协议》系当事人的真实意思表示,不违反法律和行政法规的禁止性规定,合法有效。索特公司未履行合同义务的行为,构成违约,应承担合同约定的违约责任。新万基公司的上诉理由部分成立,本院予以支持。根据《中华人民共和国民事诉讼法》第一百五十三条第一款第(二)项、第(三)项之规定,判决如下:

一、撤销重庆市高级人民法院(2008)渝高法民初字第2号民事判决;

二、《金三峡花园联合开发协议》及《金三峡花园联合开发协议之补充协议(一)》有效;

三、解除双方签订的《金三峡花园联合开发协议》及《金三峡花园联合开发协议之补充协议(一)》;

四、重庆索特盐化股份有限公司自本判决生效之日起十日内向重庆新万基房地产开发有限公司支付违约金4038万元;

五、驳回重庆新万基房地产开发有限公司其他上诉请求。

逾期履行本判决确定之金钱给付义务,依照《中华人民共和国民事诉讼法》第二百二十九条的规定,加倍支付迟延履行期间的债务利息。

一审案件受理费304 900元,反诉费170 900元,共计475 800元,由重庆索特盐化股份有限公司负担350 694元,重庆新万基房地产开发有限公司负担125 106元。

二审案件受理费170 900元,由重庆索特盐化股份有限公司负担

112 794 元,重庆新万基房地产开发有限公司负担 58 106 元。

本判决为终审判决。

审　判　长　陈现杰
审　判　员　张雅芬
审　判　员　李明义
二〇〇八年十二月二十三日
书　记　员　韦　大

【简要点评】

本案是我国利益衡量方法在法律适用中加以具体应用的经典案例,体现了裁判官深刻把握法律精神的能力与高超的说理技术,也与利益衡量的层次结构理论相契合。主要体现在:

(1)判决书表明我国《担保法》第 49 条第 1 款及其司法解释存在不完善之处,也就是存在法律漏洞。2007 年通过的《物权法》第 191 条[①]虽然做了修正,有了较大进步,但依然存在不当之处。其实,抵押人在抵押期间不丧失对抵押物的处分权,可以自由转让抵押物。[②] 但是,抵押物的转让需要顾及抵押权人利益的保障,传统立法通过赋予抵押权人追及效力来实现。这可能会损害受让人的利益,导致利益和风险分配的不平衡。抵押物转让制度的设计应当充分权衡抵押人、抵押权人以及受让人三者的利益冲突,并结合物尽其用这一物权法基本价值目标,作出妥善安排。[③] 所以,法律存在漏洞是常见的现象。

(2)判决书指出,根据《物权法》第 191 条、《担保法》第 49 条及相

---

① 《物权法》第 191 条规定:"抵押期间,抵押人经抵押权人同意转让抵押财产的,应当将转让所得的价款向抵押权人提前清偿债务或者提存。转让的价款超过债权数额的部分归抵押人所有,不足部分由债务人清偿。抵押期间,抵押人未经抵押权人同意,不得转让抵押财产,但受让人代为清偿债务消灭抵押权的除外。"

② 参见梁上上、贝金欣:《抵押物转让中的利益衡量与制度设计》,载《法学研究》2005 年第 4 期。

③ 同上注。

关司法解释的规定,未经通知或者未经抵押权人同意转让抵押物的,如受让方代为清偿债务消灭抵押权的,转让有效,即受让方通过行使涤除权涤除转让标的物上的抵押权负担的,转让行为有效。"上述法律、司法解释的规定,旨在实现抵押权人、抵押人和受让人之间的利益平衡,既充分保障抵押权不受侵害,又不过分妨碍财产的自由流转,充分发挥物的效益。"可见,在本案的判决中,审案法官极为重视抵押物转让中的制度利益,及其与社会利益的协调。行使涤除权时,本案判决的思路可以用表9呈现出来。

表9 重庆索特公司案的利益衡量表

选择保护对象	结果							
	当事人具体利益			群体利益			制度利益	社会公共利益
	新万基公司利益	索特公司利益	银行利益(涤除权)	类似原告群体利益	类似被告群体利益	银行群体利益	保护抵押权人利益、不妨碍交易、发挥物的价值	公平、正义利益,促进资源的利用等
合同有效	√	×	√	√	×	√	√	√
合同无效	×	√	√	×	√	√	×	×

说明:表格中的"√"表示得到保护,"×"表示没有得到法律保护或不能得到法律保护,"○"表示没有影响。

参考文献

一、中文论著

1. 陈林林:《裁判的进路与方法》,中国政法大学出版社2007年版。
2. 陈志龙:《法益与刑事立法》,台湾大学法学丛书编辑委员会1992年版。
3. 崔建远:《合同法》,北京大学出版社2012年版。
4. 段匡:《日本的民法解释学》,复旦大学出版社2005年版。
5. 何勤华:《西方法学史》,中国政法大学出版社1996年版。
6. 黄茂荣:《法学方法与现代民法》,台湾大学法学丛书编辑委员会2002年版。
7. 李惠宗:《案例式法学方法论》,新学林出版股份有限公司2009年版。
8. 梁慧星:《裁判的方法》,法律出版社2003年版。
9. 梁慧星主编:《中国物权法草案建议

稿》，中国社会科学出版社 2000 年版。

10. 梁慧星：《民法解释学》，中国政法大学出版社 1995 年版。

11. 吕世伦、文正邦主编：《法哲学论》，中国人民大学出版社 1999 年版。

12. 全国人大常委会法制工作委员会民法室编：《侵权责任法：立法背景与观点全集》，法律出版社 2010 年版。

13. 沈宗灵：《比较法总论》，北京大学出版社 1987 年版。

14. 苏力：《法律与文学——以中国传统戏剧为材料》，三联书店 2006 年版。

15. 孙国华主编：《法理学教程》，中国人民大学出版社 1994 年版。

16. 王保树：《商法的改革与变动的经济法》，法律出版社 2003 年版。

17. 王伟光：《利益论》，中国社会科学出版社 2010 年版。

18. 王泽鉴：《民法总则》，中国政法大学出版社 2001 年版。

19. 吴从周：《概念法学、利益法学与价值法学：探索一部民法方法论的演变史》，中国法制出版社 2011 年版。

20. 谢怀栻：《外国民商法精要》，法律出版社 2002 年版。

21. 杨仁寿：《法学方法论》，三民书局 2010 年版。

22. 杨日然：《法理学》，三民书局 2005 年版。

23. 张明楷：《法益初论》，中国政法大学出版社 2003 年版。

24. 张文显：《法学基本范畴研究》，中国政法大学出版社 1993 年版。

25. 张志铭：《法律解释操作分析》，中国政法大学出版社 1999 年版。

26. 梁慧星：《电视节目预告表的法律保护和利益衡量》，载《法学研究》1995 年第 2 期。

27. 梁上上:《利益的层次结构与利益衡量的展开》,载《法学研究》2002年第1期。

28. 梁上上:《制度利益衡量的逻辑》,载《中国法学》2012年第4期。

29. 梁上上:《异质利益衡量的公度性难题及其求解》,载《政法论坛》2014年第4期。

30. 梁上上:《公共利益与利益衡量》,载《政法论坛》2016年第6期。

31. 梁上上:《利益衡量的界碑》,载《政法论坛》2006年第5期。

32. 喻敏:《也论民法解释中的漏洞补充、价值补充以及作为思考方法的利益衡量》,载梁慧星主编:《民商法论丛》(第6卷),法律出版社1996年版。

33. 胡玉鸿:《关于"利益衡量"的几个理论问题》,载《现代法学》2001年第4期。

34. 李浩:《利益衡量的杰作·裁判方法的典范——评"北大方正案"的再审判决》,载《人民法院报》2007年3月26日。

35. 陆宇峰:《美国法律现实主义:内容、兴衰及其影响》,载《清华法学》2010年第6期。

36. 苏力:《解释的难题:对几种法律文本解释方法的追问》,载《中国社会科学》1997年第4期。

37. 信春鹰:《当代西方法哲学的认识论和方法论》,载《外国法译评》1995年第2期。

38. 张国清:《在善与善之间:以赛亚·伯林的价值多元论难题及其批判》,载《哲学研究》2004年第7期。

二、中文译著

1.〔法〕孟德斯鸠:《论法的精神》,张雁深译,商务印书馆 1963 年版。

2.〔美〕E. 博登海默:《法理学:法律哲学与法律方法》,邓正来译,中国政法大学出版社 1999 年版。

3.〔美〕罗斯科·庞德:《法理学》(第 2 卷),邓正来译,中国政法大学出版社 2007 年版。

4.〔美〕罗斯科·庞德:《法理学》(第 3 卷),廖德宇译,法律出版社 2007 年版。

5.〔美〕罗斯科·庞德:《通过法律的社会控制》,沈宗灵译,楼邦彦校,商务印书馆 2010 年版。

6.〔美〕罗斯科·庞德:《普通法的精神》,唐前宏、廖湘文、高雪原译,法律出版社 2001 年版。

7.〔美〕弗里德曼:《法律制度》,李琼英、林欣译,中国政法大学出版社 1994 年版。

8.〔美〕本杰明·N. 卡多佐:《法律的成长·法律科学的悖论》,董炯、彭冰译,中国法制出版社 2002 年版。

9.〔美〕波斯纳:《法理学问题》,苏力译,中国政法大学出版社 1994 年版。

10.〔美〕哈罗德·J. 伯尔曼:《法律与宗教》,梁治平译,中国政法大学出版社 2003 年版。

11.〔德〕萨维尼、雅各布·格林:《萨维尼法学方法论讲义与格林笔记》,杨代雄译,法律出版社 2008 年版。

12.〔德〕鲁道夫·冯·耶林:《为权利而斗争》,郑永流译,法律出版社 2012 年版。

13. 〔德〕鲁道夫·冯·耶林:《法学的概念天国》,柯伟才、于庆生译,中国法制出版社 2009 年版。

14. 〔德〕弗朗茨·维亚克尔:《近代私法史》,陈爱娥、黄建辉译,上海三联书店 2006 年版。

15. 〔德〕N. 霍恩:《法律科学与法哲学导论》,罗莉译,法律出版社 2005 年版。

16. 〔德〕K. 茨威格特、H. 克茨:《比较法总论》,潘汉典等译,贵州人民出版社 1992 年版。

17. 〔德〕伯恩·魏德士:《法理学》,丁小春、吴越译,法律出版社 2003 年版。

18. 〔德〕迪特尔·梅迪库斯:《德国民法总论》,邵建东译,法律出版社 2000 年版。

19. 〔德〕卡尔·拉伦茨:《德国民法通论》,王晓晔等译,法律出版社 2003 年版。

20. 〔德〕卡尔·拉伦茨:《法学方法论》,陈爱娥译,商务印书馆 2003 年版。

21. 〔德〕齐佩利乌斯:《法学方法论》,金振豹译,法律出版社 2009 年版。

22. 〔英〕丹宁勋爵:《法律的界碑》,刘庸安、张弘译,法律出版社 1999 年版。

23. 〔英〕哈特:《法律的概念》,张文显等译,中国大百科全书出版社 1996 年版。

24. 〔德〕菲利普·黑克:《利益法学》,傅广宇译,商务印书馆 2016 年版。

25. 〔日〕北川善太郎:《日本民法体系》,李毅多、仇京春译,科学出版社 1995 年版。

26.〔日〕加藤一郎:《民法的解释与利益衡量》,梁慧星译,载梁慧星主编:《民商法论丛》(第 2 卷),法律出版社 1995 年版。

三、外文论著

1. Charles R. T. O'Kelley, Robert B. Thompson, *Corporations and Other Business Associations*, 5th, Aspen Publishers, 2006.

2. E. Allan Farnsworth, William F. Young, Carol Sanger, *Contracts*, 6th, Foundation Press, 2001.

3. Edward H. Levi, *An Introduction to Legal Reasoning*, the University of Chicago Press, 1949.

4. Frederick G. Kempin, *Historical Introduction to Anglo-American Law*, 3rd, West Group, 1990.

5. Grant Gilmore, *The Ages of American Law*, Yale University Press, 1977.

6. Grant Gilmore, *The Death of Contract*, 2nd, the Ohio State University Press, 1995.

7. Harold J. Berman, *Law and Revolution*, Harvard University Press, 1983.

8. Jane C. Ginsburg, *Legal Methods: Cases and Materials*, 3rd, Foundation Press, 2008.

9. Jesse Dukeminier, James K. Krier, Gregory S. Alexander, Michael H. Schill, *Property*, 6th, Aspen Publishers, 2006.

10. John C. P. Goldberg, Anthony J. Sebok, Benjamin C. Zipursky, *Tort Law*, 2nd, Aspen Publishers, 2008.

11. John Herry Merryman, Rogelio Pérez-Perdomo, *The Civil Law*

Tradition, 3rd, Stanford University Press, 2007.

12. Judith N. Shklar, *Legalism Law, Morals, and Political Trials*, 2nd, Harvard University Press, 1986.

13. Kent Greenawalt, *Legislation: Statutory Interpretation*, Foundation Press, 1999.

14. Lawrence M. Friedman, *A History of American Law*, 2nd, Simon & Schuster, 1985.

15. Linda D. Jellum, David Charles Hricik, *Modern Statutory Interpretation*, 2nd, Carolina Academic Press, 2009.

16. Lloyd L. Weinreb, *Legal Reason*, Cambridge University Press, 2005.

17. Michael J. Sandel, *Justice: What's the Right Thing to Do?* Farrar, Straus and Giroux, 2009.

18. Oliver Wendell Holmes, The Path of the Law, 10 *Harvard Law Review* 457, 1897.

19. Paul Brest, Sanford Levinson, J. M. Balkin, Akhil Reed Amar, *Processes of Constitutional Decisionmaking: Cases and Material*, 5th, Aspen Publishers, 2006.

20. Peter L. Strauss, *Legal Methods: Cases and Materials*, 2nd, Foundation Press, 2008.

21. Ronald Dworkin, *Law's Empire*, the Belknap Press of Harvard University Press, 1986.

22. Ronald Dworkin, *Taking Rights Seriously*, 2nd, Harvard University Press, 1978.

23. Sotirios A. Barber, James E. Fleming, *Constitutional Interpretation*, Oxford University Press, 2007.

24. Surya Prakash Sinha, *Jurisprudence: legal Philosophy*, West

Group,1993.

　　25. 水本浩:『現代民法學の方法と體系』、創文社、1996年。

　　26. 瀨川信久編:『私法學の再構架』、北海道大學圖書刊行會、1999年。

　　27. 星野英一:「民法解釋論序說」、『民法論集1』、有斐閣、1970年。

后 记

蓦然回首,我发现,我的研究似乎一直围绕"利益衡量"这一主题展开。在我的多数论文中,或多或少都带有利益衡量的影子。所以,本书可以算是我20年来从事法学研究的一个小结了。

20年来,我最要感谢的是恩师王保树教授。1994年,先生给我进入中国社会科学院研究生院攻读硕士学位的机会。在法学研究所接受了先生的全面指导,他不但教我思考法律问题的方法,也教我写作学术论文的方法,还教我如何做人。在他的指导与鼓励下,我的硕士论文提出一些自己对法律的理解,获得了评阅专家的较高肯定。2001年,先生又给我进入清华大学攻读博士学位的机会,依旧用同样的方法指导我学习、研究,写作博士学位论文。庆幸的是,在先生的精心指导下,我的博士论文获得了"全国百篇优秀博士论文"。在跟随先生从事法学研究的20个春秋,在学术上,有两点成为我的终生财富,一是他特别鼓励也特别要求我要敢于提出自己的想法,二是对我抽象思考能力的多次肯定,使我对学术能力充满自信。在生活上,先生还给我无微不至的关怀。当我陷入人生的低谷时,先生写信给我鼓励,给我指点迷津,帮我走出困境。在我毕业工作后,为了使我在学术上取得更大进步,他又为我的工作操碎了心。我今天所取得的每一点成绩,都与先生的指导与鼓励密不可分。

我要感谢我的大学本科老师马绍春教授。我的第一篇论文《论商誉和商誉权》就是在他的指导下完成的,后来发表于《法学研究》1993年第5期。正是他的鼓励与帮助,使我有勇气有信心走上学术道路。1997年,我研究生毕业到杭州大学工作后,他成为我的领导与同事,无论是生活方面还是工作方面,总是给予我关怀与照顾,帮助我解决各种困难。

我要感谢对我的研究给予启迪、鼓励、评论与建议的老师们。梁慧星老师是引领我进入该研究领域的人,我从他的研究中受益匪浅。在本书出版之际,他又热情地为本书撰写推荐语,我要向梁老师深表敬意。陈林林老师曾对我的论文进行专门研究,并发专文评论,给我很大鼓励。此外,我要向所有研究利益衡量理论的人表示感谢。

我还要由衷地感谢编辑老师们。本书的核心部分是经张新宝教授、张广兴教授之手发表于2002年的《法学研究》,没有这两位老师的肯定,本书是不可能与读者见面的。张新宝老师也是我大学本科的处女作《论商誉和商誉权》的编辑,是他的慧眼发现了我的学术潜质,使我走上学术之路,真诚地感谢他。张广兴老师,在我论文遇到极大困难的时候,帮助我克服困难,才使论文顺利发表,衷心地感谢他。① 感

---

① 关于2002年的论文,有一段曲折故事。2000年暑假,该文曾经投给《中国社会科学》杂志社,但杳无音信。3月后,该文投给《法学研究》,很快收到录用通知书。2001年3月,突然接到《中国社会科学》杂志社王好立老师电话,对我说他们杂志要刊用我的论文。但我告诉他已经收到《法学研究》的用稿通知,再放到《中国社会科学》不合适。王老师说,他会与《法学研究》杂志社协调好的。经王老师协调,《法学研究》同意我的论文放到《中国社会科学》发表。但几个月后告知,该文不宜在该刊发表。幸好,张广兴老师决定,按照原录用通知,仍在《法学研究》上发表。

谢《政法论坛》的寇丽老师,是她的深厚洞察力,使《利益衡量的界碑》得以发表。感谢《中国法学》的朱广新博士,是他对论文价值的精准把握,才使《制度利益衡量的逻辑》得以发表。感谢《法学》的王申老师、洪玉老师与谢青老师,以及《浙江社会科学》的陈亚飞老师,使有关"利益衡量"的案例得以不断发表。感谢法律出版社高山老师,使本书有机会列入"中国法学学术丛书"。感谢刘文科博士,他认真、细致的工作,使本书增色不少。

我要特别感谢我家三位伟大的女性——祖母秦云英女士、母亲盛伯燕女士和妻子陈红飞女士。由于新旧社会的更替,变故频频,自小家境困难,我的祖母凭借其顽强的毅力、过人的精明支撑起整个家庭。遗憾的是祖母已于2007年8月去世,令我无限思念。我的母亲话语不多,任劳任怨,为子女甘愿抛弃一切、奉献一切,含辛茹苦,把我抚养成人,与我共同度过艰难时光,令我时常愧疚不已。我的妻子是我的大学同班同学,与我相知相爱,相伴至今,一直默默地支持我从事学术研究,既具有相夫教子的传统美德,又具有豁达与睿智的现代情操。正是你们的培养与付出,才使我取得一点点成绩。

感谢所有关心我、帮助我的老师们、朋友们!

梁上上
于浙江大学法学院
2013年3月5日

索　引

比例原则　199,200,202,281

不得损害公共利益原则　223,224

不得违反公序良俗原则　90

不确定概念　115,206,208

参照物　129,130

层次结构　2,95,101,106,109,111,116,117,
　　119-121,129,131,133,142,144,148,155,
　　158,161,162,203,226,227,231,233,239,
　　245-247,249,279,280

诚实信用原则　90-92,98,165,225,226,267

程序正义　108

抽象利益　171,203,231-233,236,241,282

当事人利益　30,102,106,120,130,138,139,
　　149,151,152,162,230,231,279,280

第一次利益衡量　134

动态利益　100

法律关系　86,94,117,121,150,216,219,226,
　　262-265,282

法律规范　9,11,12,24-28,31,50,52,63,66,

91,102-104,117,125,174,181,182,185,195,206,208,240,250,256,267,268,281,282

法律解释　6,7,9,17,43,44,50,52,53,57,62,67,107,114,115,144,247,257,276

法律漏洞　7,26,35,37,50,52-55,59,63,65,67-69,92,112,115,121,133,183,204,240,243,257,272,279

法律适用　2,19,24,28,39,43,46,50,52,56,57,59-63,69,71,75,77,80-83,91,92,94-96,100,104,106-109,134,136,142,154,164,168,176,179,203,204,206-208,214,223-225,230,232,238,241,269,272,276-278,281

法外空间　256-258,282

法治国家　108,278

概念法学　2-4,10-12,16-24,26-31,36,38,39,45,46,50,59,60,63-66,69,121-123,161,177,230,275-277

概念计算　26,60

公度性难题　72,82,108,214

公共利益　30,32-34,36,78,90,94,118,119,124,201,203-241,281,282

合议庭　104-106

价值　9-12,20-24,26-28,34,37,43-45,52-54,60-63,72-76,78-87,92,94-98,100,101,105,108,109,112,120-123,131-133,143,144,148,161-163,166,172,173,175,176,181,185,189,192,194,209,210,224,226,230,233,240,246,247,252,259,262,277-279

价值多元　72,73,79-81,277

价值判断　26-28,34,37,39,40,42-45,69,74,75,114,115,173,226,250,277

禁止权利滥用原则　90,217,218,223,224,281

静态利益　100

具体利益　45,99,112,115,116,118－121,129,142,145－148,152,162,164,171,172,203,230－232,236,240,241,245,246,279,280,282

科学主义　77

客观性　44,162

类型化　43,92,164,165,167,280

历史法学派　10,11,15,17,19,20,24

立法机构　56,58,197,212

利益表达　102

利益冲突　25－27,64,65,76,145,163,164,277

利益法学　2,10,12,19－31,39,46,63－65,111,112,121－123,161,172,206,229,230,275,276,282

利益纲目　32,37,78,205

利益衡量　2,4,15,17,19,25,29－31,34,37－46,49,50,53,59,63,66－69,71,73－77,79－83,85,86,90,94－97,100－103,106－108,111－116,118,121,123,125－129,131－136,138,142－149,151,152,155,158,161－163,171－173,175,176,178－182,185,186,188,190,193－195,199,200,203,204,207,226,227,229－231,233－235,239,241,243－250,252,255－259,262－267,269,272,273,275－282

利益衡量的界碑　94,162,243,249,252

利益集团　134,135

利益竞争　102

漏洞　16,17,25－27,50,53,54,57,59,60,65,67,69,73,112,143,144,148,185,204,240,248,272,276,277

目的法学　2,20,23,25,30,282

评价标准　133,203,229-232,236,241,282

评价法学　2,28,111,230,276

评价客体　229,230,236

请求权　13,33,183,184,188,213,224,246

权利不得滥用原则　90

群体利益　106,118-121,130,145-147,149,151,152,162,245,279,280

三段论　17,39,45,59,60,63,276

三角论　59

社会变迁　36-38,56,78,141,162,241,281

社会公共利益　77,89-91,95,100,101,106,119-121,142-156,162,169,172,174,175,188,195,196,200,202-206,208-212,214-220,222,224,226-228,230-241,245-247,279-282

社会共识　83,85,89,94,109,278

社会利益　23,32-34,36,37,61,62,76,78,119,130,134,150,162,173,175,178,179,187,189,191,193,203-206,281

审判权　103

实体正义　108

实质判断　42,68

司法性立法　55-58,277

诉讼程序　101-104,109

体系　3,4,7,8,10-17,19,21,23,24,26,28,29,36,38,45,53,55,73,83,114,131,133,158,162,173,176,205,206,250,251,256,258,262,275-277,279

违宪审查　194,195,197,281

消费者保护　139-141

效率　58,83,84,94,98,101,278

行政性立法　56

医疗事故　151－157,246

疑难案件　73,107,161,162,241,252,257,281,282

异质利益　71,74,75,77,80－83,94,101,109,277,278

异质利益衡量　71,72,74－77,80－83,94,101,102,108,109,214,277,278

隐私　33,93,148－151,179,180,187,188,261

正义　29,60,61,73,81－85,87,94,101,107,108,117,120,131,134,143－147,149－152,173,176,178,181－183,233,240,247,267,278

职权变异　56

制度共识　94,100,101,108,109

制度理性　107

制度利益　95,97,100,101,106,118－121,130,133－135,137－156,161－168,171－176,178－191,193－195,199－203,231,233,239,240,245－247,279－282

秩序　9,15,17,28,31,35,50,76,78,79,83,84,90,91,94,100－102,119,120,123,127,131－134,139,176,204,213－216,232－234,258,261,262,278

主观能动性　29,55,59,69,108,243,276

主观行为　114－116,158,279

主观性　106,115,245

注释法学　3,4,7－9,16,275

自由　8,9,16,27,33,34,39,42,44,45,63,72,73,77,83－85,89－94,101,114,117,119,120,122,131－133,138,142,143,167,169,173,174,179,181,185,190,200,201,208－212,218,234,244,251,278

自由裁量　36,37,52,59,92,106,225

恣意　2,84,102,112,114－116,121,129,131,161,245,279

图书在版编目(CIP)数据

利益衡量论／梁上上著. -- 3 版. -- 北京：北京大学出版社，2021.7

ISBN 978-7-301-32225-3

Ⅰ．①利… Ⅱ．①梁… Ⅲ．①审判－研究－中国 Ⅳ．①D925.118.4

中国版本图书馆 CIP 数据核字(2021)第 108179 号

书　　名	利益衡量论（第三版）
	LIYI HENGLIANG LUN（DI-SAN BAN）
著作责任者	梁上上 著
策划编辑	刘文科
责任编辑	刘文科　沈秋彤
标准书号	ISBN 978-7-301-32225-3
出版发行	北京大学出版社
地　　址	北京市海淀区成府路 205 号　100871
网　　址	http://www.pup.cn　http://www.yandayuanzhao.com
电子邮箱	编辑部 yandayuanzhao@pup.cn　总编室 zpup@pup.cn
新浪微博	@北京大学出版社　@北大出版社燕大元照法律图书
电　　话	邮购部 010-62752015　发行部 010-62750672
	编辑部 010-62117788
印 刷 者	大厂回族自治县彩虹印刷有限公司
经 销 者	新华书店
	650 毫米×980 毫米　16 开本　22 印张　266 千字
	2021 年 7 月第 3 版　2025 年 4 月第 5 次印刷
定　　价	69.00 元

未经许可，不得以任何方式复制或抄袭本书之部分或全部内容。

版权所有，侵权必究

举报电话：010-62752024　电子邮箱：fd@pup.cn

图书如有印装质量问题，请与出版部联系，电话：010-62756370